SEXUELLE KINDESMISSHANDLUNG IN DER FAMILIE

Die de-professionalisierte Verdachtsabklärung in der öffentlichen und freien Kinder- und Jugendhilfe.

Christine Hofmeister

USP
PUBLISHING

USP International
Bomhardstrasse 6b
82031 Grünwald
Deutschland

www.usp-publishing.com

Autorin

Christine Hofmeister, Jg. 1963, Dr. phil., Diplom Sozialpädagogin (FH), Trauma-Beraterin, war mehrere Jahre Lehrbeauftragte an zwei bayerischen Fachhochschulen für Prävention und Intervention bei sexueller Kindesmisshandlung und ist seit über 15 Jahren in der öffentlichen Kinder- und Jugendhilfe in München tätig. Zudem arbeitet sie als Referentin zum professionellen und institutionellen Umgang mit Verdacht auf eine sexuelle Kindesmisshandlung im Raum München.

Das vorliegende Buch ist die unwesentlich gekürzte Fassung der Dissertation "Die Kultivierung des sozialpädagogischen Zweifels" - zur "De-Professionalisierung" Sozialer Arbeit im Feld der Kinder- und Jugendhilfe. Dargelegt an der Verdachtsabklärung der innerfamiliären sexuellen Kindesmisshandlung.
Die Dissertation wurde im Januar 2010 mit der Disputation an der Universität Osnabrück angenommen.

Erscheinungsjahr 2011

ISBN 3937461604
EAN 978-3937461601

Umschlaggestaltung: USP Publishing

Vorwort

Unsere tiefste Angst ist nicht, dass wir unzulänglich sind. Unsere tiefste Angst ist, dass wir mächtig sind über das Maß hinaus. Unser Licht ist es, nicht unsere Dunkelheit, was uns am meisten Angst macht. Aber wem nutzt es, den Kleinen zu spielen? Es nützt der Welt nichts. Es ist gar nichts Erleuchtendes daran, zusammenzuschrumpfen, damit andere Menschen rund um Sie sich nicht unsicher fühlen. Wir alle sind dazu bestimmt, zu strahlen. Und wenn wir unser eigenes Licht leuchten lassen, erteilen wir unbewusst anderen Menschen die Erlaubnis, das Gleiche zu tun. Wenn wir von unserer eigenen Angst befreit sind, befreit unsere Gegenwart automatisch andere.
(Nelson Mandela)

Das Vorwort zu meiner Dissertation zu schreiben bedeutet, ein über mehrere Jahre währendes wissenschaftliches Projekt abzuschließen, das sowohl mühsam und einsam, aber auch ein wichtiger Selbsterfahrungsprozess war.

Die Initialzündung zu promovieren waren meine Lehrtätigkeit an der Fachhochschule für Soziale Arbeit in Benediktbeuern und Landshut und meine Tätigkeit als Referentin für Fortbildungen zum Thema in psychosozialen Einrichtungen in München und Umgebung.
Meine Motivation und mein Engagement, die vorliegende Untersuchung zu verfassen und diszipliniert jahrelang durchzuhalten, entspringt hauptsächlich meiner nunmehr 15 Jahre andauernden Tätigkeit als Diplom-Sozialpädagogin (FH) in verschiedenen Bereichen der Kinder- und Jugendhilfe des Münchner Jugendamtes. Ich war in Bezug auf Verdachtsfälle der sexuellen Kindesmisshandlung sowohl in der Intervention als auch in der Prävention handelnd tätig. Diese doch verschiedenen Tätigkeiten haben mir immer wieder die allgemeine fachliche Unsicherheit im Umgang mit der Thematik und der Vorgehensweise bei Verdacht auf innerfamiliäre sexuelle Kindesmisshandlung widergespiegelt. Dies löste einen entscheidenden Denkprozess in mir aus und inspirierte mich, genauer hinzusehen.

Mit meiner wissenschaftlichen Arbeit betrat ich als Diplom-Sozialpädagogin ein Terrain außerhalb meiner „erlernten" Profession, musste die eigenen Kollegen und Kolleginnen kritisch betrachten und schlussendlich wuchs ich fachlich über die eigenen Reihen hinaus. Hier hat mich der Text von Nelson Mandela so manches Mal dazu ermutigt, den riesigen Berg zu erklimmen, die nötigen Pausen einzulegen, aber den Gipfel nicht aus den Augen zu verlieren. Der Prozess des Schreibens war in diesem Kontext vor allem von der Herausforderung geprägt, weder den „langen Atem“, die Disziplin noch den „roten Faden“ zu verlieren. Es gab nicht viele Menschen, die mich bei meinem Vorhaben unterstützten; bei einigen wenigen möchte ich mich jedoch an dieser Stelle bedanken.

Ein erster und herzlicher Dank geht an meine Doktormutter und Erstgutachterin Frau Prof. Dr. Carol Hagemann-White. Ich danke ihr für die sachlich fundierte und wohlwollend fordernde Aufmerksamkeit, die mich vor allem voranbrachte und mir die Kraft und das Durchhaltevermögen gab.

Trotz der großen Distanz von Osnabrück bis München stellte die regelmäßige Teilnahme am Kolloquium eine wichtige Konstante des fachlichen Austausches mit Gleichgesinnten und Mitstreiterinnen dar, die die vorgelegten Manuskripte kritisch, kollegial und konstruktiv betrachtet haben und so manche Interpretationsidee ins Rollen brachten. Ein Dankeschön an alle beteiligten Kolleginnen!

Besonders bedanken möchte ich mich bei Dr. Birgit Behrensen und ihrem Mann, die immer ein offenes Haus hatten, wenn ich in Osnabrück übernachten musste. Sie haben mich in vielen Diskussionen und Gesprächen bereichert und animiert.

Besonders viel Geduld über die lange Zeit mussten meine beiden Töchter Lena und Jana aufbringen, über die vielen Abende, Wochenenden und Urlaube, die ich am Schreibtisch verbracht habe und familiären Belangen oftmals nicht den nötigen Raum geben konnte.

Für viele wohlwollende und nährende Gespräche danke ich meiner Freundin Erna Kutter herzlich. Ebenso meiner Freundin Marie-Louise Krakau, die mich auf vielen Mountainbike- und Bergtouren begleitet hat, die meiner Seele gut taten, die mich aufatmen ließen und mir immer wieder den notwendigen Abstand vom Schreibtisch ermöglichten.

Meinen Eltern danke ich an dieser Stelle für die finanzielle Unterstützung während meiner Stipendiumszeit, als das Familieneinkommen sehr begrenzt war. Meinem Chef, Herrn Nussstein, danke ich für die Möglichkeit, gerade in der Endphase der Dissertation meine regulären Arbeitszeiten flexibel zu gestalten; er hat mich immer wieder väterlich unterstützt und mir seine Anerkennung, bezüglich meines Bestrebens fachlich zu wachsen, versichert.

Ein besonderer Dank gilt meinen InterviewpartnerInnen, die mir mit ihrer Bereitschaft über ihre Fallarbeit in Verdachtsfällen offen zu sprechen, die Grundlage für die Erschließung und Analyse dieser sozialpädagogischen Fallarbeit geboten haben.

Ein herzlicher Dank auch an Michelle Stöger für die spontane und flexible Lektoratsarbeit an der Dissertationsschrift. Ein letzter und ganz besonderer Dank gilt meiner Freundin Jutta Wunder für die sehr sorgfältige Korrektur des Buchmanuskripts.

Inhaltsangabe

Teil III

Interpretation

Einleitung

Kinder sind das köstliche Gut eines Volkes[1]

Die sexuellen Kindesmisshandlungen in der Familie und deren würdige Beachtung mussten dem nationalen wie internationalen Diskurs um die körperliche Kindesmisshandlung und der kindlichen Vernachlässigung lange weichen.

Seit gut zwanzig Jahren, nach vorangegangenem Schweigen und nahezu völliger Tabuisierung der innerfamiliären sexuellen Kindesmisshandlung, rückt diese Gewaltform immer mehr in den Vordergrund der Diskurse.[2] Die Ansprüche an eine gewaltlose Erziehung von Kindern[3] in ihren Familien sind heute so nachhaltig formuliert wie nie zuvor in der Menschheitsgeschichte und gerade Eltern und andere Sorgerechtsinhabern sollen gesetzliche Grenzen gesetzt werden. Im BGB §1631[4] wird „Gewalt in der Erziehung" seit dem Jahr 2000 für unzulässig erklärt. Alles professionelle Handeln und Intervenieren im Feld der Kinder- und Jugendhilfe geschieht auf der Grundlage der Rechtssystematik des SGB VIII (KJHG). Zur nachhaltigen Gewährleistung des Kindeswohls und des Kinderschutzes bei Gewalthandlungen gegen Kinder in ihren Familien wurden die Möglichkeiten der „Hilfe zur Erziehung" (§27ff KJHG) im Rahmen der Reform des Kinder- und Jugendhilfegesetzes ausgebaut. Darauf stützend haben Institutionen im Feld der Kinder- und Jugendhilfe Richtlinien, Leitlinien, Konzepte und Dienstanweisungen

1 Art. 125 der Bayerischen Verfassung.

2 Vgl. Heitmeyer/Schröttle 2006, S. 26.

3 „Kinder" wird vorliegend als zusammenfassender Begriff für alle jungen Menschen bis 14 Jahre verstanden. Vgl. Blum- Maurice 2006, S. 69. Differenziert wird im Folgenden nicht zwischen Mädchen und Jungen. Generell wirken sexuelle Übergriffe von vertrauten nahen Personen auf Kinder (egal welchen Geschlechts) verstörend, traumatisierend und langfristig schädigend für das Wohl des Kindes. Dass Jungen in bestimmten Punkten (bzgl. ihrer Sozialisation und Symptom-Entwicklung) auf sexuelle Gewalt anders reagieren als Mädchen, kann hier aus Kapazitätsgründen nicht näher erläutert werden. Zudem ist es für die Intention und Ergebnissicherung der Arbeit nicht relevant.

4 Das Gesetz zur Ächtung von Gewalt in der Erziehung vom 02. November 2000, das am 06. Juli 2000 vom deutschen Bundestag verabschiedet wurde, beinhaltet eine Neufassung des § 1631 BGB. Darin wird das Recht auf gewaltfreie Erziehung verankert. §1631 BGB Abs. 2: „Kinder haben ein Recht auf gewaltfreie Erziehung, körperliche Bestrafungen, seelische Verletzungen und andere entwürdigende Maßnahmen sind unzulässig." Das Gesetz steht in engem Zusammenhang mit den Zielsetzungen der Kinderrechtskonvention der Vereinten Nationen aus dem Jahr 1989 und des Nationalen Aktionsplans für ein kindgerechtes Deutschland. Die Kampagne „Mehr Respekt vor Kindern" diente dazu, diese Gesetzesänderung bekannt zu machen. Vgl. www.wikipedia.org/§ 1631 BGB.

mit verbindlichen Handlungsaufträgen (§8a SGB VIII) zum Umgang mit sexuellen Kindesmisshandlungsfällen in der sozialpädagogischen Praxis aufgestellt. Dies sind zweifellos erfreuliche Entwicklungen, wenngleich anzumerken bleibt, dass rechtliche wie sozialpädagogische Kinderschutzinterventionen fast ausschließlich Reaktionen auf bereits erfolgte sexuelle Kindesmisshandlungen in der Familie darstellen.[5]
In Fachkreisen wird heute niemand mehr grundsätzlich und ernsthaft anzweifeln, dass innerfamiliäre sexuelle Kindesmisshandlung ein gesellschaftliches Problem darstellt, oder behaupten, dass sexuelle Übergriffe auf Kinder in ihrer Familie eine Ausnahmeerscheinung sind.

Fegert u. a. evaluierten in einer groß angelegten Untersuchung, dass im psychosozialen Versorgungssystem im Vergleich zu den vorangegangenen fünf Jahren eine Zunahme von 22–35% der Verdachtsfälle (innerfamiliärer) sexueller Kindesmisshandlung zu verzeichnen war. Die weitaus größere Zahl von innerfamiliärer sexueller Misshandlung betroffener Kinder findet sich demnach in der Kategorie „Verdachtsfälle“ bzw. in der Verdachtsabklärung wieder.[6] Hier verbleiben „Verdachtsfälle“ im Dunkelfeld der sozialpädagogischen Beratung, da die mit sexueller Kindesmisshandlung verbundenen, lang andauernden Taten innerhalb der Familie selten bis gar nicht im beweisführenden Strafverfahren (Hellfeld) erscheinen.[7]

Die Süddeutsche Zeitung meldete im Sommer 2007

> [...] von 2000 bis 2006 hat sich allein die Zahl der Verdachtsfälle auf sexuelle Gewalt (gegen Kinder) von 397 auf 763 erhöht und damit fast verdoppelt.[8]

und weiter im Januar 2009

> Mehr Fälle von Kindsmissbrauch. [...] Die Zahl der Verdachtsfälle von sexueller Misshandlung an Kindern hat sich in sieben Jahren mehr als verdoppelt. Während das Stadtjugendamt im Jahr 2000 noch 397 Fälle zählte, waren es im Jahr 2007 bereits 810 Fälle.[9]

Diese Meldungen lassen keinen Zweifel daran, dass die innerfamiliäre sexuelle Kindesmisshandlung offensichtlich schwer zu verifizieren ist und viel zu oft Verdachtsfälle eben solche bleiben. Dies scheint im psychosozialen Versorgungssystem zu einer gewissen Verwirrung, vielleicht sogar Vermeidung des Themas

5 Vgl. Helfer/Kempe/Krugmann 2002 (Vorwort).
6 Vgl. Fegert u.a. 2001, S. 18.
7 Vgl. Ebd., S. 50 und S. 30.
8 Schlagzeile Januar 2009 – SZ München.
9 Schlagzeile Januar 2009 – SZ München.

beizutragen.[10] Von einer generellen Tabuisierung oder dem Verschweigen kann meiner Meinung nach nicht mehr gesprochen werden. Diese Erkenntnis ist nicht angenehm, aber auch nicht neu.

Der erklärte professionelle Anspruch und die Verpflichtung im Feld der öffentlichen wie freien Kinder- und Jugendhilfe, Kinder vor sexueller Gewalt im Erziehungsverhältnis „Familie" nachhaltig zu schützen und adäquat einzugreifen, scheinen noch nicht erfüllt.
Die gesetzliche Verpflichtung und sozialpädagogische Verantwortung Verdachtsfälle der innerfamiliären sexuellen Kindesmisshandlung zu handhaben, ist letztendlich eine Routinehandlung für berufserfahrene Fachkräfte der Kinder- und Jugendhilfe. Der fast alltägliche Umgang mit Kindeswohlgefährdungen, wie der sexuellen Kindesmisshandlung, bedeutet auch noch nicht zwingend, dass sich Professionelle im Feld der Kinder- und Jugendhilfe im Umgang mit der Thematik bereits auf sicherem beruflichen Terrain bewegen. Sexuelle Kindesmisshandlung im Generationenverhältnis – deren grundsätzliches Kennzeichen die Uneindeutigkeit ist – lässt augenscheinlich professionelle Fachkräfte ohne geeignetes Handwerkszeug zurück, um erfolgreich Verdachtsfälle zu erhärten, zu verdichten oder zu verifizieren.

13 professionelle Fachkräfte, die in freier wie öffentlicher Trägerschaft tätig sind, gaben zu den oben genannten Forschungsfragen in einem leitfadengestützten Interview hinreichende Informationen zu ihrem Arbeitsalltag und dessen Fallroutinen in der Verdachtsabklärung der innerfamiliären sexuellen Kindesmisshandlung.
Der Anspruch für die vorliegende Arbeit war, die impliziten wie expliziten Relevanzen herauszufiltern, die für den Abklärungsprozess bei Verdacht auf innerfamiliäre sexuelle Kindesmisshandlung förderlich oder sogar hinderlich für eine ergebnisorientierte eingreifende Intervention sind. Dabei wurde analysiert, wie sich die Fachkräfte professionell der Falllage gegenüber positionieren, wie sie Verdacht deuten und wie berufliches Handeln im Casemanagement eingeleitet, gestaltet und begründet wird.

Professionelle im Feld der Kinder- und Jugendhilfe sind nach §8a Abs.[11] KJHG verpflichtet, sich um das Kindeswohl und den Kinderschutz zu bemühen. Die

10 Vgl. Fischer/Riedesser 2002, S. 281.

11 §8a Abs. 1 SGB VIII: „Werden dem Jugendamt gewichtige Anhaltspunkte für die Gefährdung des Wohls eines Kindes oder Jugendlichen bekannt, so hat es das Gefährdungsrisiko im Zusammenwirken mehrerer Fachkräfte abzuschätzen. Dabei sind die Personensorgeberechtigten sowie das Kind oder der Jugendliche einzubeziehen, soweit hierdurch der wirksame Schutz des Kindes oder des Jugendlichen nicht in Frage gestellt wird. Hält das Jugendamt zur Abwendung der Gefährdung die Gewährung von Hilfen für geeignet und notwendig, so hat es diese den Personensorgeberechtigten oder den Erziehungsberechtigten anzubieten.

strukturelle Gleichzeitigkeit von Hilfe und Kontrolle ist konstitutiv für sozialpädagogisches Handeln im Feld der Kinder- und Jugendhilfe. Hier war interessant zu sehen, wie die Fachkräfte in diesem Spannungsfeld ihre professionelle Verantwortung interpretieren und umsetzen. Qualitatives Verstehen innerhalb einer Sozialarbeitsforschung lenkt den Fokus auf das Wie und dessen Begründungszusammenhänge und weniger auf das Warum.
Die Offenlegung der sozialpädagogischen Sicht- und Legitimationsweise in Verdachtsfällen bildet eine notwendige Voraussetzung, um darüber nachzudenken, wie eine eingreifende und verantwortungsvolle Kinderschutzarbeit in der öffentlichen wie freien Kinder- und Jugendhilfe weiterentwickelt werden kann. Erst nach diesem Erkenntnisschritt kann über Konsequenzen und Veränderungen nachgedacht werden.
Intention der Arbeit war nicht, Professionelle in ihrer alltäglichen Arbeit, in ihren beruflichen Bemühungen bloßzustellen und über sie zu richten. Unerwartete und vielleicht gar unerwünschte Ergebnisse ermöglichen aber auch ein genaueres Verständnis der Problematik. Fallspezifische Interventionsprozesse und die von Professionellen aufgestellten Handlungstheorien müssen an der realen Praxis, am beruflichen Alltag der sozialpädagogischen Fachkräfte ansetzen und nicht an den Idealvorstellungen der Sozialen Arbeit.

Die Ergebnisse der Analyse sind vielleicht nicht ganz erfreulich: Soziale Arbeit mit ihren Fachkräften ist mit einer Fülle von Idealen und Wertvorstellung einerseits besetzt und andererseits mit konkreten Kinderschutzaufträgen befasst. Was nun, wenn Professionelle den rechtlichen und fachlichen Verpflichtungen nicht genügen? Bedeutet das, dass sie gescheitert sind? Sollte man lieber alles so belassen, um sich den vielleicht unangenehmen Fragen nicht stellen, sich selbst nicht hinterfragen zu müssen oder delegitimieren zu lassen und mangelnde Fehleranalysen zu initiieren?
Ein fundiertes Verständnis der spezifischen Fallstruktur bei „Verdacht auf sexuelle Kindesmisshandlung“ in der Familie ist vonnöten, um darauf aufbauend angemessene fallspezifische Interventionsmöglichkeiten für Professionelle zu eröffnen. Mit den herkömmlichen Methoden der Sozialen Arbeit ist es anscheinend nicht mehr getan. Soziale Arbeit braucht eigene, ihrer spezifischen Struktur entsprechend angemessene Interventionskriterien, die es unter Berücksichtigung der empirischen Realität zu entwickeln und zu begründen gilt. Die vorliegende Arbeit setzt an genau diesem Defizit der sozialpädagogischen Forschung und Theoriebildung an.
Die Ergebnisse dieser Arbeit werden verdeutlichen, dass die (Weiter-)Entwicklung von Interventionsmöglichkeiten und fachlichen Standards der Diagnostik bei Verdacht auf eine innerfamiliäre sexuelle Kindesmisshandlung erforderlich sind; ferner zeigt sich, dass die Fallarbeit bei Verdacht auch heute noch eine Herausforderung für die beauftragten Professionellen im Feld der Kinder- und Jugendhilfe darstellt.[12]

12 Vgl. Fürniss 2005, S. 27.

Die Arbeit besteht aus drei Teilen: dem theoretischen Bezugsrahmen, den methodologischen Anlagen der Untersuchung bzw. der Ergebnisdarlegung und der Schlussbemerkung.

Der erste Teil dient zur theoretischen Positionierung und Orientierung. Die professionelle Verdachtsabklärung der innerfamiliären sexuellen Kindesmisshandlung im Feld der Kinder- und Jugendhilfe wird aus drei Blickwinkeln betrachtet, die unter Zuhilfenahme der Empirie für die Theoriegenerierung von zentraler Bedeutung sind.
Zunächst wird der institutionelle und spezifisch fachliche Kontext, in dem das Datenmaterial gewonnen wurde, vorgestellt. Grundsätzlich wird die Disziplin Soziale Arbeit hinsichtlich zentraler Bestimmungselemente als Profession vorausgesetzt. Dennoch werden die immer noch geführte Professionalisierungsdebatte der Sozialen Arbeit aufgegriffen und Handlungsmaximen für sozialpädagogisches Handeln im Feld diskutiert. Es wird aufgezeigt, dass der selbstbewussten Professionalisierung vielfältige inhaltliche Schwierigkeiten und fachliche Ambivalenzen entgegenstehen und sich diese unmittelbar auf professionelle Handlungskompetenzen in der Verdachtsverifizierung auswirken.[13]
Im zweiten Schritt findet eine am KJHG (SGB VIII) orientierte, rechtliche Verortung der Forschungsfragen statt. Professionelle Fachkräfte im Feld der Kinder- und Jugendhilfe, die einen Verdacht auf eine innerfamiliäre sexuelle Kindesmisshandlung als eine Form der Kindeswohlgefährdung abklären (müssen), haben einen komplexen Handlungsauftrag zu erfüllen. Anhand der Regelungen des KJHG wird die Bedeutung des Handlungsdreiecks: Kindeswohl(-gefährdung) – Elternrecht – staatliches Wächteramt markiert, in dem sich das sozialpädagogische Casemanagement rechtlich justiert.
Im dritten Schritt werden die in den Regelungen und Handlungsaufforderungen immanenten widersprüchlichen Gehalte sozialpädagogischen Handelns bezüglich des Casemanagements bei „Verdacht“ dargelegt und die daraus entstandenen Paradoxien, die in der sozialpädagogischen Literatur bereits „Pflichtbekenntnisse“[14] darstellen, in ihren widersprüchlichen Handlungsaufforderungen deutlich gemacht.

Der zweite Teil der Arbeit entfaltet die methodologische Anlage der Untersuchung. Das gesamte Forschungsdesign, das sich dem Forschungsstil der Grounded Theory verpflichtet, lässt sich im Rahmen einer rekonstruktiven Sozialarbeitsforschung einordnen. Kernstück der analytischen Auswertung sind 13 geführte Leitfadeninterviews mit professionellen Fachkräften im Interventionsfeld der öffentlichen wie freien Kinder- und Jugendhilfe.

13 Vgl. Gildemeister 1983; Merten/Olk 1996; Otto/Thiersch 2001; Böhnisch/Schröer/Thiersch 2005.

14 Urban 2004, Gildemeister 1983.

Die Begründung des qualitativen Zugangs zum Untersuchungsgegenstand und die sich daraus ableitenden Fragestellungen und Zielsetzungen der Arbeit werden als erstes expliziert. Ausgehend davon werden das konkrete Untersuchungsdesign, die Instrumente der Erkenntnisgewinnung und das methodische Vorgehen der Auswertung in zwei Analysekomplexen vorgestellt. Die einzelnen Schritte der Materialauswertung werden zusätzlich in Diagrammen und Schaubildern illustriert. Ferner wurden drei Konfigurationen der Ergebniserläuterung gebildet und interpretatorisch gesättigt.
Danach werden die Ergebnisse der Interviewanalyse zusammengefasst. Der erste Teil der Interpretation stellt den professionellen Modus Vivendi, interpretiert als professionelle Bühne der Verdachtsabklärung, vor. Hier erwies sich das berufliche Selbstkonzept und seine handlungsleitenden Implikationen als entscheidender theoretischer Interpretationshorizont für die Bestimmung der professionellen Primärpositionierung im Fallkontext „Verdacht". Die empirisch wie theoretisch kodierte Primärpositionierung, die sich aus den beruflichen Erfahrungswerten wie der Bewertung und Diagnostik eines Verdachtsfalles der innerfamiliären sexuellen Kindesmisshandlung erschließt, wird in ihren Kernaspekten dargelegt.
Der zweite Teil der Interpretation stellt den Modus Operandi vor, der sich aus der Primärpositionierung logisch entfaltet und als Sekundärpositionierung verstanden wird. Die aus dem beruflichen Selbstverständnis der Fachkräfte entstandenen Konstruktionen und Strategien des Handelns in Verdachtsfällen der innerfamiliären sexuellen Kindesmisshandlung wurden rekonstruiert und mit theoretischen Konzepten der Dissonanztheorie und der Copingforschung interpretatorisch gerahmt. Die Erkenntnis, dass es infolge einer Fallkonstellation von Verdacht auf innerfamiliäre sexuelle Kindesmisshandlung zu einer (weiteren) Steigerung sozialarbeiterischer Ambivalenzen und Zweifel kommt, wird im Laufe der Gesamtarbeit entwickelt und im Ergebnisteil anhand der gewonnenen theoretischen wie empirischen Erkenntnissen begründet.

In der Schlussbemerkung werden die Auswirkungen der festgestellten Deutungs- und Handlungsroutinen kritisch beleuchtet und zudem (mögliche) Veränderungschancen der Fallbearbeitung abschließend aufgezeigt.

In dem beschriebenen Verfahren versteht sich die Arbeit als Beitrag zu einer fallbezogenen, sozialarbeiterischen Interventionsforschung im Feld der Kinder- und Jugendhilfe. Sozialarbeitsforschung bzw. Sozialarbeitswissenschaft und deren Ansätze haben das Bestreben, eine spezifische Gegenstandsbestimmung (Verdachtsfall innerfamiliäre sexuelle Kindesmisshandlung) vorzunehmen und damit die disziplinäre Eigenständigkeit, Qualität und damit Professionalität zu begründen, zu steigern und die Diskussionen darüber fruchtbarer und nachhaltiger zu gestalten und vor allem voranzutreiben.

Teil I

Theoretische Orientierung und Positionierung

1. Das Interventionsfeld der Kinder- und Jugendhilfe und dessen fachliche Kompetenzen und Handlungsaufträge – eine Entwicklungsgeschichte

Die fachliche wie institutionelle Entwicklungsgeschichte des Interventionsfeldes der deutschen Kinder- und Jugendhilfe und dessen Schutz- und Handlungsaufträge bei Kindeswohlgefährdungen im Allgemeinen begann mit der Ausrufung des „Jahrhunderts des Kindes[15] (1900–2000), das rückblickend auch als das „Jahrhundert der Sozialpädagogik“[16] erscheint.
Das 20. Jahrhundert förderte zwei grundlegende gesellschaftliche Entwicklungsstränge.[17] Zum einen veränderte sich die emotionale wie pädagogische Einstellung Erwachsener gegenüber Kindern. Vermehrt wurde deviantes, von der „Normalität in der Kindererziehung“[18] abweichendes Erziehungsverhalten durch sorgeberechtigte Erwachsene als solches erkannt und sanktioniert. Die Anerkennung des Kindes in seiner spezifischen Lebensphase Kindheit mit all seinen Rechten und besonderen Bedürfnissen wuchs.
Als weitere Maßnahme wurden soziale Problematiken, wie die der Misshandlung von Kindern in ihren Familien, sukzessive über die „Verberuflichung sozialer Arbeit“[19] in institutionelle Zusammenhänge gestellt und als „private Lebensschicksale in öffentlicher Verantwortung“[20] verstanden. Sozialpädago-

15 Andresen 2002, S. 16.

16 Ebd., S. 16.

17 Vgl. Ebd., S. 17; Fischer/Riedesser 2002, S. 281; Heitmeyer/Schröttle 2006, S. 17.

18 Vgl. Trube-Becker 1998, S. 44.

19 Ader 2006, S. 43.

20 Ebd., S. 43.

gisches Handeln in einzelnen Berufssparten der Sozialen Arbeit wurde in seiner Grundorientierung zu einem Handeln, das gesellschaftlich legitimiert und an einen öffentlich politischen Auftrag gebunden wurde.[21]

In Europa (vor allem in England und Deutschland) kam es zur Gründung der ersten „Gesellschaften zur Verhütung von Grausamkeiten gegen Kinder",[22] als eine „Kinderrettungsbewegung" verstanden, die sich erst einmal auf die Bereiche des Kinderarbeitsschutzes, des Pflegekinderwesens, auf straffällige und verwahrloste Kinder und deren Unterbringung in Erziehungs- oder Besserungsanstalten sowie die Bereiche des Vormundschaftswesens konzentrierten.[23]
Erst in den Siebziger Jahren zwang die Komplexität der Evaluation und Probleme der Intervention bei innerfamiliärer (sexueller) Kindesmisshandlung alle psychosozialen Berufsgruppen zu einer Neugewichtung, Neuorientierung sowie einer deutlichen Klärung der Aufgabenverteilung im Falle einer Kindeswohlgefährdung.[24] In den Achtziger Jahren wurde die multidisziplinäre fachliche Entwicklung der Kinderschutzarbeitsansätze durch den dritten internationalen ISPCAN[25]-Kongress (1981) thematisiert und regte die Schaffung spezialisierter Beratungsstellen – in freier wie in kommunaler Trägerschaft – zur sexuellen Kindesmisshandlung an.[26] Eine Vielzahl vernetzter, freier wie öffentlicher Organisationen mit ihren professionellen Leistungs- und Beratungsangeboten im Feld der Kinder- und Jugendhilfe wurden dadurch geschaffen.[27] Zunächst war es der Versuch, einen Zugewinn an gesellschaftlicher Anerkennung und Durchsetzungsfähigkeit der jeweiligen Institutionsphilosophie, gerahmt von berufssoziologischen Kriterien und Leitlinien, zu erreichen[28]. Es entwickelten sich nicht-strafeorientierte Einrichtungen,[29] vor allem in den Einrichtungen der freien Trägerschaft als solidarische Unterstützungsangebote für Eltern und Kinder. Eine „Zersplitterung"[30] der behördlichen wie freien Kinder- und Jugendhilfe resultierten aus Grundkonflikten um die fortschreitende Institutionalisierung,

21 Es etablierten sich sozialpädagogische Ausbildungsstätten, spezifische Berufsfelder in (privaten und freien) Organisationen verschiedener Art. Bensel/Rheinberger/Radbill 2002, S. 29; Bange 2005, S. 14; Andresen 2002, S. 16; Merten/Olk 1996, S. 570 und S. 586; Böhnisch/Schröer/Thiersch 2005, S. 9.

22 Bange 2005, S. 16.

23 Vgl. Schmidt 2002, S. 831-832.

24 Vgl. Fürniss 2005, S. 25.

25 Die International Society for the Prevention of Child Abuse and Neglect (ISPCAN) als eine der ersten weltweiten professionellen Mitgliederorganisationen zum Schutz und zur Prävention misshandelter und vernachlässigter Kinder entstand im Jahr 1977. Ein Jahr nach Ende des Zweiten Weltkrieges (1946) wurde UNICEF als Unterorganisation der Vereinten Nationen zur weltweiten Förderung der körperlichen, seelischen und sozialen Gesundheit und Entfaltung von Kindern und Jugendlichen gegründet. Vgl. Fürniss 2005, S. 19.

26 Vgl. Fürniss 2005, S. 22; Fischer/Riedesser 2002, S. 283.

27 Vgl., Ebd., S. 23.

28 Merten/Olk 1996 S. 570.

29 Das Beratungsprinzip „Hilfe statt Strafe" der freien Träger der Kinder- und Jugendhilfe nahm hier seinen Anfang.

30 Schmidt 2005, S. 832.

um funktionale wie örtlicher Zuständigkeiten, fachliche Qualifizierung und spezifische Handlungskonzepte. Die fachliche Differenzierung der freien und der öffentlichen Kinder- und Jugendhilfe nahm hier ihren Anfang.[31]

Die öffentliche wie freie Kinder- und Jugendhilfe hat sich am Ende des letzten Jahrhunderts zu einem der größten und zentralen Praxisfelder der Sozialen Arbeit bzw. der Sozialpädagogik herausgebildet. Es formierte sich ein psychosoziales Versorgungssystem mit einem breiten Spektrum an institutionalisierten sozialpädagogischen Aufgaben, Handlungsaufträgen und fachlichen Kompetenzen.
Über das Erlassen von Fürsorgegesetzen[32] im 20. Jahrhundert stellte sich auch die Frage der (weiteren) rechtlichen Verankerung von Kinderrechten und deren „Übersetzung"[33] in eine sozialpädagogische Handlungspraxis innerhalb der jeweiligen psychosozialen Institutionen.
Die Verabschiedung (1991) des Art. 34 der UN-Kinderrechtskonvention[34] und die zeitgleiche Einführung des KJHG (1991) im SGB VIII führten national zu einer weiteren intensiven Suche nach kindgerechten Interventionsformen, da sozialpädagogische Kinderschutz- und Rechtsaspekte gleichberechtigt und komplementär miteinander interagieren sollten.
Das heutige Feld der Kinder- und Jugendhilfe kann als ein „Ensemble subsidiärer Zuständigkeiten und Kooperationen"[35] verstanden werden, in dem professionelle Fachkräfte (auf-)gefordert sind, einen Verdacht auf innerfamiliäre sexuelle Kindesmisshandlung als eine Form der Kindeswohlgefährdung einzuschätzen, und zudem gesetzlich beauftragt sind, zum Schutze des Kindes(-wohls) zu intervenieren. Das gesetzliche *Reframing*[36] des KJHG, des BGB und des GG soll in eine gelungene und verantwortungsbewusste Zusammenarbeit zwischen öffentlicher und freier Kinder- und Jugendhilfe und zu einer qualifizierten, ziel- wie ergebnisorientierten Abklärung und Intervention bei Kindeswohlgefährdungen, wie z.B. der innerfamiliären sexuellen Kindesmisshandlung, münden.

31 Vgl. Schmidt 2005, S. 832; Böhnisch/Schröer/Thiersch 2005, S.9.

32 Die gesetzgeberische Tätigkeit der Kinder- und Jugendhilfe nahm seinen Anfang zunächst im Jugendwohlfahrtsgesetz (JWG) vom 09. Juli 1922 (1924 in Kraft getreten). Mittlerweile ist das JWG durch das Kinder- und Jugendhilfegesetz (KJHG) vom 26. Juni 1990 (SGB VIII) abgelöst worden. Einen weiteren gesetzgeberischen Schritt markiert das „Gesetz zur Reform des Kindschaftsrechts" (KindRG), welches am 01. Juli 1998 in Kraft trat. Seit dem Jahr 2005 wird der §8a SGB VIII in seinem Handlungsauftrag bei Kindeswohlgefährdung bzgl. Zuständigkeiten und Kooperationen im Feld der Kinder- und Jugendhilfe präzisiert. Ein Ende der gesetzlichen Präzisierungen ist nicht in Sicht, Umsetzungserfolge oder Resultate sind noch nicht verifizierbar und validierbar. Vgl. Heilmann/Salgo 2002, S. 955-956.

33 Schmidt 2005, S. 831.

34 Art. 34 UN-Kinderrechtskonvention: „Die Vertragsstaaten verpflichten sich, das Kind vor allen Formen sexueller Ausbeutung und sexuellem Missbrauch zu schützen. Zu diesem Zweck treffen die Vertragsstaaten alle geeigneten innerstaatlichen, zweiseitigen und mehrseitigen Maßnahmen, um zu verhindern, dass Kinder a) zur Beteiligung an rechtswidrigen sexuellen Handlungen verleitet oder gezwungen werden, b) für die Prostitution oder anderer rechtswidriger sexueller Praktiken und c) für pornografische Darbietungen und Darstellungen ausgebeutet werden." Fegert u. a. 2001, S. 22.

35 Andresen 2002, S. 22.

36 Kindler/Lillig 2005, S. 2.

1.1 Zur Professionalisierung Sozialer Arbeit im Feld der Kinder- und Jugendhilfe

> [...] Sozialarbeit ist eine Profession, ein Beruf wie jeder andere auch. Solange wir dies in Frage stellen, behindern wir uns selbst.[37]

Nachdem die „Verberuflichung“ Sozialer Arbeit und die differenzierte Institutionalisierung der psychosozialen Interventionsfelder abgeschlossen erscheint, wurde die Diskussion auf der Ebene der Professionalisierung und impliziten sozialpädagogischen Handlungskompetenzen in den letzten drei Jahrzehnten in Deutschland weitergeführt. Die Debatte scheint nicht enden zu wollen,[38] und ein klarer Schlussstrich über eine 30 Jahre währende Diskussion der Professionalisierung Sozialer Arbeit kann vorliegend selbstverständlich nicht gezogen werden. Dass Soziale Arbeit in ihren einzelnen Merkmalen als eine „Profession“[39] zu bezeichnen ist, wird in der vorliegenden Arbeit prinzipiell nicht in Frage gestellt. Es werden dennoch professionspolitische Handlungsaspekte dargelegt, die für die Ergebnissicherung der Untersuchung relevant waren. Gleichzeitig wird eine Positionierung für das spezifische Interventionsfeld der Kinder- und Jugendhilfe bezüglich ihrer Professionsidentität vorgenommen.

Grundsätzlich bemisst sich der Professionalisierungsstand eines Handlungsfeldes an einem allgemein akzeptierten Merkmalskatalog, der eine mehr oder weniger idealtypische Beschreibung der strukturellen wie fachlichen Merkmale darstellt.[40] Entsprechende Aushandlungsprozesse bewegen sich in der Regel auf einem „Professionalisierungskontinuum“,[41] dessen Fokus sich auf die Qualität und Intensität von Professionsmerkmalen richtet und nicht auf deren Anzahl. Folgt man Autoren zur Professionalisierung Sozialer Arbeit, dann sind Professionen typischerweise mit der Bewältigung kritischer Phasen und Gefährdungen menschlichen Lebens befasst, für die die Hilfe von Fachkräften und deren spezifische Fachkompetenz gesucht wird. Für das jeweilige Interventionsfeld gelten typische Problemperspektiven, die interpretativ und intervenierend durch eine Berufsgruppe mittels Interventionsstrategien verfolgt werden.[42]
Soziale Arbeit muss sich bekanntermaßen mit sehr unterschiedlichen sozialen Problemlagen und deren spezifischer Bewertung, wie Einschätzung und Hand-

---

37 Ackermann 2000 (Einleitung)

38 Vgl. Thiersch 2005, S. 985.

39 Der angloamerikanische Begriff „Profession“ hatte in der deutschen Sprache kein direktes Äquivalent. In Deutschland wurde von „freien Berufen“, „akademischen Berufen“ oder dem „Expertentum“ gesprochen. „Profession“ als Terminus und Schlüsselwort stammt aus den modernen sozialwissenschaftlichen Diskursen. Vgl. Gildemeister 1983, Loos 2006.

40 Kein Beruf, der sich selbst als Profession bezeichnet, erfüllt all diese Kriterien. Loos 2006; Gildemeister 1983, S. 48.

41 Gildemeister 1983, S. 2.

42 Vgl. Combe/Helsper 1996, S. 13; Gildemeister 1983, S. 37; Merten/Olk 1996, S. 578; Dewe/Otto 2001, S. 1399; Mühlum 2007; Gruber 2005 u.a..

lungskonzepte, arrangieren und auseinandersetzen. Vor allem über den Diskurs klassischer Professionen (Medizin, Theologie, Jura) wurde Soziale Arbeit vorschnell mit dem Etikett einer „Semi-Professionalität"[43] bedacht, im Weiteren als „defizitär"[44] und als eine „unvollständige Profession"[45] abgestempelt. Nach der vorliegenden Analyse kann das Wesen und das sozialarbeiterische Professionsselbst im Feld der Kinder- und Jugendhilfe m. E. eher als „offen"[46] (nicht defizitär) und in vielerlei Hinsicht als mehrdeutig bezeichnet werden.

1.1.1 Professionelle Handlungskompetenzen

Soziale Arbeit führt seit Jahrzehnten einen intensiven Diskurs über Fragen zu Handlungskompetenzen sozialpädagogischer Fachkräfte im Feld der Kinder- und Jugendhilfe. Dieser Diskurs gestaltete sich komplex und führte zu einer „Gemengelage"[47] von institutionellen, theoretischen und berufspolitischen Fragestellungen. Für den hier aufgeführten Zusammenhang stellt sich die Frage: Was muss eine professionelle Fachkraft eigentlich können, welche Fähigkeiten muss ihr „berufliches Arbeitskräftemuster"[48] aufweisen, um kompetent mit Kindern, ihren Rechten und ihren innerfamiliären Gewalterfahrungen umgehen zu können. Der Begriff der sozialpädagogischen Handlungskompetenz bezieht sich im Folgenden auf die Einschätzung einer innerfamiliären sexuellen Kindesmisshandlung im Feld der Kinder- und Jugendhilfe durch die Anwendung fachlichen Wissens und der Umsetzung ethischer Professionsmaximen.[49]

1.1.1.1 Die professionelle Wissenslizenz

Systematisch entwickeltes und angeeignetes theoretisches Wissen einer Profession, das zu Problemlösungen und zur Bearbeitung von Fallproblematiken eingesetzt werden kann, gilt als Grundlage und Voraussetzung, um überhaupt professionelle Kompetenzansprüche stellen zu können.[50] Anwendbares fachliches Wissen wird als „Lizenz"[51] einer Profession verstanden. Eine „optima-

43 Mertens/Olk 1996, S. 579; Daßler 2005, S. 45.

44 Combe 1996, S. 501.

45 Mertens/Olk 1996, S. 578.

46 Gegenstandsbereiche der klassischen Professionen lassen sich wie folgt eindeutig kategorisieren: Körper/Gesundheit (Medizin), Gerechtigkeit (Jurisprudenz) und „Sinnstiftung" (Theologie). Vgl. Merten/Olk 1996, S. 581.

47 Daßler 2005, S. 45.

48 Gildemeister 1983, S. 105.

49 Vgl. Gruber 2005, S. 78.

50 Vgl. Gildemeister 1993, S. 48; Combe/Helsper 1996, S. 9; Dewe/Otto 2001, S. 1399; Niemeyer 2002, S. 1022; Ackermann 2000, 16ff; Daßler 2005, S. 46.

51 Gildemeister 1993 S. 48.

le Wissenslizenz“[52] bestehe in einer Kombination intellektuellen (Studium und Literatur) und praktischen Wissens (Berufserfahrung und Handlungspraxis). Praktisches Wissen wird als „gelenkte Praxis“[53] nach langer Berufserfahrung verstanden und soll als ein professionelles Know-how kontextangemessen in berufliches Deuten, Bewerten und Handeln übersetzt und reflektiert werden (können).

Die Professionalisierung eines Berufsfeldes meint eben auch die Entwicklung eines professionellen Habitus in einem steten Qualifizierungs- und Aushandlungsprozess, der dem Berufsfeld angepasst und angemessenen ist,[54] und hier als eine Kollektivorientierung einer Profession verstanden werden kann.[55] Solche funktionalistischen Professionskonzepte richten sich auf ein professionelles „Dienstideal“,[56] das die Bereitstellung höchstmöglicher Fachkompetenz (Qualität) und die Orientierung an den Idealen einer „professional community“[57] garantiert.

1.1.1.2 Eine Menschenrechtsprofession mit einem kindzentrierten Berufsethos

Soziale Arbeit im Feld der Kinder- und Jugendhilfe ist in ihrem Kern als eine Menschenrechtsprofession zu klassifizieren.[58]

Der normative Wertbezug einer Menschenrechtsprofession ist eine am Gemeinwohl ausgerichtete Handlungsorientierung, die die Bindung an ein Berufsethos verkörpert und zu einem verantwortungsvollen Handeln gemäß dieses Berufsethos verpflichtet.[59]

Der im Grundrecht Art. 1 formulierte Wert: „Die Würde des Menschen ist unantastbar. Sie zu achten und zu schützen ist Verpflichtung aller staatlichen Gewalt“[60], bildet den heuristischen Rahmen, in dem sozialpädagogische Fachkräfte der Kinder- und Jugendhilfe ihre ethische Grundhaltung definieren bzw. ihren Berufsethos „speisen“ (sollten). Jedes Kind hat, wie alle an-

52 Ebd., S. 49.

53 Ebd., S. 49.

54 Vgl. Gildemeister 1983; S. 50; Merten/Olk 1996, S. 593; Ader 2006, S. 44.

55 Vgl. Combe/Helsper 1996, S. 528; Helsper 1996, S. 529; Gildemeister 1983, S. 2; Merten/Olk 1996, S. 593; Ader 2006, S. 44.

56 Vgl. Merten/Olk 1996, S. 586 und S. 573; Dewe/Otto 2001, S. 1399.

57 Merten/Olk 1996, S. 574.

58 Staub-Bernasconi 1995 zitiert in Gruber 2005, S. 49.

59 Vgl. Combe/Helsper 1996, S. 9; Dewe/Otto 2001, S. 1399.

60 Art. 1 Abs. 1 (GG).

deren Menschen auch, einen strengen (Rechts-)Anspruch auf die Verwirklichung sozialer Grundrechte mit eigener Menschenwürde und dem eigenen Recht auf Entfaltung seiner Persönlichkeit im Sinne der Art.1 Abs. 1 und Art. 2 Abs. 1 (GG). Gegenstand sozialpädagogischen Bemühens ist das Kind mit seinem Recht auf eine gewaltfreie Erziehung, seiner psychischen wie physischen unversehrten Entwicklung sowie dessen Anspruch auf Schutz vor elterlichen Gewalthandlungen zu unterstützen.[61] Hier muss Sozialarbeit im Feld der Kinder- und Jugendhilfe dem Kind als solches in seiner Würde und Unversehrtheit gerecht werden. Jegliche Beratungsinterventionen im Feld sind diesem Berufsethos unterzuordnen und müssen Grundwert und Grundziel allen sozialarbeiterischen professionellen Handelns in der Kinder- und Jugendhilfe sein.[62] Die Beachtung und Verkörperung eines Berufsethos als ein „Optimierungsgebot“[63] dient als Richtschnur für professionelles Denken und Handeln. Hier soll ein sozialpädagogischer Habitus umgesetzt werden (können), der unmittelbar Einfluss darauf hat, wie sozialpädagogische Handlungskompetenzen und professionelles Wissen in den Handlungsaufträgen im Feld der Kinder- und Jugendhilfe realisiert und gehandhabt werden.

Die Anerkennung der professionellen Verantwortung und der damit verbundenen Handlungsaufträge findet ihre Rechtfertigung darin, dass das Kind des Schutzes und der Hilfe bedarf, um sich zu einer eigenverantwortlichen und gesunden Persönlichkeit zu entwickeln. Hier müssen der Staat und seine beauftragten sozialen Institutionen wachsam sein und notfalls das Kind, das sich noch nicht selbst schützen kann, davor bewahren, dass seine Entwicklung durch den „Missbrauch der elterlichen Rechte“[64] gefährdet ist oder es nachhaltig traumatisiert wird.

Die sich logisch ableitende Handlungskonsequenz für die Sozialarbeit im Feld ist:

- dass das Kind als Person oberstes Ziel und Richtmaß allen sozialpädagogischen Handelns sein muss. Jedes Kind hat einen Anspruch darauf, als Person mit eigenen körperlichen, psychischen und geistig-kognitiven Bedürfnissen und Wünschen, Ängsten und Misshandlungserfahrungen innerhalb seiner Familie wahr- und ernst genommen zu werden. Ist das Wohl des Kindes gefährdet, ist fachlich beherzt und angemessen intensiv zu intervenieren.

61 Dewe/Otto 2001, S. 1399; Gruber 2005, S. 49; Andresen 2002, S. 26.

62 Vgl. Gruber 2005, S. 111.

63 Alexy 2002, S. 130.

64 Andresen 2002, S. 26.

Um auch praktisch handlungswirksam zu sein, müssen sowohl sozialpädagogische Handlungsnormen und -konzepte und für das Handlungsfeld relevante gesetzliche Rahmenbedingungen in den Fallkontext hineinübersetzt werden.[65] Kinder zu ihrem Wohl vor Gefahren zu schützen, gehört zum programmatischen Kernauftrag der Kinder- und Jugendhilfe nach §1 Abs. 1 SGB VIII.[66] Konkretisiert wird die Programmatik in Einzelbestimmungen des SGB VIII. Sowohl in den übergreifenden Vorschriften (§8a SGB VIII als Schutzauftrag bei Kindeswohlgefährdung) als auch im Bereich der Leistungen (§§11–41 SGB VIII) und im Bereich der „Anderen Aufgaben" des SGB VIII (§§42–60 SGB VIII) sind Schutz- und Hilfefunktionen im Aufgabenspektrum der freien und öffentlichen Kinder- und Jugendhilfe miteinander verschränkt.

65 „Eine Norm ist eine mehr oder weniger stark generalisierte Handlungs- oder Unterlassungsanweisung. Normen und Prinzipien regulieren Handlungen und sind Gründe für Urteile, die über eigene (oder fremde) Handlungen gefällt werden. Normen sind Kriterien mit Verbindlichkeitsanspruch, die uns ermöglichen, menschliches Verhalten nach seiner Wünschbarkeit oder Zulässigkeit zu bewerten. Sie sind Prinzipien gerechten Handelns, die die Lösung von Interessenkonflikten ermöglichen und damit auch zur Legitimation zu (zwischen-)menschlichen Entscheidungen taugen." Ansen 2006, S. 39.

66 §1 Abs. 1 SGB VIII: „Jeder junge Mensch hat ein Recht auf Förderung seiner Entwicklung und auf Erziehung zu einer eigenverantwortlichen und gemeinschaftsfähigen Persönlichkeit."

2. Die Rechtssystematik des Kinder- und Jugendhilfegesetzes (KJHG) im Sozialgesetzbuch (SGB VIII)

Das Deutsche Recht kennt grundsätzlich kein einheitliches Gesetzeswerk. Es sind vielmehr drei Kodifikationen, welche für die einfachgesetzliche Beurteilung der sexuellen Kindesmisshandlung in der Familie von besonderer Bedeutung sind: das Bürgerliche Gesetzbuch (BGB) auf den Gebieten des Zivilrechts, das Kinder- und Jugendhilfegesetz (KJHG im SGB VIII) als Sozialgesetzbuch und das Strafgesetzbuch (StGB) auf dem Gebiet des öffentlichen Rechts. Die genannten einfachrechtlichen Normierungen werden durch das Grundgesetz (GG) gerahmt.

Mit der gesetzgeberischen Zuweisung des Kinder- und Jugendhilferechts zum Sozialrecht am 31.12.1990 war ein inhaltlich wie konzeptioneller Wandel und damit ein Perspektivenwechsel in der Kinder- und Jugendhilfe verbunden. Das im November 2000 eingeführte Recht auf gewaltfreie Erziehung nach §1631 BGB ist nur eine konsequente Folge der Entwicklung des Interventionsfeldes der Kinderund Jugendhilfe. Eine Demokratie kann grundsätzlich Gewalt gegen Kinder durch Erziehungsberechtigte und/oder Primärbezugspersonen und einen Erziehungsstil, der auf die bloße Durchsetzung von Macht und Autorität durch Gewalthandlungen abzielt, nicht tolerieren.[67] Das neue KJHG versucht als Orientierungshilfe hinsichtlich des komplexen Themas der „Kindeswohlgefährdung" zu fungieren und postuliert, was grundsätzlich nicht mehr in Frage gestellt werden soll: „Gewalt gehört nicht in die Erziehung von Kindern."[68]

67 In den letzten Jahrzehnten ist ein deutlicher Wandel sowohl in den Einstellungen als auch im Gebrauch von körperlichen Bestrafungen festzustellen. Vergleichstudien über einen Zeitraum von zehn Jahren zeigen eine signifikante Abnahme der Gewalt gegen Kinder. Die Häufigkeit von Ohrfeigen als vorherrschende Erziehungsmaßnahme ist auf ca. 60-70% zurückgegangen. Besonders hoch war der Rückgang bei schweren Körperstrafen; über Po versohlen berichten heute ca. 27% und über eine Tracht Prügel nur noch ca. 3% der Kinder und Jugendlichen. Es wurde somit noch nie mit so wenig Gewalt erzogen wie heute. Dieser Wandel bedeutet aber nicht, dass Eltern dies im Alltag auch entsprechend umsetzen. Pädagogen schätzen, dass etwa 50% der Eltern einen permissiven Erziehungsstil pflegen, 20% einen autoritären und jeweils 5% einen überbehütenden oder vernachlässigenden Stil. Nur etwa 25% der Eltern schaffen tatsächlich den gesetzlich eigentlich angestrebten partizipativen Erziehungsstil. Vgl. Bringewat 1997. Im Jahr 2005 hob auch Bundesjustizministerin Brigitte Zypries hervor, dass das neue Gesetz §1631 BGB innerhalb der fünf Jahre nach seinem Inkrafttreten zu einer Bewusstseinsveränderung in der Bevölkerung geführt hat. Eine vom Bundesjustizministerium in Auftrag gegebene Studie habe aufgezeigt, das sich die Erziehungseinstellung der Eltern immer mehr mit dem Leitbild der gewaltfreien Erziehung decken. [...] Eltern zeigten eine größere Bereitschaft, Hilfsangebote anzunehmen. Vgl. www. Wikipedia.org/Gesetz zur Ächtung von Gewalt gegen Kinder.

68 Bringewat 1997, S. 15 ff.

2.1 Das rechtliche Handlungsdreieck: Kindeswohl(-gefährdung) – Elternrecht – staatliches Wächteramt

Diagnostische Schritte und Interventionen der professionellen Verdachtsabklärung einer innerfamiliären sexuellen Kindesmisshandlung vollziehen sich prinzipiell in einem rechtlichen Dreieck: „Kindeswohl(-gefährdung) – Elternrecht – staatliches Wächteramt".[69] Hier werden sozialpädagogische Handlungsvollzüge wie Handlungsoptionen justiert und durch das Doppelmandat „Hilfe und Kontrolle" gerahmt.[70]

Das rechtliche Handlungsdreieck bei Verdacht auf eine innerfamiliäre sexuelle Kindesmisshandlung

Den übergeordneten rechtlichen Rahmen für das sozialpädagogische Handlungsdreieck bildet die Verzahnung des Artikels 6 (GG) mit der Leitnorm des §1 Abs. 3 SGB VIII: „Die Pflege und Erziehung der Kinder sind das natürliche Recht der Eltern und die zuvörderst ihnen obliegende Pflicht. Über ihre Betätigung wacht die staatliche Gemeinschaft."[71]
Der sich hieraus ableitende Handlungsauftrag an die Kinder- und Jugendhilfe lautet:

„Aufgabe der Kinder- und Jugendhilfe ist, Eltern und andere Erziehungsberechtigte bei der Erziehung zu beraten und zu unterstützen und Kinder und Jugendliche von Gefahren für ihr Wohl zu schützen."[72]
Das SGB VIII wiederholt den Art.6 Abs. 2 GG in §1 Abs. 2 SGB VIII und koppelt das Verfassungsrecht eines Kindes auf eine gewaltfreie Erziehung mit dem sozialpädagogischen Kinderschutz-Handlungsauftrag, der dieses (Kinder-) Grundrecht gewährleisten bzw. darüber wachen soll.

69 Vgl. Münder/Mutke/Schone 2000, S. 161.

70 Vgl. Schrapper 2004, S. 24.

71 Art. 6 Abs. 2 (GG). Mit dem Begriff „staatliche Gemeinschaft" ist nicht die Gesellschaft an sich gemeint, sondern der (Bundes)Staat mit seinen Institutionen. Vgl. Raack 2006, F034 und F034 auf DVD.

72 §1 Abs. 3 SGB VIII.

Der hier formulierte gesetzliche Auftrag bedeutet für die im Feld der Kinder- und Jugendhilfe tätigen, professionellen Fachkräfte eine Verpflichtung und das Doppelmandat:

- Einerseits die Eltern auf deren Wunsch und mit deren Zustimmung bei der Wahrnehmung ihrer grundgesetzlich garantierten Rechte und Pflichten gegenüber dem Kind (Kindeswohl) zu unterstützen und

- andererseits Kinder und Jugendliche vor Gefahren für ihr Wohl, auch gegen den Willen der Eltern, zu schützen.

Neben dem verfassungsrechtlich verankerten Erziehungsrecht der Eltern in Art. 6 GG erscheint als zentrale und verpflichtende Aufgabe der öffentlichen wie freien Kinder- und Jugendhilfe die Unterstützung und Stärkung der elterlichen Erziehungsverantwortung.

Dem rechtspolitischen und konzeptionellen Leitgedanken des KJHG (SGB VIII) der elterlichen Erziehungsverantwortung den Vorrang zu geben, sind Professionelle im Feld grundsätzlich darauf ausgerichtet, das Erziehungspotenzial von Eltern zu fördern. Der präventive Leitgedanke des KJHG, nämlich die Förderung der Entwicklung von Kindern und Jugendlichen, wird an diesem Punkt zementiert und unterstreicht den „Perspektivenwechsel der Kinder- und Jugendhilfe vom staatlichen Eingriff zur staatlichen Dienstleistung".[73] Die Subsumtion sensibler und schwer verifizierbarer Einzelfallproblematiken (sexuelle Kindesmisshandlung in der Familie) in verwaltungsrationale oder rechtslogische Handlungsvollzüge ist als eine Kernproblematik im Feld der Kinder- und Jugendhilfe zu verstehen. Es dominiert, so Schmidt, ein „obrigkeitsstaatliches Denken".[74]
Der sozialpädagogische Dienstleistungsauftrag erscheint hier als ein umfassendes Förder-, Beratungs- und Unterstützungsangebot, vorrangig für Eltern, zweitrangig für Kinder.

Der „sozialpädagogische Dienstleistungscharakter"[75] im KJHG kommt insbesondere durch die breite Palette der Leistungen der Kinder- und Jugendhilfe zum Ausdruck. Das zentrale und vorrangige Instrument zur Gewährleistung einer dem Wohl des Kindes entsprechenden Entwicklung und damit implizit auch zur Abwehr von Gefährdungen für das Kindeswohl sind die im KJHG normierten Hilfen zur Erziehung (§§27-41 SGB VIII).[76]

---

73 Schmidt 2005, S. 834; Münder/Mutke/Schone 2000, S. 159.

74 Schmidt 2005, S. 833.

75 Böhnisch/Schröer/Thiersch 2005, S. 107.

76 Die Hilfen zur Erziehung umfassen Beratung für Kinder, Jugendliche und Familien, verschiedene Formen sozialpädagogischer Betreuungen von Kindern und Familien, z. B. sozialpädagogische Familienhilfe sowie unterschiedliche Arten der vorläufigen oder langfristigen Unterbringung von Kindern und Jugendlichen. Vgl. Brückner 2005, S. 727.

2.1.1 Die rechtlichen „Eingriffsschwellen“[77] des SGB VIII in das Elternrecht

Das Justieren und Abwägen der Dienstleistungen sozialpädagogischer Fachkräfte unterliegt der Subsumtions-Logik des KJHG. Der Schutz des Kindes vor Gefahren für sein Wohl obliegt zunächst den Eltern im Rahmen ihrer elterlichen Fürsorge bzw. ihrer elterlichen Erziehungsverantwortung.[78]

2.1.1.1 Die Hilfen zur Erziehung (§27ff KJHG) zur Stärkung der elterlichen Erziehungsverantwortung

Die niedrigste Eingriffsschwelle in das Elternrecht stellt der §27 SGB VIII dar, der die Beeinträchtigung der kindlichen Entwicklung in seiner Anwendung voraussetzt. Ist „eine dem Wohl des Kindes entsprechende Erziehung nicht gewährleistet“,[79] besteht ein Anspruch für Eltern auf Hilfen zur Erziehung nach den §§27 bis 35 SGB VIII. Maßgeblich für einen Anspruch auf Hilfe zur Erziehung ist ein „Defizitzustand“,[80] der eine Fehlentwicklung bzw. einen Rückstand der Entwicklung eines Kindes bezeichnet, d. h. eine „Nichtgewährleistung“[81] einer dem Kindeswohl entsprechenden Erziehung durch Personensorgeberechtigte. Mit der „Nichtgewährleistung“ einer dem Kindeswohl entsprechenden Erziehung normiert das SGB VIII eine Schwelle unterhalb der Kindeswohlgefährdung nach §8a Abs. 1 Satz 1 SGB VIII und §1666 Abs. 1 BGB. Ausreichend ist, dass eine „Nichtgewährleistung“ des Erziehungsziels droht oder ein Defizitzustand nach §1 Abs. 1 SGB VIII definiert werden kann.[82]

Sind Eltern oder andere Sorgerechtsinhaber aus eigener Kraft und eigenem persönlichen Vermögen nicht in der Lage, den defizitären Erziehungsstil zu beseitigen bzw. zu bewältigen, dann ist der Hilfetatbestand des §27 Abs. 1 SGB VIII erfüllt, ohne dass hierfür eine Gefährdung des Kindeswohls festgestellt werden muss.

---

77 Ebd., S. 727.

78 „[...] oder den Personen, denen die Eltern die Ausübung von Angelegenheiten der Personensorge vertraglich übertragen haben. Zu solchen Personen zählen typischerweise Pflegeeltern, Erzieherinnen im Kindergarten oder auch Tagesmütter, nicht aber Fachkräfte, die stundenweise etwa im Rahmen von sozialpädagogischer Familienhilfe in die Haushalte kommen, um mit den Eltern zu arbeiten. Die Beauftragung dritter Personen befreit aber die Eltern nicht von ihrer Verantwortung.“ Brückner 2005, S. 727.

79 §27 Abs. 1 SGB VIII.

80 Mertens 2008, S. 48.

81 Ebd., S. 51.

82 Der Erziehungsstand des Kindes ist unter Berücksichtigung seiner konkreten Lebenslage, d. h. seines Alters, seiner Veranlagungen und seiner Sozialisationsbedingungen zu beurteilen. Bei der Bewertung der erzieherischen Defizitsituation, die unter aktiver Mitwirkung der betroffenen Familienmitglieder erfolgt, sind in erster Linie die Faktoren und Bedingungen zu klären, die im Einzelfall die Entwicklung des Kindes belasten. Geschieht dies durch einen externen Vergleich mit einer „Normalsituation von Sozialisation“, gilt es sich die hierbei bestehende Kindeswohlgefährdung zu vergegenwärtigen. Da den Eltern im Rahmen ihrer elterlichen Erziehungsverantwortung ein weiter Spielraum im Hinblick auf Methoden und Ziele der Erziehung verbleibt, wird vor dem Hintergrund der Gesetzeslage ein breites Spektrum von „Normalität“ akzeptiert. Vgl. Münder et al. 2003.

Weiter sind erzieherische Hilfen auch dann noch zu gewähren, wenn eine Kindeswohlgefährdung sozialpädagogisch definiert wird, aber die Eltern zur Inanspruchnahme von Unterstützung bereit und in der Lage sind, die von den Professionellen der Kinder- und Jugendhilfe „als geeignet und notwendig erachteten Hilfen zur Abwendung der Gefährdung (§8a Abs. 1 Satz 3 SGB VIII) anzunehmen und zu verwirklichen.“[83]

Veränderungen im Sinne der elterlichen Kompetenzerweiterung und der Stärkung der Erziehungsverantwortung, die nachhaltig und tragfähig sein sollen, müssen von der Familie gewollt, mitgestaltet und als konkrete Verhaltensschritte, im Sinne der kindlichen Entwicklungsförderung, erarbeitet werden (§8a Abs. 1 Satz 2 und 3 SGB VIII). Die Umsetzung eines veränderten Elternverhaltens ist von der fallfederführenden Fachkraft im Feld stringent zu überprüfen. Eltern müssen hier nachweislich demonstrieren, dass sie die Kindeswohlgefährdungsmomente in der Erziehung verändert, beseitigt oder/und modifiziert haben.
In der alltäglichen professionellen Handlungspraxis gilt die Maxime, wer Kinder schützen will, muss auf dem Weg dorthin Eltern in ihrer Verantwortung vorerst unterstützen und stets den geringst möglichen Eingriff in die Privatsphäre der Familie wählen: „[D]ie Familie gilt grundsätzlich und unangefochten als der genuine Hort des Kindeswohls.“[84]

> Unter Berücksichtigung des subsidiären Charakters des staatlichen Wächteramtes und seines im Verhältnis zur elterlichen Erziehungsverantwortung akzessorischen Zwecks hat die öffentliche Kinder- und Jugendhilfe unter allen in Betracht kommenden, zur Abwehr von Kindeswohlgefahren gleichermaßen geeigneten Mitteln dasjenige zu wählen, das in Bezug auf den elterlichen Erziehungsprimat am geringsten eingriffsintensiv ist.[85]

Zunächst genießen Eltern an dieser niedrigen Eingriffsschwelle einen großen Handlungsspielraum, was die Wahrnehmung und Ausübung ihres Erziehungsauftrags betrifft. Nicht jede Nachlässigkeit und nicht jedes Versagen von Eltern gestattet Professionellen der freien und öffentlichen Kinder- und Jugendhilfe einzugreifen. Die Gewährleistung optimaler Entwicklungsbedingungen für Kinder kann weder der Staat noch ein Recht gem. Art.6 Abs. 2 GG oder §1 Abs. 2 SGB VIII garantieren.

83 „Die Inanspruchnahme von Hilfen zur Erziehung hat sich seit der Einführung des SGB VIII bis zum Jahr 2006 deutlich erhöht. Während im Jahr 1991 genau 2.0% aller Kinder unter 18 Jahren eine solche Hilfe zugute kam, hat sich die Zahl im Jahr 2006 auf 4.09% dieser Altersgruppe erhöht bzw. es erhielten am 31.12. 2006 in absoluten Zahlen 651.361 junge Menschen eine erzieherische Hilfe, was eine Steigerung um 79% gegenüber 1991 bedeutet. Vgl. Statistisches Bundesamt 2008, S. 4-5. Zu den möglichen Gründen für den deutlichen Anstieg werden unterschiedliche Faktoren geltend gemacht. Im Vordergrund stehen dabei die sich rasch vollziehenden gesellschaftlichen Veränderungsprozesse, die sich destabilisierend auf die Familien auswirken können, wie auch die individuelle Überforderung von Eltern. Daneben kommt möglicherweise ein positiver Imagewandel der Kinder- und Jugendhilfe selbst in Frage; so werden deren Leistungsangebote, insbesondere im ambulanten Bereich, häufig nicht mehr als Eingriff, sondern als Unterstützung empfunden und daher vermehrt nachgefragt.“ Vgl. Mertens 2008, S. 51.

84 Ebd., S. 239.

85 Gröll 2005, S. 239.

Wenn trotz der Angebote und Leistungen der Hilfe zur Erziehung (§§11-41 SGB VIII) eine dem Wohl des Kindes entsprechende Erziehung nicht gewährleistet ist, und Eltern nicht gewillt sind, verändernd mitzuwirken, müssen Professionelle im Feld prüfen, ob es erforderlich ist, das Gericht anzurufen und das staatliche Wächteramt auszuüben (§1 Abs. 3 und § 50 Abs. 1 SGB VIII).

2.1.1.2 Das staatliche Wächteramt (Art.6 Abs. 3 GG; §1 Abs. 3 und §50 Abs. 1 SGB VIII) als höchste Eingriffsschwelle in das Elternrecht

Ein staatliches Wächteramt als juristischer Fachbegriff beschreibt nicht etwa die Aufgabe einer Behörde oder einzelner Fachkräfte, sondern in erster Linie einen verfassungsrechtlichen Auftrag, der im einfachrechtlichen Rahmen des SGB VIII für soziale Institutionen verpflichtend in §1 Abs. 3 und § 50 Abs. 1 SGB VIII kokretisiert ist.[86]
Einen möglichen Eingriff des Staates in das Elternrecht regelt Art.6 Abs. 3 GG. Hier wird die Trennung des Kindes von der Familie als Eingriffsmaßnahme gemäß §42 und §43 SGB VIII und Eingriffe in das Sorgerecht §§1666, 1666a BGB bei Versagen der Erziehungsverantwortung der Eltern oder anderer Bezugspersonen erlaubt.
Im Verhältnis zum Erziehungsrecht und zur Erziehungsverantwortung der Eltern tritt das staatliche Wächteramt trotz seiner verfassungsrechtlich garantierten Schutzfunktion subsidiär zurück, ist dem Elternrecht folglich zu- aber auch nachgeordnet. Es gilt wie auch sonst das Opportunitätsprinzip im Falle eingreifenden staatlichen Handelns bei der Umsetzung und Ausübung des staatlichen Wächteramtes.[87]

Die öffentliche Kinder- und Jugendhilfe steht in der Gewährleistungspflicht bzw. hat eine Garantenstellung (§50 Abs. 1 SGB VIII) für Maßnahmen (§§ 42-43 SGB VIII), wenn eine zum Wohl des Kindes entsprechende Erziehung nicht gewährleistet oder die Initiierung von Sorgerechtseingriffen erforderlich ist, sprich: „die staatliche Gemeinschaft über die Betätigung der Elternverantwortung wachen muss.“[88] Hier hat die Kindeswohl-Garantenstellung der öffentlichen Kinder- und Jugendhilfe seine verfassungsrechtliche Grundlage.
Wird ein Kind in seiner Entwicklung und in seinem Wohlergehen als gefährdet eingeschätzt, stehen Familiengericht und sozialpädagogische Fachkräfte im Feld der öffentlichen Kinder- und Jugendhilfe in einer Verantwortungsgemeinschaft, deren Legitimation sich wie schon erwähnt in Art.6 Abs. 3 des Grundgesetzes (GG) findet. Das Kind als Träger des allgemeinen Persönlichkeitsrechts (Art.1

86 Vgl. Raack 2006, F043 – F044 DVD.

87 Gröll 2005, S. 237.

88 Vgl. Art.6 Abs. 2 Satz 2 GG. Gesetzlich ist aber vorgesehen, dass dies als Aufgabe der gesamten (nicht nur der öffentlichen) Kinder- und Jugendhilfe zukommt, auch wenn diesbezüglich den öffentlichen Trägern (insbesondere den Allgemeinen Sozialen Diensten) in letzter Konsequenz die Pflicht für die Wahrnehmung des staatlichen Wächteramtes obliegt.

Abs. 1 GG) hat einen eigenen Anspruch auf den Schutz des Staates. Soweit die öffentliche Kinder- und Jugendhilfe ihre aus dem staatlichen Wächteramt gem. §1 Abs. 2 und §50 Abs. 1 SGB VIII resultierende Schutzfunktion für gefährdete Kinder wahrnimmt, also auf die Abwendung einer Kindeswohlgefährdung abzielt, muss ein „objektiver Gefahrenzustand"[89] für die Kindesentwicklung und das Kindeswohl vorliegen und sozialpädagogisch definiert worden sein. Liegt ein objektiver Gefahrenzustand vor, haben Professionelle vor allem der öffentlichen Träger gem. der Bestimmung des §50 Abs. 1 und 2 SGB VIII, die Verpflichtung zur (schriftlichen) Mitteilung an das Familiengericht und der Mitwirkung im gerichtlichen Verfahren. Hier wird Professionellen bezüglich des Zeitpunkts und der Argumentationsdarlegung zur Anrufung des Familiengerichts eine weitgehende Beurteilungs- und Entscheidungskompetenz eingeräumt.

2.1.1.3 Der Sorgerechtsentzug durch den §1666 Bürgerliches Gesetzbuch (BGB)

Das Tatbestandsmerkmal des §1666 Abs. 1 BGB ist erfüllt, wenn die Eltern ihr Sorgerecht ausnutzen, um ihrem Kind bewusst Schaden zuzufügen, oder wenn sie zumindest aus freiem Entschluss nicht bereit sind, eine verantwortungsvolle Einhaltung und Förderung der Kindesinteressen zu gewährleisten und deren Bedürfnisse zu berücksichtigen und zu erfüllen.

Der §1666 Abs. 1 BGB[90] unterscheidet zwei Formen der missbräuchlichen Ausübung der elterlichen Kindererziehung:

- Die missbräuchliche Ausübung der elterlichen Sorge durch die aktive Ausnutzung des Sorgerechts zum Schaden des Kindes, z. B. Kindesmisshandlung (physisch, psychisch und sexuell).

- Die Vernachlässigung des Kindes durch z. B. passives Verhalten der Eltern, wo die elterliche Sorgepflicht Handlungen und Entscheidungen gebietet (z. B. Ernährungs- und Hygienedefizite, Schulverweigerung u. a.).

Die missbräuchliche Ausübung (aktiv wie passiv) beschreibt hier aus juristischer Sicht ein Elternversagen als einen Tatbestand, der jede Nichterfüllung elterlicher Pflichten umfasst.[91]

89 Gröll 2005, S. 239.

90 §1666 Abs. 1 BGB: „Wird das körperliche, geistige oder seelische Wohl des Kindes durch missbräuchliche Ausübung der elterlichen Sorge, durch Vernachlässigung des Kindes, durch unverschuldetes Versagen der Eltern oder durch das Verhalten eines dritten gefährdet, so hat das Familiengericht, wenn die Eltern nicht gewillt oder in der Lage sind, die Gefahr abzuwenden, die zur Abwendung der Gefahr erforderlichen Maßnahmen zu treffen."

91 Vgl. Heilmann/Salgo 2002 S. 964 ff.

Als Ergebnis lässt sich jedoch konstatieren: Wenn ein oder mehrere der zwei genannten Tatbestandsmerkmale zu einer Gefährdung des Kindeswohls führen und die Eltern nicht gewillt oder in der Lage sind, die Gefährdung abzuwenden bzw. Hilfen zur Gewährleistung des Kindeswohls anzunehmen (Hilfen zur Erziehung §§11-41 SGB VIII), so hat das Familiengericht zur Abwendung der Kindeswohlgefährdung die erforderlichen Maßnahmen zu treffen (§1666 Abs. 1 BGB). Erst wenn eine Kindeswohlgefährdung als ein objektiver Gefahrenzustand für ein Kind sozialpädagogisch definiert und begründet wird, ist über das staatliche Wächteramt der öffentlichen sozialen Institutionen (§50 Abs. 1 SGB VIII) das Gericht anzurufen und ein Eingriff durch das Familiengericht in die elterliche Sorge durch das Familiengericht nach §1666 Abs. 1 BGB zu beantragen.
Hierbei handelt es sich um verschiedene Arten des Eingriffs in Elternrechte, die von Auflagen bis zum vollständigen oder teilweisen Entzug der elterlichen Sorge reichen. Bei den gerichtlichen Maßnahmen geht es vor allem darum, den Kindern den Zugang zu den erforderlichen Hilfen zu eröffnen, gegebenenfalls durch eine Vormundschaft oder eines Ergänzungspflegers.

2.1.1.4 „Andere Aufgaben" der Kinder- und Jugendhilfe nach den §§ 42–50 KJHG

Der öffentlichen Kinder- und Jugendhilfe stehen zur Erfüllung ihres Schutzauftrages (§8a Abs. 1 Satz 1 SGB VIII) besondere (Eingriffs-)Befugnisse bzw. Handlungsoptionen zur Verfügung, wie die Inobhutnahme[92] von Kindern gem. §42 SGB VIII[93], das Herausnehmen von Kindern aus der Familie gem. §43 SGB VIII, die Zurücknahme oder den Widerruf einer Pflegeerlaubnis §44 Abs. 3 Satz 2 SGB VIII sowie die Anrufung des Familiengerichts nach §50 Abs. 1 SGB VIII zur Verfügung. Das staatliche Wächteramt der öffentlichen Kinder- und Jugendhilfe versucht, den Kinderschutz zu sichern und zu gewährleisten, und im Zuge dessen alle unmittelbar und mittelbar sinnvollen Maßnahmen zu er-

92 Inobhutnahme meint die Unterbringung eines Kindes oder Jugendlichen außerhalb seiner Familie, etwa in einer Pflegefamilie, eine Wohngemeinschaft oder einer stationären Kinder- und Jugendhilfeeinrichtung. Die Entscheidung für eine solche Maßnahme wird durch das (öffentliche) Jugendamt getroffen, wenn zwei Sachverhalte festzustellen sind: Das Kind oder der Jugendliche ist im Falle eines weiteren Verbleibes in der Herkunftsfamilie körperlich und/oder psychisch gefährdet, etwa durch Vernachlässigung, Misshandlung oder Missbrauch, und eine anderweitige Unterbringung, etwa bei Verwandten oder anderen nahe stehenden Personen, ist nicht möglich. Fremdunterbringung steht also an, wenn Eltern nicht in der Lage und/oder nicht willens sind, ihre Kinder angemessen zu versorgen und zu erziehen. Eine solche Maßnahme dient der Schadensabwendung oder Schadensbegrenzung, wenn Gefahr für das Wohl des Kindes in Verzug ist. Anlass für diese Maßnahme der Kinder- und Jugendhilfe (KJHG) ist mithin eine Situation der Hilfsbedürftigkeit. Das Kind oder der Jugendliche befindet sich, zumindest nach Einschätzung der Professionellen, in einer Notlage. Vgl. Schleiffer 2003 S. 164.

93 §42 Abs. 1 SGB VIII: Das Jugendamt ist berechtigt und verpflichtet, ein Kind oder einen Jugendlichen in seine Obhut zu nehmen, wenn 1. das Kind oder der Jugendliche um Obhut bittet oder 2. eine dringende Gefahr für das Wohl des Kindes oder des Jugendlichen die Inobhutnahme erfordert und a) die Personensorgeberechtigten nicht widersprechen oder b) eine familiengerichtliche Entscheidung nicht rechtzeitig eingeholt werden kann. [...] Vgl. SGb VIII.

greifen oder zur Verfügung zu stellen, die ein (akut) gefährdetes Kind wirksam schützen und längerfristige individuelle Entwicklungsmöglichkeiten fördern können. Die Integrität der Familie sollte möglichst erhalten bleiben und freiwilligen Hilfen sind vor gerichtlichen und intervenierenden Schritten der Vorzug zu geben (vgl. Punkt 2.1.1.1).[94]
Das Familiengericht eröffnet durch eine sorgerechtliche Entscheidung die Hilfezugänge für das gefährdete Kind, sodass eine kinder- und jugendhilferechtliche Intervention zur Herstellung bzw. Wiederherstellung einer kindeswohlförderlichen Erziehung möglich wird (§8a Abs. 3 Satz 1 SGB VIII). Ohne gerichtliche Entscheidung darf die öffentliche Kinder- und Jugendhilfe grundsätzlich nicht gegen den Willen der Eltern tätig werden.

In Notfällen, bei Gefahr im Verzug oder bei einer akuten Lebensgefahr eines Kindes, kann die öffentliche Kinder- und Jugendhilfe gem. §42 SGB VIII und §43 SGB VIII ohne Zustimmung des Personensorgeberechtigten selbst den Schutz des Kindes erst einmal sichern. Nur wenn eine akute Gefahr für das Kindeswohl besteht und die Entscheidung des Familiengerichts nicht abgewartet werden kann, ist das Kind vorläufig in Obhut zu nehmen (§8a Abs. 3 Satz 2 und §42 SGB VIII) und im weiteren Prozedere wirken professionelle Fachkräfte an einem gerichtlichen Verfahren gemäß §50 Abs. 1 und 2 SGB VIII mit. Maßgebend bleibt die richterliche Entscheidung über die Inobhutnahme oder die Herausnahme des Kindes aus der Familie (§§42 und 43 SGB VIII).

Die Anrufung des Familiengerichts kann in unterschiedlicher Weise erfolgen:[95]

- Antrag auf Anhörung.[96]
- Antrag auf Duldung.[97]
- Antrag auf einstweilige Anordnung.[98]

---

94 Vgl. Mertens 2008, S. 51; Gröll 2005, S. 239.

95 Vgl. Kerner 1999; Anhang §50 SGB VIII in Reinhard Wiesner Kommentar SGB VIII 3. Auflage S. 915-1010.

96 Im Vorfeld eines notwendig erscheinenden Eingriffs in die elterliche Sorge kann eine Anhörung bei Gericht zur Klärung des Sachverhaltes beitragen. Möglicherweise können Vereinbarungen getroffen werden, die den Schutz des Kindes gewährleisten und keinen gerichtlichen Eingriff erfordern. Z. B. der mögliche Täter zieht freiwillig aus der Wohnung aus oder die Eltern erklären sich zur freiwilligen Unterbringung des betroffenen Kindes bzw. Kinder bereit.

97 Die Duldung ist der geringst mögliche Eingriff in das Sorgerecht, z. B. Duldung einer kinderärztlichen Untersuchung oder einer therapeutischen Maßnahme. Für die Duldung ist bereits ein Beschluss des Familiengerichtes notwendig.

98 Bei einer akuten Gefährdung des Kindes, die eine sofortige Entscheidung verlangt, trifft das Gericht eine einstweilige Anordnung ohne vorherige Anhörung der Sorgeberechtigten. Für die einstweilige Anordnung benötigt das Familiengericht die Glaubhaftmachung eines begründeten Verdachts auf sexuelle Kindesmisshandlung. Grundsätzlich sind genaue Verhaltensbeobachtungen zu schildern. Es ist zu beschreiben, was vorgefallen ist, mit möglichst genauen Orts- und Zeitangaben und ohne daraus entsprechende Interpretationen und Rückschlüsse zu ziehen. Je genauer die Beschreibung erfolgt, desto größer ist auch die Akzeptanz durch das Familiengericht.

- Antrag auf Einschränkung oder Entzug der elterlichen Sorge (§1666 BGB).[99]
- Das familienpsychologische Gutachten.[100]

Die Bedingungen für eine Anrufung des Familiengerichts sind gegeben, wenn

- eine körperliche, seelische oder geistige Gefährdung des Kindes eingetreten ist oder erkennbar unmittelbar bevorsteht und
- die Eltern hieran aktiv beteiligt sind oder die bei ihnen möglichen Gegenwirkungen versagen oder sie daran tatsächlich verhindert sind und
- „eingreifende" Interventionsmaßnahmen angemessen sind.[101]

Rechtssystematisch gesehen ist die Anrufung des Familiengerichts nicht das Ergebnis eines einsamen sozialpädagogischen Entschlusses und führt auch nicht zur Abgabe des Falles im Feld der Kinder- und Jugendhilfe. Vielmehr ist diese Anrufung ein deutlicher Schritt aus der sozialpädagogischen Handlungsebene hin zu einer Verantwortungsgemeinschaft, in der die Professionellen bzgl. ihrer Falleinschätzung argumentations- und legitimationspflichtig gegenüber der nächst höheren Instanz, wie das Familiengericht, sind. Durch diesen Schritt wird das Familiengericht am weiteren Casemanagement als eine Instanz mit Eingriffsmacht beteiligt. Die Anregung oder der Antrag der öffentlichen Kinder- und Jugendhilfe gem. §8a Abs. 3 Satz 1 SGB VIII löst ein Verfahren aus, das von der Frage beherrscht ist ob die von den professionellen Fachkräften dem Gericht vorgetragenen gewichtigen Anhaltspunkte (Verdachtshinweise) und der definierte Gefahrenzustand für ein Kind einen Eingriff in das elterliche Sorgerecht notwendig machen.[102]

99 Dieser schwerwiegende Eingriff in das Sorgerecht wird in der Regel kontinuierlich vom Gericht selbst immer wieder überprüft. Unter Umständen wird nur einem Elternteil das Sorgerecht – oder Teile der Personensorge – entzogen. Hierbei ist sorgfältig zu prüfen, ob der nicht misshandelnde Elternteil in einem Abhängigkeitsverhältnis zum Misshandelnden steht (ökonomisch, psychisch, emotional), sodass er trotz aller Versicherungen voraussichtlich den Schutz des Kindes nicht gewährleisten kann. Dann erfolgt der Entzug des Sorgerechts für beide Elternteile.

100 Familiengerichte sind berechtigt Gutachten in Auftrag zu geben, um dem Sachverhalt des „Verdachts auf eine Kindeswohlgefährdung" zu begründen und zu bekräftigen. Hier kommt dem psychologischen Sachverständigengutachten oder den entwicklungspsychologischen/familienpsychologischen Gutachten eine besondere Bedeutung zu. Ausgangspunkt für dieses Gutachten ist das Familienumfeld sowie dessen Konfliktmuster. Die Begutachtung bei Verdacht auf sexuelle Kindesmisshandlung innerhalb der Familie erfolgt meist zu einem Zeitpunkt, an dem wichtige gerichtliche Entscheidungen, wie der Inobhutnahme eines Kindes, noch nicht getroffen wurden.

101 Vgl. Lillig 2006, F043 und F044 in DVD.

102 Vgl. Münder/Schone 1997, S. 9.

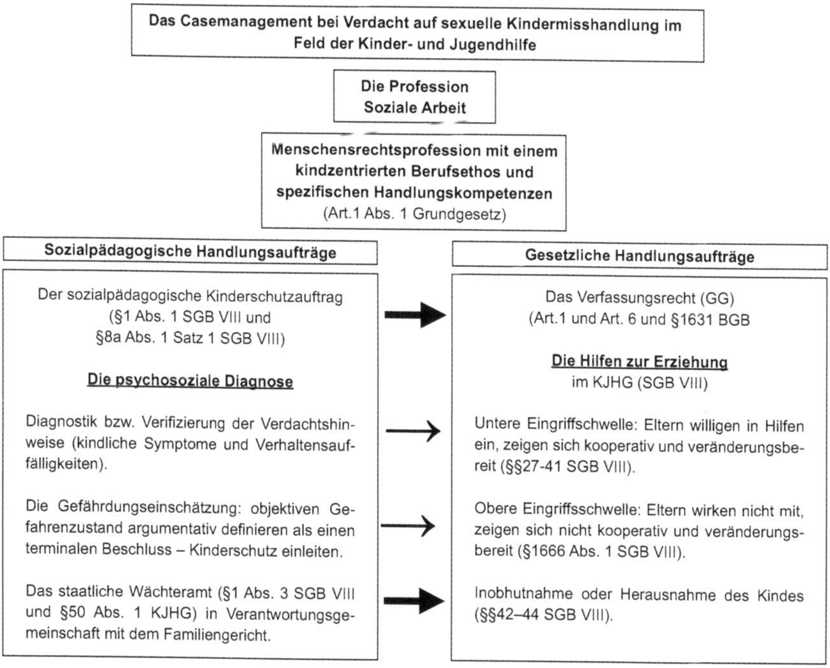

2.1.2 Diskurs zum Doppelmandat „Hilfe und Kontrolle" im KJHG

Der Widerspruch zwischen Hilfe und Kontrolle in der sozialen Arbeit wird als ein struktureller Grundwiderspruch aller sozialarbeiterischer Tätigkeit diskutiert. Das sozialpädagogische Handeln einer professionellen Fachkraft wird durch das rechtliche Reframing als ein professionelles Handeln mit eigenen Handlungsdilemmata verstanden, die allgemein professionelle Handlungsprobleme logisch implizieren und konstitutiv in der Fallbearbeitung sind.

Verweise auf die Paradoxien[103] der Sozialen Arbeit gehören fast schon zu den Pflichtbekenntnissen der sozialpädagogischen Literatur.[104]

103 Vorliegend wird hauptsächlich der Begriff „Paradoxon" gewählt. Widersprüchlichkeiten, Dilemmata, Ambivalenzen werden zur besseren Lesbarkeit trotzdem synonym verwendet.

104 In der Fachwelt kursieren Begriffe wie Paradoxien (Schütze 1992; Gildemeister 1993, Urban 2004), Antinomien, Dilemmata (Schrapper 2004), Ambivalenzen (Ader 2006). Urban (2004) greift die von Gildemeister (1983) und Schütze (1992) begonnene Analyse des paradoxen bzw. widersprüchlichen Handelns professioneller Fachkräfte im Arbeitsfeld des ASD auf. Schütze (1992) betrachtete die Paradoxien professionellen Handelns in der Sozialpädagogik vor dem Hintergrund der Professionalisierungsdebatte. Ihn interessierte, wie die Profession „Soziale Arbeit" beschaffen ist, ihm ging es um den empirischen Tatbestand professioneller Fall-Erscheinungen in der „Welt der Sozialarbeiter/Sozialarbeiterinnen". Analysen des tatsächlichen beruflichen Handelns in diesen Widersprüchen und dessen Konsequenzen für ein sozialpädagogisches Arbeitsfeld gehören weiterhin zu den Ausnahmen sozialpädagogischer Forschungsarbeiten. Vgl. Urban 2004, S. 9 ff.

Unter dem Stichwort der Paradoxien professionellen Handelns werden nach Gildemeister[105] die Problemstellen subsumiert, die in ihren Anforderungen an professionelles Handeln miteinander im Grunde unvereinbar sind. Sie liegen aber quasi „in der Natur der Sache“[106] und speisen sich aus verfahrenslogischen Quellen des KJHG und aus dem sozialarbeiterischen Ethos und sind dadurch „als solche im Kern nicht aufhebbar“,[107] da sich die einander widerstreitenden Inhalte im strengen Sinne ausschließen.
Allerdings müssen sozialarbeiterisches Selbstverständnis und die rechtlichen Vorgaben und Leitgedanken des KJHG im praktischen Handeln zusammengebracht werden. Individuell multiple Handlungsprobleme, vor allem in der Abklärung einer Kindeswohlgefährdung (innerfamiliäre sexuelle Kindesmisshandlung), werden evoziert.[108]
Das Feld der Kinder- und Jugendhilfe ist tatsächlich und unausweichlich auf ein Handlungsfeld verwiesen worden, in dem alle maßgeblichen Handlungsaufforderungen und institutionellen Modalitäten durch das Paradigma „Hilfe und Kontrolle“[109] vorstrukturiert werden. Professionelles Handeln im Feld der Kinder- und Jugendhilfe bedeutet nicht grundsätzlich entweder Hilfe oder Kontrolle, sondern Hilfe stellt immer auch eine Art Kontrolle dar, und Kontrolle wiederum wird im Feld der Kinder- und Jugendhilfle primär in Form von Hilfen erbracht.[110] Hilfe und Kontrolle sind also nicht voneinander zu trennen und stellen einen strukturellen Widerspruch dar, den man weder methodisch noch rechtlich wirklich lösen kann. Die sich hieraus ergebenden Besonderheiten des Handelns kennzeichnen Soziale Arbeit maßgeblich und sind konstitutiv für sozialarbeiterisches Agieren.

Bereits an der unteren Eingriffsschwelle (Hilfen zur Erziehung §27 ff KJHG) in die Elternautonomie lässt sich sozialpädagogische Beratung und Interaktion als ein Zwangskontext beschreiben, der vor allem für Eltern in einer unterschiedlichen Dichte und Intensität entsteht. Die Qualifikation eines Professionellen im Feld, Hilfe als eine „personenbezogene Dienstleistung an einem Kind“[111] zu erbringen, ist an das Medium der Kommunikation gebunden. Kommunikation ist aber an ein Mindestmaß an Kooperationsbereitschaft des Gegenübers geknüpft. Die professionelle Fachkraft wird und muss, trotz allem, erst einmal versuchen, von den (verdächtigten) Familienmitgliedern als Gesprächspartner akzeptiert zu werden. Wenn Eltern Hilfe erst dann annehmen, wenn sie entweder durch äußeren Druck

105 Gildemeister (1983) trug mit ihrer Analyse zu den strukturellen Widersprüchen sozialer Arbeit, die sie als ein Ergebnis des Professionalisierungsprozesses verstanden hat, wesentlich bei. Gildemeister (1983) bezieht sich in ihrer Arbeit auf Fritz Schütze (1982), der in einem Aufsatz „Sozialarbeit als bescheidene Profession die „Paradoxien des Handelns“ gerade als Kennzeichen der sozialpädagogischen Profession, ihrer Struktur und Beschaffenheit wahrund ernstnimmt. Vgl. Urban 2004, S. 9.

106 Gildemeister 1983, S. 66.

107 Urban 2004, S. 9.

108 Vgl. Gildemeister 1983, S. 66; Ackermann 2000, S. 137.

109 Urban 2004, S. 181.

110 Vgl. Urban 2004, S. 181.

111 Gildemeister 1993, S. 10.

(meist von Schule, Kindergarten, andere Kindertagesstätten und psychosoziale Einrichtungen) dazu gezwungen werden, oder wenn sie wegen des Verweises auf gerichtliche Maßnahmen durch die Fachkräfte des Jugendamtes selbst einer freiwilligen Hilfe zustimmen, steht den verdächtigten Eltern de facto die Rolle des autonomen Klienten nicht (mehr) zu. Bei Verdacht oder einer vermuteten sexuellen Kindesmisshandlung haben Eltern keine Wahlmöglichkeit und erhalten die Position des unfreiwilligen und „gezwungenen" Klienten.
Die Soziale Arbeit und ihre Fachkräfte sollen gemäß der Philosophie des KJHG die Aufgabe leisten und meistern, soziale Kontrolle von Devianz soweit als möglich (präventiv) intervenierend mittels Anbietens von Hilfen zu leisten. Es soll erziehungsdevianten und/oder sexuell gewalttätigen Eltern „lohnend erscheinen, sich zu benehmen"[112] oder ihr schädigendes Erziehungsverhalten aufzugeben. Bereits hier werden einem sozialpädagogischen Bemühen enge Grenzen gesetzt.[113]

Das Paradox „professionelle Einflussnahme ohne Beeinflussung"[114] liegt hier darin, dass der Klient veranlasst werden soll, sich feiwillig zu verändern. Die Strategie, Eltern in ihrer Elternverantwortung wohlwollend zu unterstützen und sie gleichzeitig in ihrem (gewalttätigen) Erziehungsverhalten verändern zu wollen und sollen, kann nur dann Erfolg haben, wenn Eltern oder andere sorgeberechtigte Personen bereit sind, eine je nach Form der Intervention abgestufte Beratungsbeziehung zu der professionellen Fachkraft einzugehen. Unberücksichtigt bzw. unproblematisiert bleibt hier der Aspekt der Ausübung des Wächteramtes durch den Professionellen, der aufgrund seiner institutionellen Position und seiner Garantenstellung für das Kindeswohl zuständig ist. Auf der Seite der Kontrolle gilt: „professionelle Einflussnahme ohne Beeinflussung" und auf der anderen Seite der Hilfeerbringung gilt die Maxime: „Hilfe zur Selbsthilfe" und nur „soviel Hilfe wie nötig, soviel Eigenständigkeit wie möglich".[115]
Diesem professionellen Ermessensspielraum, der mehr als offen zu verstehen ist (Punkt 1.1), ist die sozialarbeiterische Grundhaltung der Nichtbeeinflussung und Selbsthilfe des Klientel obligat. Faktisch ist jedoch Einmischung und Beeinflussung von dem Augenblick an unvermeidbar, indem ein Verdacht auf sexuelle Kindesmisshandlung in der Familie gehegt wird, und so eine institutionelle und rechtliche Verpflichtung auf Seiten der Professionellen in Kraft tritt.

Kindeswohlgefährdungsmomente und Erziehungsdefizite werden in der Regel von Eltern nicht als solche erkannt, benannt oder zugegeben bzw. eingeräumt. Gewalttätige Familienmitglieder erleben Professionelle und ihre Hilfsangebote immer als Einmischung und Kontrolle in Bezug auf ihre gewalttätige Erziehungsgestaltung. Abwehr und Widerstandshaltungen gegenüber jedem Beratungs- und

112 Hörster/Müller 1996, S. 616.

113 Vgl. Münder/Mutke/Schone 2000, S. 9.

114 Gildemeister 1983, S. 76.

115 Gildemeister 1983, S. 74.

Hilfeangebot werden signalisiert und Hilfeabbrüche inszeniert. Der Beratungskontakt entsteht somit meist nicht freiwillig aufgrund einer individuell erlebten Notlage, sondern im Rahmen institutionalisierter sozialer Kontrolle. Gelingt der Beratungsprozess hier nicht, kann für den Moment nur durch die Inobhutnahme des Kindes eingeschritten werden oder es bleibt bei einer Gratwanderung bzw. einem professionellen Spagat im Beratungs- und Diagnostikprozess.
Eine paradoxe Handlungslogik setzt sich hier fort, indem die professionelle Diagnostik bzw. Abklärung einer vermuteten sexuellen Kindesmisshandlung in der Familie die kommunikativen Regeln und Voraussetzungen der reziproken Klientenbeziehung nicht verletzen dürfen. Denn der Professionelle ist sowohl Repräsentant einer beauftragten Institution und deren innehabenden Autorität; die Fachkraft soll als solche den Institutionsethos spiegeln und nach außen vertreten und gleichzeitig, ausgehend von der Logik des professionellen Selbstverständnisses, einen ganzheitlich menschlichen Bezugspunkt sozialer Interaktion und Kommunikation verkörpern.

Diese Paradoxien bestimmen in der Regel auf unanalysierte Weise und implizit professionelles Handeln im Feld der Kinder- und Jugendhilfe.[116] In der Verschränkung, vielleicht sogar in der Verstrickung der Gegensätzlichkeiten und Rechtspositionen von Hilfe und Kontrolle, liegt das eigentliche Problem für jede Beratung oder Abklärung (Diagnose) einer Kindeswohlgefährdung – sei es nun in freien oder in der öffentlichen Kinder- und Jugendhilfe. Wie soll auch Hilfe und Kontrolle gelingen und gleichzeitig effektiv der Schutz von Kindern vor sexueller Gewalt in der Familie organisiert werden?

Die professionelle Verstrickung in die (Eigen-)Logik des professionellen Selbstverständnisses, die einerseits den Kinderschutz einleiten und sichern möchte, und andererseits die Herstellung einer reziproken Beratungsbeziehung als Basis der Hilfeleistung anzielt, ist vorprogrammiert.[117]

2.1.3 Zusammenfassung

Mit dem KJHG ist zwar ein bundeseinheitlicher rechtlicher Rahmen zur Intervention bei einer (vermuteten) Kindeswohlgefährdung gesteckt. Sozialpädagogische Handlungsvollzüge, Entscheidungsfindungen und Interventionsverantwortung bleiben jedoch der Autonomie der jeweiligen Berufsfelder und deren Professionellen überlassen. Gesetze wie das KJHG formulieren zwar einen gesetzlichen Auftrag, bieten aber für die daraus resultierenden Einzelfallproblematiken keine Lösungsstrategien an, sondern überlassen dies den professionellen Beurteilungskompetenzen in den jeweiligen sozialpädagogischen Handlungsfeldern.

116 Vgl. Gildemeister 1993, S. 105.

117 Vgl. Gildemeister 1983, S. 70; Hörster/Müller 1996, S. 632; Urban 2004, S. 9.

Die Philosophie des KJHG, eingriffsorientierte Maßnahmen zugunsten von familien- und kindbezogenen Förderleistungen zurücktreten zu lassen, lässt die hilfreiche Kooperation (nicht den Kontrollgedanken) mit allen am Verdachtsfall Beteiligten in den Vordergrund der Handlungsorientierung rücken. Damit konstituiert sich insbesondere in Fällen der Kindeswohlgefährdung ein Beratungs- und Handlungsfeld, in dem die Fachkräfte gleichermaßen zur Gestaltung sozialpädagogischer Dienstleistungen gegenüber Eltern und Kindern verpflichtet sind. Ebenso gilt dies zum Schutz des Kindes vor Gefahren, wenn die Initiierung hoheitlicher Eingriffe in das Elternrecht bzw. Elternautonomie im Rahmen der Hilfen zur Erziehung und im weiteren Verlauf des staatlichen Wächteramtes erforderlich sind. Die Leitnormen des SGB VIII erscheinen für die Handlungspraxis der Kinder- und Jugendhilfe in Kindeswohlgefährdungsfällen in ihrer Handhabung und Justierung von Interventionen weitgehend „grobschlächtig“.[118] Das KJHG verlangt einerseits Hilfeorientierung und beinhaltet andererseits legitimationspflichtige Eingriffsvorgaben und professionelle Eingriffs- und Mitwirkungsverantwortung (§8 Abs. 2 und §50 Abs. 1 SGB VIII) im Feld der Kinder- und Jugendhilfe. Zudem muss eine Kindeswohlgefährdung – als ein unbestimmter Rechtsbegriff – eingeschätzt, interpretiert und gegebenenfalls vor dem Familiengericht legitimiert und fachlich argumentativ dargelegt werden.[119]

Der Gesetzgeber hat hier zusätzlich „ineffektive Fallstricke“[120] im SGB VIII für eine sozialpädagogische Intervention vom Kinde aus geschaffen, die in jedem Fall schwierig zu handhaben sind und professionelle Ambivalenzen in Bezug auf Falleinschätzungen und Interventionen evozieren. Münder u. a. heben hervor, dass das KJHG mit idealtypischen Vorstellungen arbeite und der problemangemessene Output sei fast schon eine „Unterstellung“.[121]
Im Fallkontext einer vermuteten innerfamiliären sexuellen Kindesmisshandlung verzahnen und verschränken sich eltern- und kindorientierte Dienstleistungsaufgaben, wie wächterorientierte Eingriffsgebote auf einem sozialpädagogischen Entscheidungs- und Handlungskontinuum. Den professionellen Fachkräften im Feld der Kinder- und Jugendhilfe wird der „Spagat“[122] abverlangt, einerseits Eltern in ihrer Erziehungsverantwortung zu unterstützen und andererseits Kinder vor elterlicher Gewalt zu schützen. Dem gegenüber fordert der §8a Abs. 3 Satz 1 SGB VIII, dass das Wohl des Kindes im Vordergrund zu stehen hat. Professionelle haben eine rechtliche Begründungsverpflichtung bezüglich ihrer Entscheidungen und ihrer dem Kinderschutz dienenden Interventionen. Mit dem Wächteramt verweist Art.6 Abs. 2 Satz 2 GG das Feld der Kinder- und Jugendhilfe als eine staatliche Gemeinschaft in ein Spannungsfeld von Handlungs-

118 Gröll 2005, S. 240.

119 Vgl. Fürniss 2005, S. 27.

120 Vgl. Mertens 2008, S. 48.

121 Urban 2004, S. 55.

122 Münder 2000, S. 81.

optionen, das vom Grundsatz des Opportunitätsprinzips, von Eingriffsmaßnahmen und der Subsidiarität von Beratungsprozessen bestimmt wird. Zur Abwendung einer Kindeswohlgefährdung ist das Gericht anzurufen, wenn die Professionellen ein Tätigwerden des Familiengerichts für nötig erachten (§50 Abs.1 und Abs. 2 SGB VIII).

Der Gesetzgeber des SGB VIII mutet also den Professionellen im Feld der Kinder- und Jugendhilfe eine Fülle von diffusen und spannungsreichen Aufgaben in der Fallsteuerung (Casemanagement) bei Verdacht auf innerfamiliäre sexuelle Kindesmisshandlung zu. Fachkräfte müssen hier mit vom Gesetzgeber geschaffenen, vieldeutigen und offenen Eingriffsschwellen und dadurch mit hohen rechtlichen Barrieren zurechtkommen, um sexuell gewalttätige Bindungspersonen (vorwiegend Eltern) zu sanktionieren. Wenn ein objektiver Gefahrenzustand des Kindes sozialpädagogisch definiert ist, sind Professionelle, vor allem der öffentlichen Träger, verpflichtet das Familiengericht anzurufen. Geprüft werden muss, ob ein elternorientierter Eingriff in das Sorgerecht (§1666 Abs. 1 BGB) oder andere kindorientierte Eingriffe (§§42 und 43 KJHG) erforderlich sind.
Aus dieser verfassungsrechtlichen Grundlegung und ihrer einfachgesetzlichen Ausgestaltung im SGB VIII folgt ein sozialpädagogisches Dilemma dahingehend, dass die Kinder- und Jugendhilfe einerseits aufgrund der Verpflichtung zur fortwährenden Hilfeorientierung nicht verfrüht und nicht mit zu hoher Intensität den Eingriff in elterliche Befugnisse gem. §8a Abs. 3 Satz 1 SGB VIII anregen oder beantragen sollte. Andererseits ist es aber ihre Pflicht, der Gefährdung des Kindeswohls rechtzeitig und effektiv entgegenzuwirken.

Die Fachkräfte müssen beständig entscheiden, ob lediglich ein Fall der Hilfen zur Erziehung (§§27 ff SGB VIII) vorliegt. Auf der anderen Seite müssen sie diagnostisch entscheiden, ob eine Kindeswohlgefährdung erkennbar und diagnostizierbar ist. Das Dilemma, das Fachkräfte im Feld handhaben müssen, ist dabei leicht zu beschreiben, da sexuell gewalttätige Eltern nicht bereit und gewillt sind Veränderungen herbeizuführen oder Sanktionen fraglos hinzunehmen. Wird das Familiengericht zu früh angerufen, d. h., dass die Einschätzung einer Kindeswohlgefährdung durch den Professionellen nicht gehaltvoll ist und vom zuständigen Familienrichter evtl. nicht nachvollziehbar ist, wird das angeregte Verfahren fallengelassen. Spätestens jetzt läuft die Fachkraft Gefahr, den Kontakt zur Familie zu verlieren, weil die Vertrauensbasis der Zusammenarbeit zerstört wurde. Ruft die sozialpädagogische Fachkraft das Gericht zu spät an, so droht ihr, potenziell strafrechtlich für ihr Verhalten zur Verantwortung gezogen zu werden, weil sie ihrer Garantenpflicht gegenüber den betroffenen Kindern nicht nachgekommen ist.[123]

123 Vgl. Mertens 2008, S. 50; Rietmann/Hensen 2008, S. 34–35.

Die gesetzlich vorgegebene Aufgabenformulierung und Strukturlogik im KJHG tragen weniger dem spezifischen Fallkontext „Verdacht auf innerfamiliäre sexuelle Kindesmisshandlung" Rechnung, sondern ist vielmehr als ein Zuordnungskriterium für einen sozialpädagogischen Handlungsauftrag bei einer Kindeswohlgefährdung zu verstehen. Auf diese Weise werden Handlungsaufträge rechtlich und subsidiär segmentiert und „kleingearbeitet."[124] In der psychosozialen Praxis wird im Falle einer Kindeswohlgefährdung sowohl auf der formalen gesetzlichen Grundlage als auch mit fachlichen Bewertungen operiert, um den sozialpädagogischen Arbeitsaufträgen gerecht zu werden.

Bereits die Bestimmung eines objektiven Gefahrenzustands ist jedoch eine prekäre Frage der sozialpädagogischen Berufsethik. Durch die in der Gesetzgebung angelegten Ermessensspielräume existieren jedenfalls so gut wie keine formulierbaren Kriterien, anhand derer die Verbindlichkeit oder Angemessenheit der eingesetzten Maßnahmen zugrundegelegten Problemdefinitionen eindeutig entschieden werden könnten: Es steht im Ermessen des Professionellen, den (objektiven) Gefährdungsgrad eines Kindes zu bestimmen. Das Vorgehensspektrum ist vielfältig und mit der Orientierung am Leitprinzip „Kindeswohl" wird ein unbestimmter und breiter Entscheidungsrahmen definiert, der dem einzelnen Professionellen im Feld der Kinder- und Jugendhilfe einen (relativ) weiträumigen Einschätzungsspielraum zugesteht.[125]

124 Mertens/Olk 1996, S. 579.

125 Vgl. Fegert u. a. 2001, S. 84–85.

3. Die innerfamiliäre sexuelle Kindesmisshandlung – ein Bindungstrauma mit sexuell ausbeuterischen Tatmomenten

Sexuelle Kindesmisshandlung gedeiht
in den schattigen Zonen des Privaten
und Abgeschiedenen.
Sie lebt von der Nichtbeachtung.[126]

Der rechtliche Terminus Kindeswohlgefährdung als „Begriffsdach“[127] impliziert verschiedene Formen der (innerfamiliären) Kindesmisshandlung. Für den vorliegenden empirischen Zusammenhang wird eine Definition einer Kindeswohlgefährdung wie der innerfamiliären sexuellen Kindesmisshandlung vorgenommen, wie sie für psychosoziale Fachkräfte von Bedeutung ist. Die sexuelle Kindesmisshandlung in der Familie als eine besondere Form der Kindeswohlgefährdung enthält Uneindeutigkeiten im Sinne negativ konnotierten Wertigkeiten. Die Definitionskategorien „sexuell“ und „innerfamiliär“ haben darüber hinaus eine besondere Traumawirkung auf die betroffenen Kinder. Hier ist die besondere Psychodynamik des Deliktes, die Kinder in ihren Familien durchleben, ausschlaggebend und unterscheidet sich in einigen Aspekten von einer körperlichen Kindesmisshandlung.[128] Die neuesten Erkenntnisse aus der Bindungsforschung und der Psychotraumatologie zu Folgewirkungen auf betroffene Kinder werden in ihren Grundzügen folgend aufgeführt.

126 Bensel/Rheinberger/Radbill 2002, S. 10.

127 Münder/Mutke/Schone 2000, S. 45.

128

Körperliche Kindesmisshandlung:	
Motivation	oft Reaktion auf Überforderungssituation, Opfer = Jungen und Mädchen
Täter/Täterin	beide Elternteile
Tatumstände	laute Schreie, Schläge werden auch vom Umfeld unter Umständen wahrgenommen
Wahrnehmung	Wunsch nach Hilfe
Beendigung	Wunsch der Eltern nach Beendigung der Misshandlung
Folgen/Beweise	körperliche Verletzungen wie Blutergüsse, blaue Flecken, Knochenbrüche usw.
Sexuelle Kindesmisshandlung:	
Motivation	geplante und zielgerichtete Handlung, Opfer = Jungen und Mädchen
Täter/Täterin	Männer 80 %, Frauen 20 %
Tatumstände	unter großer Geheimhaltung, keine Zeugen – außer TäterIn und das Kind
Wahrnehmung	verzerrtes Denken, Verleugnung
Beendigung	Zwang zur Wiederholung Angst vor Aufdeckung/Täterstrategien
Folgen/Beweise	meist fehlen sichtbare körperliche Verletzungen, mehrdeutige Symptomatik.

3.1 Definition und Diskurs

Der Begriff Kindeswohlgefährdung, wie er heute verstanden wird, ist das Ergebnis einer veränderten „rechtlichen Etikettierung“[129] der Kindesmisshandlung an sich und geht in jüngerer Zeit vor allem auf die Erkenntnis zurück, dass Gewalt im Generationenverhältnis Familie gesellschaftlich nicht mehr akzeptiert werden kann und zudem mittlerweile gesetzeswidrig ist (§1631 BGB).[130]
Juristisch klassifiziert wird die Kindeswohlgefährdung als „eine gegenwärtige, in einem solchem Maße vorhandene Gefahr, dass sich bei der weiteren Entwicklung eines Kindes eine erhebliche Schädigung mit ziemlicher Sicherheit voraussehen lässt.“[131]
Die Frage der Gefährdung wird rein rechtlich aus verschiedenen Blickwinkeln betrachtet: hinsichtlich des Zeitpunkts der Gefahr (sie muss gegenwärtig, nicht etwa zurückliegend oder künftig sein), ihrer Intensität (in einem solchen Maße vorhanden, mit ziemlicher Sicherheit) und mit dem Blick auf den von ihr ausgehenden Grad der möglichen Beeinträchtigung des Kindeswohls (erhebliche Schädigung).[132]

Ob eine Kindeswohlsgefährdung gegenwärtig vorliegt, lässt sich nur aus dem Verhältnis zwischen erkennbarem elterlichen Tun bzw. Unterlassen, in Bezug auf altersabhängige Bedürfnisse eines Kindes und der Wahrnehmung und Einordnung der gezeigten kindlichen Symptomatiken bzw. Verhaltensauffälligkeiten bestimmen. Dass hier vielfältige und sehr unterschiedliche persönliche Anschauungen, fachliche Einschätzungen und ethische Wertmaßstäbe auf Seiten der Eltern und Fachkräfte vorherrschen und angelegt werden können, lässt sich als eine Tatsache festhalten.
Die Einschätzung einer Kindeswohlgefährdung im Generationenverhältnis Familie wird als eine „gesellschaftliche Problemkonstruktion“[133] erachtet und ist abhängig davon, was unter einer „Kindeswohlgefährdung“ im jeweiligen System, sozusagen systemspezifisch codiert, verstanden wird.[134] Im Kern geht es „um eine professionell sozialpädagogische Problembestimmung und Bewertung“[135] und diese Bewertung wird tatsächlich Ansichtssache[136] und eine Frage des professionellen Blickwinkels sein.

129 „Elterliche Gewalt gegen Kinder galt lange Zeit nicht als Gewalt, sondern als Züchtigungsrecht und wurde bis ins 20. Jahrhundert hinein staatlich legitimiert und geduldet.“ Bensel/Rheinberger/Radbill 2002, S.10.

130 Vgl. Bensel/Rheinberger/Radbill 2002, S. 10.

131 Kindler/Lillig 2005, S. 8.

132 Vgl. Kindler/Lillig 2005, S. 8.

133 Rietmann/Hensen 2008, S. 35 und Vgl. Wolff 2007.

134 Wipplinger/Amann 1998, S. 14.

135 Rietmann/Hensen 2007, S. 26; Brückner 2005, S. 723.

136 Helfer/Kempe/Krugmann 2002, S. 9.

Die bisher erfolgten Kategorisierungsversuche einer innerfamiliären sexuellen Kindesmisshandlung boten eine Bandbreite von Definitionen an, deren Wurzeln in kontroversen Diskussionen liegen.[137] In den neuesten Veröffentlichungen zum Thema haben sich mehr und mehr die Begriffe „sexuelle Kindesmisshandlung",[138] „sexuelle Gewalt gegen Kinder" und „sexuelle Ausbeutung eines Kindes" etabliert und bewährt.[139]
Bei allen zu diesem Fachbereich forschenden Autoren gilt grundsätzlich, dass eine sexuelle Kindesmisshandlung jede sexuelle Handlung umfasst, die an oder vor einem Kind entweder gegen den Willen des Kindes vollzogen wird oder dieses aufgrund seiner körperlichen, emotionalen, geistigen und sprachlichen Unterlegenheit nicht wissentlich zustimmen kann und auch nicht in der Lage ist, sich hinreichend zu wehren und sich verweigern zu können. Auf Grund des immanenten strukturellen Machtgefälles im familiären Generationenverhältnis ist jeder sexuelle Kontakt zwischen einem Kind und einem Erwachsenen eine sexuelle Misshandlung bzw. sexualisierte Gewalt an dem Kind. Familienmitglieder nutzen ihre Macht- und Autoritätsposition sowie die Zuneigung, Abhängigkeit und Loyalität des Kindes zur eigenen Bedürfnisbefriedigung aus, weshalb diese „nicht zufällig"[140] und auch in der Familie geplant ist.[141]
„Zentral ist dabei die Verpflichtung zur Geheimhaltung, die das Kind zur Sprachlosigkeit, Wehrlosigkeit und Hilflosigkeit verurteilt."[142] Das Kind wird an eine spezifische Geheimhaltung fixiert und mit einem Sprechverbot belegt.

Sexuelle Kindesmisshandlung tritt selten als ein isoliertes innerfamiliäres Gewaltphänomen auf, sondern weist „Überlappungen"[143] mit anderen Formen der Kin-

137 Eine präzise, jedoch nicht vollständige Aufstellung zu den verschiedenen Termini findet sich bei Wipplinger/Amann 1998, S. 14–15.

138 Im Weiteren wird ausschließlich der Begriff „sexuelle Kindesmisshandlung" verwendet. (In Zitaten werden die Begriffe übernommen, die die jeweiligen Autoren gewählt haben.)

139 Diese Termini stellen eindeutiger die Gewalthandlung in den Vordergrund. Die Begriffe implizieren die Motivation des Täters/Täterin zur Gewalthandlung, die in der Sexualität instrumentalisiert wird, um Machtbedürfnisse zu befriedigen. „Sexuelle Ausbeutung" lenkt den Blick deutlicher auf das Machtgefälle zwischen Opfer und Täter/Täterin, zudem impliziert er die Unterdrückung und Entwürdigung der Opfer. Vgl. Wirtz 1989, S. 9; Bensel/Rheinberger/Radbill 2002, S. 23; Fischer/Riedesser 2002, S. 282; Balzer 1998, S. 33. Weniger häufig in den aktuellen Veröffentlichungen zu lesen ist der Begriff „Inzest" (entstanden aus der Negation des lateinischen castus = (sitten) rein, steht für ein unzüchtiges, ungesittetes, niedriges Verhalten). Der oft noch verwendete Begriff „sexueller Missbrauch" erscheint so üblich für die Bezeichnung dieser Tat, dass es auf den ersten Blick müßig erscheint, die Wahl dieses Begriffes zu hinterfragen. Doch es gibt berechtigte Kritik an diesem Begriff, er impliziert, dass das Gegenstück zum Missbrauch der Gebrauch sei. Bensel/Rheinberger/Radbill 2002, S. 23 plädieren weiterhin für den Begriff Kindesmissbrauch, was hier vorliegend nicht geteilt wird.

140 Bensel/Rheinberger/Radbill 2002, S. 40.

141 Vgl. Bensel/Rheinberger/Radbill 2002, S. 40; Deegener/Körner 2005, S. 3; Deegener 2006, S. 27; Wipplinger/Amann 1998, S. 15; Moggi 2005; Fürniss 2005, S. 29; Helfer/Kempe/Krugmann 2002; Fegert 1987, S. 167.

142 Wirtz 1989, S. 17.

143 Deegener 2005, S. 37.

desmisshandlung und weiteren Belastungsfaktoren für Kinder auf.[144] Die Bedeutung der psychischen und emotionalen[145] Gewaltkomponenten einer sexuellen Kindesmisshandlung ist in Deutschland erst in jüngster Zeit mehr in den Vordergrund getreten und wird mittlerweile als in die Gesamtproblematik einer sexuellen Kindesmisshandlung integriert gesehen. Die emotionale wie psychische Gewalt und Vernachlässigung kindlicher Bedürfnisse liegt in der Geheimhaltung, der sexuellen Verstrickung und anderen manipulativen Strategien, die vom Täter/Täterin eingesetzt werden.[146] Zudem ist sexuelle Kindesmisshandlung nicht selten an körperliche Gewalt gekoppelt.

3.1.1 Das „Sexuelle" einer innerfamiliären sexuellen Kindesmisshandlung

> Die stillschweigende Übereinkunft unserer Gesellschaft,
> den wirklich elementaren Themen – Sexualität und Tod –
> aus dem Weg zu gehen, ist verblüffend.[147]

Im Prinzip hat sexuelle Kindesmisshandlung nichts mit Sexualität zu tun. Dennoch wird es definitorisch nicht gelingen, bei sexuellen Übergriffen auf Kinder im Generationenverhältnis den Macht- und Autoritätsaspekt von dem des Sexuellen zu trennen. Jeder Versuch einer einfachen und einseitig kausalen Differenzierung birgt zudem die Gefahr der Reduktion eines komplexen Zusammenspiels aus emotionalen, physiologischen und kognitiven Faktoren, für das es weder in der Wissenschaft noch im Allgemeinverständnis eine einheitliche oder allgemein verbindliche Definition gibt.[148] In der Praxis der Sozialen Arbeit hat sich die Ansicht etabliert, dass Sexualität zur Machtausübung vom Täter/von der Täterin instrumentalisiert und sozusagen als Waffe eingesetzt bzw. benutzt wird.[149]

Die Fähigkeit, den eigenen Körper narzisstisch libidinös zu besetzen, ist eine zentrale Entwicklungsaufgabe eines Kindes und geschieht durch den Körperkontakt

144 Eine Untersuchung von Dong u. a. zitiert in Deegener 2006, S. 39, die in einer Befragung Erwachsener den Zusammenhang von sexueller Misshandlung in der Kindheit mit neun weiteren Belastungsfaktoren (bis zum 18. Lebensjahr) untersuchten. Unter den neun Belastungsfaktoren wurden neben emotionaler und körperlicher Misshandlung sowie emotionaler und körperlicher Vernachlässigung auch Partnergewalt gegen die Mutter, Trennung/ Scheidung der Eltern, Inhaftierung eines kriminellen Familienmitgliedes, psychische Störung sowie Drogen-/Alkoholmissbrauch eines Familienmitgliedes erfasst. Es ergaben sich statistisch signifikante Zusammenhänge zwischen sexuellem Missbrauch und jedem der neun Belastungsfaktoren.

145 „Emotionale und seelische Kindesmisshandlung bedeuten den direkten seelischen Angriff auf das Selbst, das Selbstbewusstsein, die Selbstwahrnehmung und Selbstdefinition sowie andere zentrale Aspekte des kindlichen Selbst." Fürniss 2005, S. 28.

146 Deegener 2005, S. 39; Moggi 2005, S. 94.

147 Vgl. Bensel/Rheinberger/Radbill 2002, S. 25.

148 Vgl. Treibel 2007, S. 300.

149 Vgl. Treibel 2007, S. 298; Ryan 2002, S. 504; Wirtz 1989, S. 17.

mit den primären Bezugspersonen (in der Regel die Eltern, meistens die Mütter). Durch sexuelle Gewalthandlungen und der damit „einhergehenden Überbetonung des Sexuellen“[150] im (Erziehungs-)Verhalten des Täters/Täterin, wird ein Kind traumatisch sexualisiert. Es erlebt anhaltend altersunangemessene sexuelle Handlungen in seiner geschlechtlichen Sozialisation und psychosexuellen Entwicklung.

Wirtz betonte auf drastische Art und Weise, dass sexuelle Übergriffe auf ein Kind innerhalb der Familie einen Totalangriff auf das Menschsein darstellen. Die Vernichtung und Zerstörung des kindlichen Identitätskerns, das sexuelle Selbstwertgefühl, die sexuelle Identität werden nachhaltig gestört und/oder zerstört: Ein „Seelenmord“ wird begangen.[151] Es ist aber m. E. gerade die sexuelle Komponente, die bei der sexuellen Kindesmisshandlung das spezifisch Hochbelastende, nachhaltig Zerstörende ist. Das Sexuelle bzw. der sexualisierte Anteil ist eine massive (körperliche wie psychische) Grenzverletzung und emotionale Missachtung des Kindes. Denn das (passive) implizite Ziel der sexuellen Gewalthandlung ist auch sexuell, nämlich die unreife, sich entwickelnde Sexualität eines betroffenen Kindes und die nachhaltige Zerstörung jeder positiven und ungestörten sexuellen (körperlichen) Entwicklung und Empfindung eines Kindes.[152] Ein emotionales Vakuum umgibt das bindungsabhängige Kind und es muss eine sexuell missbräuchliche Form des elterlichen Kontaktes aushalten. Die Sexualisierung wird zur Haupttriebfeder der Kontakt- und Bindungssicherung und die zentrale Botschaft an das Kind lautet, dass es als Person mit Wünschen, Rechten und seinen intim sexuellen Grenzen nicht existiert und lediglich (sexuelles) Objekt ist. Da Kinder in ihrer Familie bedingungslos abhängig sind, besteht nur mehr die Möglichkeit, den eigenen (sexuellen) Willen zu verdrängen oder zu verurteilen.[153]

3.1.2 Das „familiäre“ Bindungstrauma

Wenn Kinder sexuell misshandelt werden, so geschieht dies meist in ihrer Familie[154] in einem komplexen Kontext der kindlichen Bindungsabhängigkeit und un-

150 Fischer/Riedesser 2002, S. 287.

151 Wirtz 1989, S. 20-21; Amann/Wipplinger 1998, S. 16. Blum-Maurice kritisiert den Begriff „Seelenmord“ mit dem Hinweis, das Kind würde hier ausschließlich in eine Opferrolle gedrängt und die Perspektive und Chance einer (seelischen) Weiterentwicklung des Kindes würde antizipatorisch verhindert bzw. in Frage gestellt werden. Vgl. Blum-Maurice 2006, S. 57.

152 Vgl. Treibel 2007, S. 298; Fischer 2002, S. 42–43.

153 Vgl. Ostbomk-Fischer 2003 in Heiliger/Wischnevski 2003, S. 197 ff.

154 Das Wort „familia“ bezeichnete ursprünglich das Eigentum an Personen. Familie hatte vor allem mit einem Besitzverhältnis zu tun und bezeichnete ursprünglich gar kein Verwandtschafts- oder Abstammungsverhältnis. „Famel“ bedeutete so viel wie Sklave und der „Pater familias“ ist nicht der Vater der Familie, sondern der Herr im Sinne von „Herrscher über seine Sklaven.“ Vgl. Wirtz 1989, S. 25. Die family als die erweiterte Familie schließt heute nicht nur Blutsverwandte, sondern auch Adoptiv- und Stieffamilien mit ein. Vgl. Bensel/Rheinberger/Radbill 2002,

ausweichlichen Autoritätsbeziehungen. Die Bindungstheorie ist eine der heute am besten empirisch untersuchten entwicklungspsychologischen Theorien über die gesunde, emotionale, kindliche Entwicklung. Der englische Kinderpsychiater und Psychoanalytiker John Bowlby formulierte in den Sechziger Jahren die Grundzüge der heutigen Bindungstheorie, die sich damals intensiv mit den Auswirkungen früher Eltern-Kind-Trennungen und mit der interaktionalen Besonderheit der Mutter-Kind-Beziehung befasste.[155] Für eine gesunde Entwicklung benötigt das Kind einen sensiblen Dialog mit seinen Bindungspersonen, vor allem mit den Eltern, die auf seine Bedürfnisse eingehen, in der Interaktion mit den Signalen des Kindes umgehen und ausreichend Schutz und Anregung bieten. Dadurch kann sich das Gehirn des Kindes gleichmäßig entwickeln und der junge Mensch lernt, eine sichere Bindung und eine Selbst-Modulation von Gefühlen und negativen wie positiven Affekten (Hunger, Durst, Angst, Ärger, Trauer, Wut u. a.), eine so genannte Frustrationstoleranz, auszubilden.

Die sexuelle Kindesmisshandlung ist aus der Perspektive der Bindungstheorie eine besonders extreme Form der Missachtung kindlicher Bindungsbedürfnisse. Bei sexuellen Misshandlungen kommt es noch dramatischer als bei der körperlichen Misshandlung zu einem elementaren inneren Bindungskonflikt, der verheerende Auswirkungen auf spätere Beziehungen und das Bindungsverhalten hat.

Das oft über Jahre andauernde Ausnutzen der für das Kind elementaren Bindung wird als eine Gewaltanwendung an sich angesehen, auch wenn keine offensichtliche Gewalt ausgeübt wird.[156] Das Alter des Opfers (Kindes) bzw. des Täters/der Täterin ist hier weniger ausschlaggebend,[157] sondern die kindliche Abhängigkeit im familiären Beziehungs- und Bindungsgefüge.
Sexuelle Übergriffe auf Kinder durch (primäre) Bezugspersonen haben eine besondere Auswirkung auf die gesamte psychosoziale Entwicklung eines Kindes. Die sexuell gewalttätige Bindungserfahrung enttäuscht kindliche Schutz- und Fürsorgebedürfnisse und bewirkt ein tiefes Verlassenheitsgefühl, im Sinne von verraten worden zu sein. Meist bleibt auch die Unterstützung durch die nicht

---

S. 24; Deitmaring/Schatz 1999, S. 4, Wirtz 1989, S. 9. Konstitutives Merkmal von „Familie" ist die „Zusammengehörigkeit von zwei (oder mehreren) aufeinander bezogenen Generationen, die zueinander in einer (in der Regel) Eltern-Kind-Beziehung stehen." Lenz 2002, S. 150 und eine besondere Generationenbeziehung unterhalten. Vgl. Blum-Maurice 2006, S. 61; Frei 1996, S.17.

155 Bis zu dieser Zeit war das Verständnis von zwischenmenschlichen Beziehungen vor allem von der Psychoanalyse und der Lernpsychologie geprägt. Beide Theorien sahen als Ursache für die Entstehung von engen zwischenmenschlichen Beziehungen primär die physiologische Bedürfnisbefriedigung des Säuglings (Nahrung, Körperpflege usw.). Die Beobachtungen des Psychoanalytikers und Kinderarztes Spitz zum Hospitalismus (1945) legten nahe, dass die alleinige Befriedigung körperlicher Bedürfnisse für eine gesunde Entwicklung nicht ausreicht, sondern dass besondere psychologische Prozesse in der Zuwendung zwischen Mutter und Kind für die seelisch gesunde Entwicklung unerlässlich sind. Vgl. Becker-Stoll/Grossmann in 2002, S. 248, Hassebrauck/Küpper 2002, S. 169; Brisch/Hellbrügge 2003, S. 46ff; Brisch/Hellbrügge 2006, S. 13ff.

156 Vgl. Deegener 2005, S. 38.

157 Deshalb erübrigt sich auch eine Angabe der Altersgrenze bzw. der Altersdifferenz.

misshandelnden Bezugspersonen (oft die Mutter) aus.[158] Anhaltende sexuelle Kindesmisshandlung in der Familie erschüttern das kindliche Verständnis eines „sicheren familiären Bindungssystems",[159] das unter Umständen zu einem Bindungstrauma führen kann. Die Erfahrung des Ausgeliefertseins innerhalb der Familie verhindert, dass Schutzfaktoren wie Hoffnung und Zuversicht hinreichend ausgebildet und entwickelt werden können.
Das kognitive Niveau eines Kindes ist eher konkret und personenbezogen ausgerichtet. Hier neigt das Kind dazu, auch unverständliche, unklare und verwirrende Gegebenheiten persönlich zu attributieren. Alles, was die übermächtig erlebten Elternfiguren tun, wird das Kind sich persönlich zuschreiben:[160] Eine allgemeine psychopathologisch relevante Folge ist, dass ein Kind die Fähigkeit verliert, zwischen freundlich wohlwollenden und feindlich zerstörerischen Menschen bzw. zwischen sicheren und unsicheren Orten zu unterscheiden.[161]
Demnach kann das Kind nicht mehr (genau) differenzieren, welcher Person es vertrauen kann, wer feindlich und bedrohlich oder wer freundlich und beschützend ist.
Wird natürliche und intime Nähe in Familien sexualisiert, erhält das Kind die Botschaft, dass sich familiäre Bindungen und Beziehungen und sexuell intime Grenzverletzungen und Gewalthandlungen nicht ausschließen.[162]

3.1.3 Das „Traumatische" einer innerfamiliären sexuellen Kindesmisshandlung

> Die „Krankheit Gewalt" – vor allem wenn sie in der Familie auftritt –
> hat in der Regel eine verheerende Wirkung auf ein Kind.
> Nicht nur Opfer von Naturkatastrophen oder Unfällen
> erleiden schwere Traumatisierungen, sondern
> vor allem Opfer bei innerfamiliärer (sexueller) Gewalt.[163]

Dass sich in der Erforschung psychischer Traumata nur schleppend Fortschritte verzeichnen lassen, liegt weder an mangelndem Interesse noch an dem üblichen Wechsel von aktuellen Themen, dem jede Wissenschaft unterliegt. Vielmehr evoziert das Thema derart starke Kontroversen, dass es periodisch tabuisiert wird und wurde. Bei der Beschäftigung mit psychischen Traumata stieß man wieder-

158 Vgl. Fischer/Riedesser 2003, S. 41.

159 Fischer/Riedesser 2002, S. 276. Dort wird auf den Londoner Kinderarzt und Psychoanalytiker Winnicott verwiesen, dessen Werk zu „Kindheit und Trauma" zu den aufschlussreichsten auf dem Gebiet der Psychoanalyse zählt.

160 Vgl. Wirtz 1989, S. 17.

161 Vgl. Fischer/Riedesser 2002, S. 277.

162 Vgl. Kavemann 2000 in Heiliger 2003; Ostbomk-Fischer 2003, S. 203; Hermann 1994, S.142; Fischer/Riedesser 2002, S. 276; Brückner 2005, S. 724.

163 Vgl. Krüger 2007, S. 44.

holt zu Bereichen des Undenkbaren vor und grundlegende Glaubensfragen wurden und werden nach wie vor aufgeworfen.

Werden „familiäre Bindungs- und Schutzpersonen selbst zum traumatisierenden Aggressor",[164] gerät ein Kind in eine „unauflösbare Sackgasse, dem sog. „traumatischen Stress", der in Nahbeziehungen, wie in der Familie, die größte traumatische Wirkung hat." [165]

3.1.3.1 Zum Begriff „Trauma"

„Trauma" ist das Erleben plötzlicher, heftiger und anhaltender äußerer und/oder innerer Bedrohung, das mit dem Gefühl von Todesangst, Hilflosigkeit, Ohnmacht, Schutzlosigkeit und oft auch körperlichem Schmerz und Verletzung einhergeht:[166]

> Ein Trauma ist ein vitales Diskrepanzerlebnis zwischen bedrohlichen Situationsfaktoren und individuellen Bewältigungsmöglichkeiten, das mit Gefühlen von Hilflosigkeit und schutzloser Preisgabe einhergeht und so eine dauerhafte Erschütterung des kindlichen Selbst- und Weltverständnisses evoziert.[167]

Ein vitales Diskrepanzereignis beschreibt ein (lebens-)bedrohliches Ereignis oder eine bedrohliche Situatuion, wie eine sequenziell auftretende innerfamiliäre sexuelle Kindesmisshandlung. Die traumatische Auswirkung auf ein Kind geht nicht allein aus dem Ereignis oder Erlebten als solches hervor, sondern aus einer Diskrepanz zwischen bedrohlichem Ereignis einerseits und individuellen kindlichen Bewältigungs- und Fluchtmöglichkeiten in der Familie andererseits. Traumatisch und seelisch verletzend ist also nicht allein das Erlebte selbst, sondern die Beziehung in dem Erlebten in ihrer qualitativen Ausprägung bestimmt den Grad der Traumatisierung.[168]
Als eine „traumatische Zange"[169] bezeichnet Huber eine solche ausweglose Situation, die eine Trias aus überflutender Angst (bedrohlich), Hilflosigkeit (nicht entfliehen können) und Ohnmacht (nicht dagegen ankämpfen können) beschreibt. Es sind also die bei allen Menschen onto- und phylogenetisch verankerten Reaktionsmöglichkeiten, wie Flucht oder Kampf, in einer traumatischen Situation blockiert. Diese von außen hervorgerufene Situation des Ausgeliefertseins führt dazu, dass intrapsychisch die kognitiven, mit anderen Lebenssituationen vergleichbaren und erlernten Handlungsmöglichkeiten von einem Kind nicht mehr abgerufen und genutzt werden können. Es werden zwar kurzfristig emotionalaffektive (Angst, Aufleh-

164 Fischer/Riedesser 2002, S. 278.

165 Ebd., S. 278.

166 Ebd., S. 278.

167 Fischer 2002, S. 37.

168 Vgl. Fischer 2002, Fischer/Riedesser 2002, Krüger 2007, Hermann 1993, Huber 2003 u.a.

169 Huber 2003, S. 41.

nung, Aggression, Wut, Verzweiflung u. a.) Reaktionen und archaische psychomotorische Schutz- und Anpassungsmöglichkeiten (z. B. weglaufen) aktiviert, diese können jedoch nicht in gezielte Reaktionen und bewussteHandlungen umgesetzt werden.[170] Besonders fatal ist diese Wirkung bei sehr jungen Kindern.[171]
Ein betroffenes Kind wird deshalb „mit Sicherheit traumakompensatorische Bemühungen an den Tag legen".[172] Hierbei ist die Rede von Bewältigungsmechanismen und -möglichkeiten, die das Kind teils bewusst, teils reflexartig (unbewusst) einsetzt.

3.1.4 Die Folgen einer innerfamiliären sexuellen Misshandlung für das Kind

Hinter der Erforschung von Traumata und seinen Folgen steht eine eigenartige Geschichte. Auf Zeiten intensiver Forschungstätigkeit folgten immer wieder Zeiten, in denen das Thema in Vergessenheit geriet. In den letzten hundert Jahren gab es wiederholt Forschungsansätze, die jedoch jeweils abrupt abgebrochen und erst sehr viel später wieder aufgenommen wurden.[173]
Die Auseinandersetzungen mit den Auswirkungen nach innerfamiliären sexuellen Übergriffen auf Kinder begannen mit Sigmund Freud (1856-1939) im 19. Jahrhundert, dem Zeitalter der „Hysterie".[174] Freud stellte aufgrund seiner analytischen Arbeiten die Behauptung auf, dass „trotz des Dezennien umfassenden Zeitintervalls ein oder mehrere Erlebnisse von vorzeitiger sexueller Erfahrung, die der frühesten Jugend angehören, zu „Hysterie" führt".[175]
Freuds Veröffentlichung zur Ätiologie der „Hysterie" als Folge von sexuellen Übergriffen auf Kinder (in der Familie), wird heute als Ursprung von Überlegungen angesehen, psychische und psychosomatische Symptome könnten die Folge der traumatischen Erfahrung bei sexueller Kindesmisshandlung in der Familie sein und weitreichende Auswirkungen für Kinder bis ins Erwachsenenalter haben.

---

170 Vgl. Fischer/Riedesser 2002; Krüger 2007; Plassmann 2007.

171 „Die Adverse-Childhood-Experiences (ACE) Studie ist eine ausführliche Verlaufsuntersuchung an über 17000 erwachsenen AmerikanerInnen. Es wird der aktuelle Gesundheitszustand zu belastenden Kindheitsfaktoren in Beziehung gesetzt, die im Mittel ein halbes Jahrhundert früher geschehen waren. Ein wichtiges Ergebnis der Untersuchung ist, dass belastende Kindheitserfahrungen häufig sind, obwohl sie im Allgemeinen verborgen und unerkannt bleiben; dennoch haben sie auch Jahrzehnte später tiefgreifende Folgen. Die psychosozialen Erfahrungen haben sich mittlerweile in eine Erkrankung umgewandelt; in Essstörungen, Süchte, Depressionen, Suizidversuche, Diabetes, Herzerkrankungen. Die Arbeitsfähigkeit und Leistungsfähigkeit im Beruf verschlechterten sich signifikant mit jeder Erhöhung der Kindheitsbelastung." Plassmann 2007, S. 313.

172 Fischer/Riedesser 2002, S. 278; Krüger 2007, S. 46.

173 Vgl. Herman 1993, S. 17.

174 „Hysterie" ist vom griechischen Wort Gebärmutter, der „Hysteria", abgeleitet. In den letzten zwanzig Jahren des 19. Jahrhunderts stand die „Hysterie" genannte Störung im Mittelpunkt vieler wissenschaftlich seriöser Forschungen. Der Begriff „Hysterie" war damals so verbreitet, dass niemand sich um eine systematische Definition bemühte. „2500 Jahre lang", so ein Historiker, „galt die Hysterie als eine seltsame Krankheit mit unklaren und unverständlichen Symptomen. Die meisten Ärzte hielten Hysterie für eine typisch weibliche Krankheit, deren Ursache in der Gebärmutter lag." Vgl. Hermann 1993.

175 Herman 1993, S. 24.

Freud gebührt zwar der Ruhm, sich aufschlussreiche Gedanken über die Entstehung der „Hysterie" als eine Symptomatik gemacht zu haben, die im Zusammenhang mit sexuellen Übergriffen in der frühen Kindheit steht. Allerdings revidierte er aufgrund seiner gesellschaftlichen Stigmatisierung sehr schnell seine Beobachtungen und Annahmen. Er berichtigte die von seinen Patientinnen geäußerten Erlebnisse und deklarierte diese als Folgeerscheinungen einer allzu ausgeprägten Fantasie.[176] Nach der spektakulären Revidierung der Hysterietheorie Freuds war die innerfamiliäre sexuelle Kindesmisshandlung und deren Auswirkungen und Folgen lange Zeit nahezu kein Thema mehr.

Die Traumaforschung (nach dem Ersten Weltkrieg in England und den USA) erreichte nach dem Vietnamkrieg durch eine massive Antikriegsbewegung in den USA ihren Höhepunkt. Sehr viele Kriegsveteranen aus Vietnam entwickelten psychopathologische Auffälligkeiten, kehrten traumatisiert in ihre Heimat zurück und allmählich wuchs ein immer detailierteres Wissen und Verständnis über den Zusammenhang von Kriegserfahrung und die Verarbeitung traumatischer (Kriegs-)Erlebnisse. Dies führte zur Formulierung des sog. „posttraumatischen Stresssyndroms" (Posttraumatic Stress Disorder-PTSD) im Diagnostisch Statistischen Manual (DSM) der nordamerikanischen psychiatrischen Gesellschaft.[177]

Seit den Siebziger Jahren rückte der Fokus auf die frühe Intervention und Prävention bei innerfamiliärer sexueller Kindesmisshandlung und es wurden zunehmend die Auswirkungen sexueller Misshandlungen von Kindern in ihren Familien in den Blick genommen.
Seit den Neunziger Jahren haben neue Forschungsaktivitäten der Bindungsforschung und Psychotraumatologie die Erkenntnisse über die Bedeutung kindlicher (sexueller) Misshandlungserfahrung in der Säuglings- und Kleinkindzeit entscheidend erweitert und verändert. „Die Auswirkungen frühkindlicher Traumatisierung [...] zwingen uns, [...] endlich die Verantwortung für Entwicklungsbedingungen der nachwachsenden Generation zu übernehmen."[178]
So ist die Hirnforschung zu der Erkenntnis gelangt, dass ein Kind mit einem zum Lernen bereiten, genetisch disponierten Gehirn auf die Welt kommt. Die Hirnentwicklung ist in den (früh-)kindlichen Wachstumsphasen am stärksten in seiner Strukturbildung zu beeinflussen, aber auch zu beeinträchtigen und zu schädigen. Traumata führen zu strukturellen Veränderungen des Gehirns, d. h. bei dem sich in der Entwicklung befindenden Kind kommt es zu einer entprechenden Einschränkung emotionaler und kognitiver Synapsenschaltungen.[179] Im ungünstigsten

176 Vgl. Trube-Becker 1998, S. 44, Miller 1981.

177 Vgl. Riedesser/Fischer, S. 33 ff.

178 Blum-Maurice 2006, S. 53.

179 Vgl. Blum-Maurice 2006, S. 53-54; Plassmann 2007, S. 312

Fall werden nur eingeschränkte Teile des Gehirns synaptisch vernetzt, andere Synapsenareale werden abgeschaltet. Dabei spielen die frühen Bindungserfahrungen des Kindes eine prägende wie tragende Rolle.

> Weil sexuelle Kindesmisshandlung oft in einer für die kindliche Hirnentwicklung entscheidenden Phase stattfindet bzw. beginnt, in welcher das Gehirn durch neue Erfahrungen und Erlebnisse physisch geprägt wird, können unauslöschliche Spuren in seiner Struktur und Funktion hinterlassen werden. Anscheinend löst die Misshandlung eine Flut molekularer und neurobiologischer Wirkungen aus, die die neuronale Entwicklung unwiderruflich verändern.[180]

Sowohl das Gehirn als auch das kindliche Selbst- und Weltverständnis, welches durch die traumatische Erfahrung der innerfamiliären sexuellen Übergriffe erschüttert wird, befinden sich noch im Aufbau und in der Entwicklung. Daraus erwachsen Besonderheiten für die „Traumawirkung".[181] Jedes Gehirn, besonders das kindliche Gehirn, entwickelt sich also so, dass aus einer Unmenge von möglichen Synapsenverschaltungen vor allem diejenigen Verschaltungen ausgeprägt werden, die besonders häufig beansprucht werden. In der von einem Kind subjektiv als lebensbedrohlich erlebten Situation, sorgt dessen neurobiologisches System für eine „Notfall-Schaltung".[182] Vor allem dauerhafte Traumatisierungen, wie die innerfamiliäre sexuelle Kindesmisshandlung, führen somit langfristig zu einer Beeinträchtigung der neurobiologischen Stressreaktionen und zur Veränderung des Gehirnstoffwechsels. Die Folgen sind eine Reduktion von Gedächtnisleistungen, hohe Erregbarkeit und eine automatisierte dauerhafte Nutzung von Notfallreaktionen.[183]
Aus den emotional-psychischen und sexuellen Traumatisierungen kann sich ein breites Spektrum psychosomatischer, kognitiver und sozialer Symptomatiken herausbilden, die die Entwicklung eines Kindes immens beeinträchtigen, es in der Regel nachhaltig verstören und tiefgehende und mitunter lebenslange psychosomatische Erkrankungen und Beeinträchtigungen nachsichziehen.[184]

Insgesamt kann zusammengefasst werden, dass die Folgen bzw. die kindlichen Symptombildungen allesamt als Versuch des kindlichen „psychischen Selbst" gewertet werden, den sexuellen Übergriff einer Bindungsperson zu überleben und dienen als Kompensation und Ausgleich der traumatischen Erfahrung.[185]

180 Teicher 2002.

181 Fischer/Riedesser 2002, S. 277.

182 Krüger 2007, S. 47.

183 Vgl. Krüger 2007, S. 45-47.

184 Vgl. Fürniss 2005, S. 25 und S. 28.

185 Unmittelbar während der sexuellen Übergriffe kann es bedingt durch eine neurobiologisch-psychologische Traumareaktion, zu katastrophalen inneren Erlebnissen kommen: überwältigende Erinnerungen, extreme Gefühlsschwankungen, motorische Unruhe, extreme innere Anspannung und tiefe Abwesenheitszustände, „[...] die das Kind akut und langfristig mit sich allein ausmachen muss, wenn Hilfe ausbleibt. Und die bleibt in der Regel aus." Krüger 2007, S. 49.

Eine Kettenreaktion verschiedener stressvermittelter kindlicher Reaktions- und Verhaltensmuster wird ausgelöst und ausgebildet.[186] Die kindlichen kompensatorischen Aktivitäten bewegen sich im Rahmen der altersspezifisch kognitiven und affektiven Entwicklung.[187] Diagnostisch sind sie als „innere Richtschnur"[188] für die gesamte kindliche Lebensbewältigung zu verstehen.[189] „Die Reaktionsmuster des Körpers, der Organsysteme und Organe an sich sind die einzige Sprache, in der noch Kommunikation möglich ist."[190]

> Doch sehr viel häufiger wird das Schweigen aufrechterhalten und die Geschichte des traumatischen Ereignisses taucht nicht als Erzählung auf, sondern als Symptom.[191]

186 „Auf biologischer Ebene geschieht dies zunächst durch eine vermehrte Sekretion von Stresshormonen (Adrenalin und Noradrenalin) und anderen Botenstoffen im Gehirn, wenn die Wahrnehmungskanäle (im sog. Mandelkern, dem Feuermelder im Gehirn) in der Zusammenschau aller Sinneseindrücke extreme Bedrohung registrieren." Krüger 2007, S. 49.

187 Vgl. Fischer/Reidesser 2002, S. 277.

188 Krüger 2007, S. 45.

189 Als Syndrome der allgemeinen Psychotraumatologie oder als allgemeine psychotraumatische Belastungssyndrome werden solche Klassifikationen bezeichnet, die versuchen Symptome und Syndrome zu formulieren, die mehreren speziellen Syndromen oder vielleicht sogar allen gemeinsam sind. Hier bewegen wir uns also auf einer abstrakteren Ebene mit allen Vor- und Nachteilen weit reichender Verallgemeinerung. Dennoch scheinen sich hier einige Taxonomien herauszubilden, die für die klinische Praxis und weitere Forschung heuristisch von großer Bedeutung sein könnten. Vgl. Fischer/Riedesser 2003, S. 44. Es wird im Folgenden darauf verzichtet, Symptomlisten aufzuführen, zudem sind diese auch umstritten in ihrer Anwendbarkeit. Vgl. Krüger 2007, S. 45.

190 Plassmann 2007, S. 320.

191 Vgl. Huber 2003, S. 21.

4. Das sozialpädagogische Casemanagement bei „Verdacht auf eine innerfamiliäre sexuelle Kindesmisshandlung“ im Feld der Kinder- und Jugendhilfe

Die Abklärung eines Verdachtsfalles auf eine innerfamiliäre sexuelle Kindesmisshandlung ist eine grundlegend diagnostische Aufgabe, die sich aus der Garantenstellung der Institutionen der öffentlichen wie freien Kinder- und Jugendhilfe gegenüber dem von sexueller Misshandlung in der Familie betroffenen Kind ergibt. Im Falle einer Kindeswohlgefährdung in Form einer innerfamiliären sexuellen Kindesmisshandlung unterscheidet sich die Arbeit freier Einrichtungen nicht wesentlich von der öffentlicher Institutionen. Auch Einrichtungen der freien Trägerschaft haben einen Handlungsauftrag bei Verdacht auf eine Kindeswohlgefährdung (§8a Abs. 1 KJHG), wenngleich in letzter Konsequenz das staatliche Wächteramt (§50 Abs. 1 KJHG) durch behördliche soziale Einrichtungen verkörpert wird und den Eingriff in die Familienautonomie umzusetzen hat. Auch der Umstand, dass in jedem Beratungs-Setting oder z. B. in der Kindertherapie Verdachtsmomente einer sexuellen Kindesmisshandlung in der Familie zur Sprache kommen oder vermutet werden können, wird die in diesem Punkt grundsätzlich anders gelagerte Arbeit – beider Trägerstrukturen – nur wenig relativieren.

Primäres Handlungsziel sozialpädagogischer Abklärung und Intervention ist die Abwendung der Kindeswohlgefährdung und der Schutz des Kindes sowie die Vermeidung von Sekundärtraumatisierungen durch evtl. ungeeignete Interventionen.[192]
Erhärtet sich ein Verdacht auf eine innerfamiliäre sexuelle Kindesmisshandlung, muss diesem mit den Fachkräften der öffentlichen Kinder- und Jugendhilfe weiter nachgegangen werden. Folglich zählt zu der fachlichen Kompetenz professioneller Fachkräfte der Einrichtungen in freier Trägerschaft über die Interventionsautomatik öffentlicher Träger Bescheid zu wissen und im Interesse des Kindes zu kooperieren.
Grundsätzlich geht es erst einmal um die Einschätzung und Deutung der kindlichen Symptome und Verhaltensauffälligkeiten, die eine innerfamiliäre sexuelle

192 Vgl. Hartwig/Hensen, S. 89.

Kindesmisshandlung vermuten lassen. Im weiteren Verlauf der Diagnostik soll die Zumutbarkeit von öffentlich (rechtlichen) Eingriffen in die Privatheit der Familie abgewogen werden.

4.1 Die praxisbezogene Debatte zur sozialen Diagnose[193]

Im Zuge der Professionalisierungsdebatte über Soziale Arbeit in den letzten drei Jahrzehnten in Deutschland wurde auch über die Methode der sozialpädagogischen Diagnose fachlich und begrifflich verhandelt.[194] Erste Ansätze dafür finden sich bereits in den Zwanziger Jahren des letzten Jahrhunderts in einem der ersten methodischen Lehrbücher zum Thema „soziale Diagnosen" von Alice Salomon (1926)[195]:

> Diagnostizieren verlangt von der Fachkraft, Material zu sammeln (eigene Beobachtungen und Aussagen anderer), das beschaffte Material zu prüfen und zu vergleichen, es zu bewerten, Schlüsse zu ziehen, schließlich ein Gesamtbild zu erstellen, das erlaubt, einen Plan für die Abhilfe (Behandlung/Intervention) zu schaffen.[196]

Die Verwendung des Begriffes „Diagnose" in der Sozialpädagogik ist noch immer umstritten. Diagnostik wird nach wie vor dem medizinischen Paradigma und dem naturwissenschaftlichen Erkenntnisansatz zugerechnet und legt die Vermutung nahe, „dass Diagnostiker Wissende sind, Experten, die über einen Durchblick verfügen".[197] Dies scheint jedoch dem hermeneutischen Fallverstehen der Sozialen Arbeit diametral entgegengesetzt.[198]

4.1.1 Die psychosoziale Diagnose bei Verdacht auf eine innerfamiliäre sexuelle Kindesmisshandlung

Eine professionelle Fachkraft im Feld der Kinder- und Jugendhilfe soll sich nach §8a Abs. 1 Satz 1 SGB VIII:

193 Das griechische Wort „diagnosis" bedeutet „unterscheiden", „durch und durch erkennen". „Diagnose" wird in den Lexika gemeinhin als „Fähigkeit und Lehre" ausgewiesen, Krankheiten zu erkennen.

194 Vgl. Ader, S. 27ff.

195 Der Begriff der Diagnose hat in der Sozialen Arbeit eine lange Tradition, die auf Mary Richmond (1917) und Alice Salomon (1926) zurückgehen. M. Richmonds Social Diagnosis (1917) und A. Salomons (1926) Soziale Diagnose stellen die Pionierarbeiten zu eigenständigen Diagnoseverfahren in der Sozialarbeit dar. Ader 2006, S. 21.

196 Heiner 2005, S. 254 zitiert A. Salomon (1926).

197 Ader 2006, S. 27.

198 An diesem Punkt wird aber übersehen, dass auch eine medizinische Diagnostik mittlerweile Modelle entwickelt hat, die z. B. psychosomatische Zusammenhänge und soziale Einflussfaktoren hermeneutisch in ihre Diagnostik miteinbeziehen.

> Eine eigene, fachlich begründete Sicherheits- und Risikoeinschätzung über ein als gefährdet beschriebenes oder wahrgenommenes Kind bilden. Dazu sind multiperspektivische Informationen, die Sichtweisen der Familie, der Einbezug anderer fachlicher Disziplinen, kollegiale Beratung und Rücksprache mit dem/der Vorgesetzten notwendig.[199]

Inhaltlich ist hier zwischen einer ersten „Sicherheitseinschätzung"[200] und einer prognoseorientierten „Risikoeinschätzung" zu unterscheiden. Für die Einschätzung, ob die Sicherheit eines Kindes gegenwärtig nicht gewährleistet ist bzw. ob eine innerfamiliäre (sexuelle) Misshandlung vorliegt, wird in der internationalen Literatur der Begriff der „Sicherheitseinschätzung" (security assessment; safety assessment) verwendet.[201] Steht die Einschätzung einer Wahrscheinlichkeit von zukünftigen wiederholten Kindesmisshandlungen oder andere Gefährdungen im Mittelpunkt der Abklärung, spricht man von einer „Risikoeinschätzung" (risk assessment).[202] Risikoeinschätzungen sind eher prospektiv angelegt, während sich eine Sicherheitseinschätzung mehr auf die gegenwärtige Situation unter Zuhilfenahme vergangener Ereignisse stützt.[203]

Obwohl beide Verfahren im weiteren Sinne eine Diagnose beschreiben, differenzieren Deegener/Körner (2006)[204] grundsätzlich zwischen einer Diagnose und einem Screening, das einen raschen und häufig eher groben Auswahlprozess der Daten bzgl. der Hinweise auf eine Kindeswohlgefährdung beschreibt. Gewöhnlich bezieht sich Screening auf den ersten Eindruck und die ersten Verdachtshinweise, die gemeldet werden, und kennzeichnet den Anfang eines mehrstufigen Beurteilungsprozesses. Unter einer Diagnose versteht man dagegen einen terminalen Beschluss, der Teil des Beurteilungs- und Screeningprozesses ist. Ein terminaler Beschluss rekurriert aus einem intensiven und umfangreichen Bewertungsprozess, der gewöhnlich am Ende des gesamten Casemanagement steht.[205] Eine sozialpädagogische Verdachtsabklärung ist demnach grundsätzlich prozesshaft auf Durchblick ebenso wie auf Verständigung angewiesen.[206] Außerdem ist sie in der Regel nicht linear, nicht Schritt für Schritt lenkbar, wie dies in einem Strafverfahren möglich ist.[207]

199 Lillig 2006, F043 und F044 DVD

200 Rietmann/Hensen 2007, S. 29.

201 Rietmann/Hensen 2007, S. 29; Kindler/Lillig 2005.

202 Rietmann/Hensen 2007, S. 28.

203 Vor allem die angelsächsischen Staaten fungieren als Vorreiter bei der Entwicklung und dem Einsatz von Verfahren und Methoden zur Risikoeinschätzung. Eines der ersten in Deutschland entwickelten standardisierten Einschätzungsverfahren in Gefährdungsfällen erschien mit dem Glinder Manual von Schone et al. (1997) und dem deutschsprachig, empirisch überprüften Screeningverfahren von Deegener et. al. (2008). Vgl. Rietmann/Hensen 2007; S. 29.

204 Deegener/Körner werden von Rietmann/Hensen 2007, S. 29-30 zitiert.

205 Vgl. Rietmann/Hensen 2007, S. 30; Dewe/Otto 2001; Miller 2001

206 Vgl. Schrapper 2004, S. 11.

207 Vgl. Heiner 2005, S. 253; Rietmann/Hensen 2007, S. 33.

Eine psychosoziale Diagnostik hinsichtlich einer Kindeswohlgefährdung stellt also eher eine Mischung verschiedener diagnostischer Elemente und Bewertungsschritten dar, die zu verschiedenen Zeitpunkten im Verdachtsabklärungsprozess miteinander kombiniert werden (sollten).[208] Die verschiedenen diagnostischen Elemente gestatten, je nach Abklärungsphase und Schwere der Interventionssetzung (Anrufung des Familiengerichts, Fremdunterbringung des Kindes u. a.), zwischen den mit diesen Begriffen bezeichneten unterschiedlichen diagnostischen Strategien bewusst und begründet auszuwählen und Übergänge von der einen zur anderen Form auch gegenüber dem Klientel, zu markieren.[209]

Nicht die Wahrheitsfindung oder die Beweisführung stehen im Mittelpunkt, sondern ein diagnostischer (Aushandlungs-)Prozess mit einer terminalen Entscheidung und Arbeitshypothesenbildung: Liegt eine Kindeswohlgefährdung im Sinne einer innerfamiliären sexuellen Kindesmisshandlung vor oder nicht?
Professionelle Fachkräfte müssen in vermuteten Kindeswohlgefährdungen immer ungewisse und mehrdeutige Fallprozesse verstehen und entsprechend einordnen (können).[210] Relevante Informationen zum professionellen Durchblick sind in der Regel nur partiell verfügbar und somit bleiben Symptome oder kindliche Verhaltensauffälligkeiten (unter Umständen) undurchsichtig und begangene (fachliche) Fehler sind gegebenenfalls nicht mehr korrigierbar.

4.2 Die sozialpädagogische Verdachtsverifizierung

> Wir können nicht betrachten ohne, zu verdächtigen.[211]

Die Konfrontation mit einem innerfamiliären sexuellen Kindesmisshandlungsverdacht impliziert also anfangs die Frage, inwiefern sich die Verdachtshinweise verdichten, vielleicht auch verifizieren lassen. Es müssen Informationen – dies sind in der Regel die Verhaltensauffälligkeiten der betroffenen Kinder – gesammelt, gewichtet, bewertet und eingeordnet werden.

In dieser ersten Phase eines Verdachtsabklärungsprozesses muss die professionelle Fachkraft anhand der verfügbaren Fallinformationen zu einer klassifizierenden Entscheidung (Klassifikationsdiagnostik) gelangen:

---

208 Diese gestatten, je nach Abklärungsphase und Schwere der Interventionssetzung (Anrufung des Familiengerichts, Fremdunterbringung des Kindes u. a.), zwischen den mit diesen Begriffen bezeichneten unterschiedlichen diagnostischen Strategien bewusst und begründet auszuwählen und Übergänge von der einen zur anderen Form auch gegenüber den KlientInnen zu markieren. Vgl. Heiner 2005, S. 255.

209 Vgl. Heiner 2005, S. 255.

210 Dörner 2007, S. 58.

211 Groys 2000.

- Handelt es sich um eine innerfamiliäre sexuelle Kindesmisshandlung oder nicht?
- Wenn nicht, wie sind die Verhaltensauffälligkeiten und Symptome des Kindes ansonsten zu verstehen und einzuordnen?

Daraufhin sollte eine Arbeitshypothese entwickelt werden, um sich fachlich positionieren zu können und sich einen beruflichen Habitus anzueignen, im Sinne einer professionellen Haltung, die es erlaubt im weiteren Casemanagement stringent vorzugehen.[212]
Im Prozess der Einschätzung, Verdacht ja oder nein, geht es zusätzlich immer auch um eine Prognose der weiteren Entwicklung des Kindes. Dies erfordert eine Entscheidung darüber, welche Interventionen der Kindeswohlgefährdung am nachhaltigsten abhelfen und die gesunde (Weiter-)Entwicklung des Kindes ermöglichen. Diese fachlichen Einzelfallentscheidungen basieren auf der Grundlage des verfügbaren Professionswissen zur Bewertung und Gewichtung der Verdachtshinweise durch Fachkräfte im Feld der Kinder- und Jugendhilfe.

4.2.1 Zur Phänomenologie des Fallkontextes „Verdacht"[213]

> Professionelle Einschätzungen in Verdachtsfällen unterliegen Bedingungen
> der unvollständigen Information, der Dringlichkeit
> und der (möglichen) moralisch fachlichen Fehlbarkeit.[214]

Verdachtsfälle (innerfamiliärer sexueller Kindesmisshandlung) sind vielschichtig und intransparent.[215] Ein komplexer, vieldeutiger und oft diffuser Fallkontext ist der Normalfall, da die Trennung zwischen krisenhaften Problemlagen in der Familie und einem sexuellen Kindesmisshandlungskontext nicht immer sofort anhand der Verhaltensauffälligkeiten eines Kindes vorgenommen werden kann. Im klassischen Sinn der sozialpädagogischen Einzelfallarbeit stellen Verdachtsfälle demnach auch keine Abgeschlossenheit an sich dar, es bleibt in der Regel etwas offen. Ein Verdacht ist eben nicht Gewissheit (im Sinne von 100 %) und birgt immer die Option und das Risiko „Unrecht zu tun".[216] Es herrscht eine gewisse

212 Vgl. Kelle 1994, S. 97; Ansen 2006, S. 54.

213 Für die vorliegende Arbeit wurde „Verdacht" im Vorfeld des Forschungsprozesses als eine unbewiesene, vage, begründete oder erhärtete Vermutung definiert. Ausschlaggebend war das Nichtvorhandensein einer Strafanzeige bzw. eine fehlende rechtskräftige Verurteilung des Misshandelnden/der Misshandelnden durch strafrechtlich gesicherte Beweise einer innerfamiliären Kindesmisshandlung. D. h. Fälle, die aufgrund von Verhaltensauffälligkeiten, Aussagen von Kindern oder anderen Meldungen, z. B von professionellen Fachkräften und/oder anderen Bezugspersonen daraufhin deuten können, dass ein Kind innerfamiliär sexuelle Gewalterfahrungen gemacht hat oder aktuell macht.

214 Ansen 2006, S. 64.

215 Vgl. Wolff 2007.

216 Heiliger 2000, Fegert u.a. 2001; Heusohn/Klemm 1998; Breitenbach 1993; Roth 1997.

professionelle Ungewissheit bei dem Versuch, Verdachtshinweise zu verdichten bzw. zu verifizieren, die bei allen am Fallbeteiligten erst einmal, und oft über eine längere Zeit hinweg, andauert.[217] Es bleibt eine Intransparenz der Situation, eine „Milchglasscheibe"[218] im Casemanagement.
Dass Verdacht ein „Phänomen mehrfacher Kontingenz"[219] ist, liegt in der Natur der Sache und mit einem diagnostischen Wissen von richtig und falsch oder, wenn A, dann folgt B, dann folgt C, kommt man hier nicht weit. Professionelle müssen in der Lage sein, bei nur begrenzten Einblicken in die Familien und in die (sexuelle) Gewaltsituation, vielschichtige Zusammenhänge und Wechselwirkungen verstrickter häuslicher Gewaltbindungen mit sexuell übergriffigen Tatmomenten an Kindern zu verstehen, um sich auf dieser Grundlage überhaupt ein Bild von der sexuellen Misshandlung des Kindes in der Familie machen zu können. Ein Gesamteindruck sollte sich bilden, der es erlaubt, geeignete Strategien zur Gewährleistung des individuellen Kindeswohls und zur Einleitung des Kinderschutzes zu entwickeln.

4.2.2 Die sozialpädagogische Einschätzung und Bewertung kindlicher Symptome

> Professionelle müssen fachliches Wissen anwenden,
> ihre sinnrekonstruierenden und hermeneutischen Kompetenzen
> bezüglich der Verhaltensauffälligkeiten von Kindern einsetzen.[220]

Die Symptome im Verhalten des Kindes sind fast immer die einzigen Hinweiszeichen für abklärende Fachkräfte der Kinder- und Jugendhilfe. Symptome treten auf der körperlichen, psychosomatischen und psychiatrischen Ebene in Erscheinung. Gerade bei sexueller Kindesmisshandlung innerhalb der Familie vermitteln sich aufgrund der Überlagerungen mit pathologischen Beziehungs- und Bindungsmustern die kindlichen Symptome nur sehr verworren und bisweilen widersprüchlich, da Kinder im Allgemeinen „auf spezifische Ereignisse unspezifisch reagieren".[221]

Eine sozialpädagogische Einschätzung kindlicher Symptome ist selbstverständlich und einfach formuliert. Es bedarf einer ausführlichen fachlichen Auseinandersetzung mit den kindlichen Verhaltensauffälligkeiten wie Symptomatiken, seinem Entwicklungsstand und den familiären Verhältnissen. Dies würde zunächst bedeuten, die Symptome des Kindes unter psychotraumatologischen Gesichtspunkten wahrzunehmen und einzuordnen (Punkt 3.1.4). Auf der anderen Seite ist eine ausführ-

217 Heiliger 2000, Heusohn/Klemm 1998, Breitenbach 1993; Roth 1997; Fegert u. a. 2001.

218 Dörner 2007, S. 94; Hartung 2000, S. 54.

219 Vgl. Wolff 2007.

220 Helsper 1996, S. 529; Schrapper 2004, S. 23.

221 Rietmann/Hensen 2007, S. 25.

liche Auseinandersetzung der intervenierenden Fachkräfte mit deliktimmanenten Strukturen, familiären Psychodynamiken und deren bindungstraumatischen Folgen für Kinder notwendig. Hier muss es in der Einschätzung und Bewertung der kindlichen Auffälligkeiten darum gehen, dass die gezeigten Symptome als traumakompensatorische Bemühungen des Kindes zu verstehen sind, und nicht darum, Abweichungen von einem kindlichen Normverhalten zu behandeln oder Symptome zu sanktionieren, die bestenfalls als störend eingeordnet werden und dann in ihrer ursächlichen Bedingung unverstanden bleiben.

Professionelles Diagnostizieren richtet sich demnach auf das Erkennen einer Kindeswohlgefährdung, dessen deliktimmanente Dynamiken, Auswirkungen bzw. Folgen für betroffene Kinder und deren unspezifische und traumakompensatorische Reaktionen und Bemühungen.
Diagnostiziert eine professionelle Fachkraft im Feld der Kinder- und Jugendhilfe eine Kindeswohlgefährdung, so ist sie gezwungen, einen terminalen Beschluss (Wahrnehmung des Wächteramts und Anrufung des Familiengerichts) vorzubereiten und dies unmissverständlich anzukündigen, auch gegenüber der betreffenden Familie.
Interpretiert die Fachkraft keinen unmittelbaren Handlungsbedarf, wird weiterhin explorierend vorgegangen und terminale Beschlüsse, wie der staatliche Eingriff in die Elternautonomie (Punkt 2.1.1.2) werden vermieden bzw. zeitlich verschoben.[222]

Investigativ werden eventuell zusätzlich Informationen gesammelt oder anderweitig mit dem Casemanagement fachlich umgegangen.

4.3 Zusammenfassung

Ein erster Verdacht auf eine innerfamiliäre sexuelle Kindesmisshandlung wird oft aufgrund von auffälligen Verhaltensweisen eines Kindes, die befremdlich sind, oder plötzlicher Verhaltensänderungen des Kindes, gehegt. Auch können Bemerkungen und Äußerungen des Kindes Irritationen auslösen. Bislang gibt es keine eindeutige Festlegung von Symptomatiken, die den zweifelsfreien Rückschluss auf ein sexuelles Misshandlungsgeschehen zulässt. Viele der (Verhaltens-)Auffälligkeiten von Kindern sind unspezifisch und können ebenso gut auch Hinweis auf andere Belastungen eines Kindes sein.
Im Interventionsfeld der freien wie öffentlichen Kinder- und Jugendhilfe greifen Professionelle diagnostisch und handelnd in Familien ein, wenn eine Kindeswohlgefährdung vermutet wird. Dabei kommt es natürlich im Abklärungsprozess zu Situationen, die keine vorgefertigten Lösungen zulassen. Über das Anwenden

222 Vgl. Ebd., S. 25.

professionellen Wissens muss eine fachliche Einschätzung zu Verdachtshinweisen erfolgen, und unter Umständen eine fachliche Stellungnahme an das Familiengericht nachsichziehen. Wie in einem solchen, den Berufsethos und professionelle diagnostische Kompetenzen unmittelbar berührenden Fallkontext Verdacht auf innerfamiliäre sexuelle Kindesmisshandlung zu entscheiden ist, hat letztlich die zum Handeln aufgeforderte Fachkraft zu entscheiden und zu verantworten.

Im Grunde verlangt die Abklärung eines sexuellen Kindesmisshandlungsverdachts eine umfassende professionelle Kompetenz, da die kindlichen Verhaltensauffälligkeiten in der Regel nicht eindeutig spezifizierbar sind und kindzentrierte umfassende Diagnosekonzepte erfordern. Fakten sammeln ist ein Teil der notwendigen Arbeit. Entscheidender aber ist deren Bewertung und die damit verbundene Frage, wie Fachkräfte zu ihren fachlichen Beurteilungen und Entscheidungen gelangen. Im Fallkontext „Verdacht" gibt es keine eindeutigen, sichtbaren Ursache-Wirkung-Zusammenhänge, keine vorgegebenen Lösungen für bestehende Dynamiken und keine allseits anerkannten Regeln und Maßstäbe, die Fachkräfte in ihrer Entscheidungsfindung anleiten. Auch wenn es das Ziel professioneller Anstrengungen sein muss, Problembeschreibungen und Handlungsbegründungen möglichst plausibel und intersubjektiv nachvollziehbar vorzunehmen und diagnostische Schritte für diese Aufgabe zu setzen, bleiben sozialpädagogische Beurteilungen oder Diagnosen immer prozesshaft, personenbezogen und Kindeswohlgefährdungen bleiben schwer objektivierbar bzw. verifizierbar. Durch die Komplexität einer Familiendynamik kann es sich auch bei offenkundigen Verhaltensauffälligkeiten als schwierig erweisen, kindliche Beeinträchtigungen und sichtbare Belastungen von Kindern angemessen einzuschätzen und zu bewerten. Insofern ist gerade bei der sexuellen Kindesmisshandlung eine definitive Entscheidung zu einem bestimmten Zeitpunkt (z. B. Inobhutnahme des Kindes), also ein akuter Handlungsbedarf, oft nicht gegeben.[223]

Objektiv fachliche Einschätzungen gibt es nicht: Jede sozialpädagogische Einschätzung ist auch eine personenabhängige Bewertung von Informationen und Fakten, die geprägt ist von individuellen Wert- und Normvorstellungen, von subjektiven Wahrnehmungen, von eigenen psychischen Befindlichkeiten und von der eigenen persönlichen und beruflichen Biografie etc.. Hier gilt es, die Diagnostik über rein subjektive Beliebigkeiten hinauszuführen.[224]

Mit den beschriebenen rechtlichen wie diagnostischen Dilemmata sind alle Professionellen im Feld der Kinder- und Jugendhilfe, unabhängig von Motivation und Kompetenzen, im Casemanagement der Verdachtsabklärung einer innerfamiliären sexuellen Kindesmisshandlung konfrontiert. Die Handlungsdilemmata sind auf un-

223 Vgl. Rietmann/Hensen 2007, S. 31.

224 Vgl. Rietmann/Hensen 2007, S. 28.

terschiedlichen Ebenen angesiedelt. Allgemein auf dem rechtlichen und sozialpädagogischen Strukturierungsprinzip „Hilfe und Kontrolle“ und auf der kommunikativen Ebene der vielfältigen sozialpädagogischen Interaktionen, und speziell auf der Helfer-Familien-Beziehung, die auf Partizipation und Reziprozität fußt und sich dort aufbauen.[225] Hier ist professionelles Handeln meist unter einen praktischen Handlungsdruck und Entscheidungszwang gestellt und unterliegt zugleich einer prinzipiell einzufordernden Begründungs- und Legitimationsverpflichtung der abklärenden Professionellen.[226] Fallbearbeitungen im Feld der Kinder- und Jugendhilfe funktionieren nicht nach dem Muster einer Geschäftsbeziehung mit sachlichen Argumentationen, sondern in einer Art „Solidaritätsbeziehung“[227] mit Reziprozitätsanspruch. Hier sinkt die Möglichkeit standardisiert und rational zu diagnostizieren und zu handeln. Professionelle Fachkräfte müssen auch in Verdachtsfällen, die oft verzwickt, unstrukturiert, komplex und intransparent sind, „personennah“[228] agieren und beraten. Es wird implizit gefordert, „sich bestmöglich persönlich einzubringen und doch professionelle Distanz zu wahren“[229] und diese idealtypische Logik einer Professionellen-Klient-Interaktion unter Umständen auch bei Verdacht auf eine Kindeswohlgefährdung zu wahren.[230] Der Professionelle muss professionsinternes Wissen und Verfahrensstrategien (Diagnose) nutzen, darf jedoch gleichzeitig die Regeln und Voraussetzungen der sozialpädagogischen Kommunikation nicht verletzen. Dieser Widerspruch, diese sogar paradoxe Intervention und deren Handhabung, ist dem Professionellen überlassen bzw. wird ihm automatisch aufgebürdet.[231] Soziale Arbeit ist, wie jede Humandienstleistung auf die Kooperationsbereitschaft des Klientel, ihre Motivation und ihr Vertrauen angewiesen. Entsprechend aushandlungsorientiert und dialogisch ist das sozialpädagogische Selbstverständnis.

Das rechtliche Doppelmandat „Hilfe und Kontrolle“ sowie das sozialpädagogische Selbstverständnis einer reziproken Klientenbeziehung wirken auf eine Potenzierung fachlicher Probleme hin und werden auf die Spitze getrieben. Vielleicht ist es sogar eine professionelle „Falle“,[232] wenn man den sozialpädagogischen Kinderschutzcharakter im Mantel des Wächteramtes ernstnehmen und nicht nur als „way of talking“[233] verstehen möchte.

225 Vgl. Gildemeister 1983, S. 67.
226 Vgl. Helsper 1996, S. 529.
227 Merten/Olk 1996, S. 573.
228 Gildemeister 1993, S. 8; Thiersch 2006, S. 211.
229 Gildemeister 1993 S. 9.
230 Vgl. Combe/Helsper 1996, S. 13–14.
231 Vgl. Gildemeister 1983, S. 70.
232 Gildemeister 1993, S. 9.
233 Hörster/Müller 1996, S. 616.

Teil II

Forschungskonzeption

1. Qualitativ rekonstruktive Sozialarbeitsforschung[234] und ihr Erkenntnisinteresse

Der in Teil I vorgestellte Forschungshintergrund bzw. die analytische Annäherung an die komplexe Thematik der professionellen Verdachtsabklärung einer Kindeswohlgefährdung, wie der innerfamiliären sexuellen Kindesmisshandlung im Feld der Kinder- und Jugendhilfe, wird im Folgenden methodologisch entfaltet.

Das „situative wie ursächliche Verstehen“[235] des sozialpädagogischen Casemanagement bei Verdacht auf innerfamiliäre sexuelle Kindesmisshandlung in der Familie und die Rekonstruktion der Interpretationen und Interventionen im beruflichen Alltag der abklärenden Professionellen benötigte die Entwicklung eines qualitativen Forschungsdesigns. In der Datenauswertung wurde methodisch im Forschungsstil der *Grounded Theory*[236] vorgegangen, da dieser Forschungsstil eine Bandbreite an Techniken und Leitlinien verfolgt und fordert, die einer qualitativ rekonstruktiven Sozialarbeitsforschung sowohl die notwendige Strenge abverlangt als auch einen unbekannten Forschungsgegenstand ergründen, verstehen und erklären kann.
Sozialarbeitsforschung, die auf die Generierung einer Feldtheorie abzielt, ist auf Methodologien empirisch begründeter Theoriekonstruktion angewiesen und muss dem zu untersuchenden Problem in angemessener[237] Weise methodisch gerecht werden.

234 Qualitative Sozialforschung kann auf eine lange Tradition zurückblicken und erlebt seit den Sechziger Jahren in den USA und seit den Siebziger Jahren im deutschsprachigen Raum eine kontinuierliche Weiterentwicklung. Vgl. Friebertshäuse/Prengel 1997, S. 13 und S. 31; Flick/von Kardorff/Steinke 2007, S. 13; Urban 2004, S. 78.

235 Friebertshäuser/Prengel 1997, S. 14.

236 Ader 200,5 S. 64; Kelle 1994, S. 31; Strauss 1998, S. 33.

237 Im qualitativen Forschungskontext verweist das Wort „angemessen“ auf den wissenschaftlichen Anspruch, dass diese Beschreibungen und Analysen sich von der Lebenswirklichkeit des Gegenstands leiten lassen sollten. Vgl. Friebertshäuser/Prengel 1997, S. 194.

Grundlage dieses Forschungsstils sind qualitative Datenerhebungsverfahren und kategorienbildende Auswertungsmethoden.[238] Corbin/Strauss (1996) und Strauss (1998) verstehen die komparative Analyse und Vergleichsgruppenbildung als das Verfahren der Theoriegenerierung *par excellence*.[239]

Die vorliegende Arbeit lässt sich grundlegend einer empirischen Sozialarbeitsforschung zuordnen, die als „Newcomer"[240] in den qualitativen Sozialwissenschaften gilt. Qualitativ empirische Sozialarbeitsforschung hat den Anspruch – wie alle qualitativen Sozialwissenschaften – unverständliche (soziale) Fallprozesse „von innen heraus zu erkunden und einen tieferen Einblick in die Sicht der Forschungsprobanden zu erhalten."[241] Mühlum konstatiert, dass Fachkräfte der Sozialen Arbeit als Experten in eigener Sache innerhalb der Forschung (noch) ernster genommen werden müssten. Um einer alltagsnahen Sozialarbeitsforschung gerecht zu werden, sollten die „in Institutionen arbeitenden Fachkräfte in Bezug auf einen spezifischen Fallkontext"[242] gezielter in den Blick genommen werden. Sozialarbeitsforschung übernimmt hier eine „wichtige Brückenfunktion zwischen Wissenschaft und Praxis",[243] in dem sie über das Erkennen der feldspezifischen Deutungs- und Handlungsweisen und deren wissenschaftlichen Fundierung auf die spezifischen Problematiken eines Arbeitsfeldes hinweisen kann. Die Analyse der Praxis und deren Veränderungsmöglichkeiten im Sinne von Korrekturen im professionellen Intervenieren werden hier zu den zwei forschungsleitenden Prämissen. Mühlum und Ader postulieren eine fruchtbare Verknüpfung eines Theorie-Praxis-Verhältnisses und, dass „die gegenseitigen Anschlüsse erhellend und verändernd wirken [können]."[244] Im Bereich der sexuellen Gewalt gegen Kinder in ihrem familiären Umfeld kann dies positive Rückkoppelungsschleifen und Innovationspotenziale zum Erkennen von systemimmanenten Fehlern und Unzulänglichkeiten im professionellen Handeln hervorbringen.

238 Vgl. Kelle 1994, S. 107 und S. 18.

239 Strauss 1998 S. 33; vgl. Bohnsack 2000, S. 192.

240 Sozialarbeitswissenschaft als Leitbegriff einer Sozialarbeitsforschung etablierte sich in den Neunziger Jahren an den Fachhochschulen für Soziale Arbeit, konnte sich jedoch in der Praxis bisher noch nicht wirklich durchsetzen. Vgl. Mühlum 2007.

241 Roth 1997, S. 160.

242 Flick/von Kardorff/Steinke (Hrsg.) 2007, S. 17; Ader 2006, S. 53; Urban 2004, S. 78.

243 Vgl. Schone 1995, S. 13.

244 Heitmeyer/Schröttle 2006, S. 19; Ader 2006, S. 53.

2. Zum aktuellen Forschungsstand

Mit ihrer Expertise zum sechsten Jugendbericht waren Kavemann/Lohstöter die ersten, die eine arbeitsfeld- und angebotsbezogene Kinder- und Jugendhilfeforschung mittels Aktenstudien und Interviews durchführten. Sie ließen die von sexueller Gewalt betroffenen Frauen und Mädchen zu Wort kommen und befragten sie nach ihren Erfahrungen mit sozialen Institutionen, z. B. den Jugendämtern. Auf ähnliche Weise haben Hartwig, Harbeck/Schade und Burger/ Reiter Mädchen, die in Heimen lebten, zu ihren institutionellen Kontakten und Erfahrungen interviewt.[245] Roth nahm die Geschichte einer von sexueller Gewalt betroffenen jungen Frau zum Anlass, um die Wahrnehmungs-, Deutungs- und Handlungsmuster professioneller Fachkräfte in den beteiligten Institutionen zu analysieren. Weitere vorhandene Untersuchungen blieben in ihrer konzeptionellen Anlage hauptsächlich auf der Ebene institutioneller Angebote und lieferten eine Bestandsaufnahme der Hilfsangebote sozialer Einrichtungen, die mit der Problematik der (innerfamiliären) sexuellen Kindesmisshandlung fachlich befasst sind. Die empirischen Erhebungen erfolgten meist anhand standardisierter Fragebögen und der Fokus richtete sich darauf, wie die Professionellen die Erfahrungen ihrer Klienten einschätzten. Sie erfassten Wissen bzgl. der Art und Zusammensetzung der KlientInnengruppen und erforschten zu welchem Angebot diese wie und wann Zugang finden. Dadurch konnten zu Zugangsbarrieren oder institutionellen Ausgrenzungsmechanismen Schlüsse gezogen und Erkenntnisse gewonnen werden.

245 In der von Hartwig durchgeführten Untersuchung wurden auch qualitative Interviews mit Professionellen geführt. Die Gegenstände der Interviews waren die Erfahrungen der Professionellen mit den Problemlagen der betroffenen Mädchen. Die Problemlagen der Professionellen selbst, ihre Wahrnehmungs-, Deutungs- und Handlungsweisen, ihr Kenntnisstand und ihre Einstellung zur Problematik standen nicht im Vordergrund und wurden als solche auch nicht qualitativ erhoben. Harbeck/Schade stützten sich ausschließlich auf die Befragung von Institutionen sowie auf die Problemeinschätzung und die Praxiserfahrungen von professionellen Fachkräften. Dabei handelt es sich häufig um regional begrenzte Studien mit schriftlichen Befragungen. Burger/Reiter haben bundesweit 326 Einrichtungen der Jugendhilfe – darunter 78 Jugendämter – zum Stellenwert der Problematik sexueller Gewalterfahrungen in ihrer Arbeit befragt und auf dieser Grundlage Empfehlungen für eine weitergehende Qualifizierung der Jugendhilfe entwickelt. Vgl. Roth 1997, die im Rahmen ihrer eigenen Studie einige Untersuchungen gesichtet, zusammengetragen und bewertet hat, z. B. Kavemann/Lohstöter 1985, Günther u.a. 1993, Enders 1989 und Koppelin 1990 in Nordrhein Westfalen, Rust 1991 in Hamburg, Hartwig/Weber 1991 in Köln, Burger/Reiter 1993, Krieger und Fath 1995, Weber/Rohleder 1995, Schäfter/Hocke 1995.

Drei aktuelle Untersuchungen flankieren das vorliegende wissenschaftliche Erkenntnisinteresse an sozialpädagogischen Interventionsprozessen. Fegert u. a. untersuchten in einem breit angelegten Forschungsprojekt, wie das gesamte institutionelle Spektrum (strafrechtliche, familien- und vormundschaftsrechtliche sowie psychosoziale Instanzen) in strafrechtlich gesicherten Fällen der sexuellen Kindesmisshandlung zusammenarbeitet und welche Einflussgrößen das institutionelle Handeln bestimmen. Gefragt wurde nach den Konsequenzen, die professionelle Interventionen für das individuelle Kindeswohl haben, und wie die institutionellen Reaktionsweisen von betroffenen Kindern und anderen Familienmitgliedern empfunden und bewertet werden. Die qualitativen Befragungen, hauptsächlich mit standardisierten Fragebögen, ergaben, dass implizite und explizite Normen und Regeln des jeweiligen Berufsfeldes und der einzelnen Berufsidentitäten eine führende Rolle im Beratungs- und Interventionsprozess einnehmen. Sie haben Einfluss auf die Fallsteuerung und sind von zentraler Bedeutung für die Umsetzung des Kinderschutzes und des Kindeswohls.[246] Kritisiert wurde, dass eine fachliche Differenzierung zwischen sog. Verdachtsfällen und gesicherten sexuellen Kindesmisshandlungsfällen im gesamten institutionellen Spektrum fehlte.[247]

Urban widmete sich dem professionellen Handeln am Beispiel der individuellen Hilfeplanung als einem Kernprozess im Jugendamt. Sie zeigte auf, wie sozialpädagogische Fachkräfte des Allgemeinen Sozialen Dienstes (ASD) die Widersprüchlichkeit von „Hilfe und Kontrolle“ in ihrem beruflichen Alltag bewältigen. Anhand von narrativen Interviews mit Fachkräften des ASD wurde darin die individuelle Interpretation der Helfer-Klient-Beziehung, die Gestaltung der Entscheidungsfindung, der Umgang mit dem Doppelmandat von „Hilfe und Kontrolle“ und das verkörperte berufliche Selbstkonzept der Professionellen analysiert.

Eine weitere wissenschaftliche Untersuchung zu Kernprozessen der Sozialen Arbeit von Ader hat sich mit einer (allgemeinen) Hilfeplanung nach §36 KJHG auseinandergesetzt. Gegenstand der Dissertation waren die Formen und Prozesse des sozialpädagogischen Fallverstehens und der Diagnostik in der Kinder- und Jugendhilfe. Wahrnehmungs-, Deutungs- und Handlungsroutinen sozialpädagogischer Fachkräfte wurden hinsichtlich ihrer Abhängigkeit zu einer spezifischen Eingebundenheit in die jeweiligen sozialen Institutionen sowie in Bezug auf ihre Bedeutung für die Falldynamik und dem Casemanagement analysiert. Aus den Erkenntnissen der Fallrekonstruktionen wurden zum einen Risikofaktoren professioneller Arbeitsweisen und Hilfestrukturen gefolgert und zum anderen konzeptionelle, methodische und organisatorische Anforderungen an ein qualifiziertes (Fall-) Verstehen im Hilfeplanverfahren entwickelt.

246 Vgl. Fegert u. a., 2001, S. 214.

247 Familien- und Vormundschaftsrichter, Vertreter der Strafverfolgungsbehörden, Vertreter der psychosozialen Versorgungseinrichtungen. Vgl. Fegert 2001, S. 51.

Erkenntnisse aus den genannten Untersuchungen, dass sozialpädagogische Hilfesysteme und ihre Fachkräfte maßgeblich Fallverläufe beeinflussen und steuern, sind nicht neu. Die drei aufgeführten Studien zeigen zwar institutionelle wie fachliche Dilemmata sozialpädagogischen Handelns auf, die Untersuchungen bleiben jedoch auf einer allgemeinen und eher theoretischen Ebene. Das theoretisch-analytische Wissen über die strukturelle Widersprüchlichkeit Sozialer Arbeit und Defizite im sozialpädagogischen Handeln ist jedoch noch nicht ausreichend durchdacht und untersucht worden. Wichtig war zu erfahren, was für Konsequenzen dies langfristig für professionelles Handeln in den jeweiligen Interventionsfeldern mit ihren spezifischen Fallkontexten haben könnte. Man beschäftigt sich bislang, um es zugespitzt zu formulieren, mit einer Weiterentwicklung der Programmatik, ohne dass die Frage nach der tatsächlichen Alltagsrealität sozialpädagogischen Handelns mit seinen Widersprüchen innerhalb des besonderen Berufsfeldes der Kinder- und Jugendhilfe in Bezug auf einen spezifischen Fallkontext auch nur im Ansatz befriedigend beantwortet ist. Es fehlt nach wie vor qualitativ erhobenes empirisches Wissen über die Art und die spezifische Verteilung der Schwierigkeiten und Konflikte in „besonderen“ Fallkontexten der Sozialen Arbeit. Es mangelt ferner an einer professionsausgerichteten und methodischen Orientierung, die dem Berufsalltag der Fachkräfte die gleiche Sensibilität entgegenbringt, wie dies in der Forschung über Opfer von sexueller Gewalt geschieht.

Eine auf sozialpädagogische Kernprozesse bezogene Kinder- und Jugendhilfeforschung, die nach arbeitsfeldspezifischen Abklärungs- und Diagnoseprozessen fragt, lässt sich bislang selten feststellen und hat in Deutschland nahezu keine Tradition.[248] Qualitativ empirische Forschung zu professionellen Interventionsprozessen und deren spezifischen Wirkmechanismen im Feld der Kinder- und Jugendhilfe fehlt.[249] Die differenzierte Rekonstruktion von subjektiven Deutungs- und Handlungsmustern, implizite wie explizite Professionsrelevanzen, Handlungsdynamiken und ihre Wirkmechanismen im Casemanagement Verdachtsabklärung der innerfamiliären sexuellen Kindesmisshandlung ist bislang unerforscht geblieben.[250] Die vorliegende Arbeit setzt an diesem Defizit sozialarbeitswissenschaftlicher Forschung und Theoriebildung an.

248 Vgl. Nestmann/Sickendiek 2005, S. 150.

249 Wenn bisher psychosoziale Interventionen in ihrer Qualität untersucht, erforscht oder evaluiert wurden, dann handelte es sich primär um Psychotherapieforschung vgl. Nestmann/Sickendiek 2005, S. 149.

250 Vgl. Fegert u.a. 2001, S. 32; Mayring 1999, S. 38.

2.1 Konkretisierung der Forschungsfrage

Die anfängliche Fragestellung der Untersuchung war:

Warum bleiben im Feld der Kinder- und Jugendhilfe Verdachtsfälle der innerfamiliären sexuellen Kindesmisshandlung so häufig Verdachtsfälle? Hieraus fokussierte sich die Frage:
Wie erleben und bewältigen professionelle Fachkräfte der öffentlichen und freien Kinder- und Jugendhilfe das Casemanagement bei Verdacht auf innerfamiliäre sexuelle Kindesmisshandlung und welche expliziten und impliziten Relevanzen im Abklärungsprozess können benannt werden?

Hier war primär die Frage entscheidend, ob und inwiefern sich das professionelle Selbstverständnis im Fallkontext „Verdacht" auf die Problemlösungsstrategien der Professionellen für eine erfolgreiche Abklärung eines Verdachts auf innerfamiliäre sexuelle Kindesmisshandlung förderlich oder womöglich hinderlich auswirkt.

Infolgedessen entstand ausgehend von den feldbezogenen Erkenntnissen – aus der empirischen Phase resultierend – ein theoretisches Forschungsinteresse:

- Welche Interpretations- und Interventionstheorien konstruieren Professionelle im Feld der Kinder- und Jugendhilfe im Casemanagement bei einer vermuteten innerfamiliären sexuellen Kindesmisshandlung?

Von zentraler Bedeutung war hierbei die Rekonstruktion der aus der Alltagspraxis generierten Deutungsmuster und Handlungsroutinen der abklärenden Professionellen.

3. Zur qualitativen Datenerhebung

Es gilt als methodologische Frage innerhalb der qualitativen Sozialarbeitsforschung, wie ein komplexer Gegenstandsbereich angemessen zu vereinfachen ist, sodass er in eine Forschungspragmatik übersetzt und damit untersucht werden kann.[251]

Experteninterviews, hier vorliegend in Form von Professionelleninterviews, liefern unentbehrliche Daten für die Generierung einer Interventionstheorie im Feld der Kinder- und Jugendhilfe.[252] Sie spiegeln die institutionalisierte Alltagspraxis im beruflichen Umgang mit der Problematik Verdachtsfälle wider und stellen Informationen über die „Kontextbedingungen des Handelns"[253] zur Verfügung. Grundlegend ist hier die Erfassung von praxisgesättigtem Wissen, das Know how derjenigen, die Handlungsroutinen und -relevanzen im Casemanagement bei Verdacht auf innerfamiliäre sexuelle Kindesmisshandlung beruflich verkörpern und damit reproduzieren können.

3.1 Die Untersuchungsgruppe in ihren Institutionen[254]

> Es müssen die Personen gefunden werden,
> die im Hinblick auf die aufgeworfenen Fragen
> am meisten beitragen können.[255]

---

251 Vgl. Friebertshäuser/Prengel 1997, S. 194.

252 Vgl. Roth 1997, S. 160.

253 Meuser/Nagel 1991 S. 444; Roth 1997, S. 161.

254 Im Forschungsstil der Grounded Theory wird die Stichprobenauswahl vorgeschlagen, um die Genauigkeit des Forschungsergebnisses zu überprüfen. Das theoretische Sampling impliziert ein kumulatives Vorgehen. Zunächst werden eine oder mehrere Untersuchungseinheiten analysiert; auf der Grundlage der so gewonnenen Ergebnisse bzw. Vermutungen, Ideen oder Konzepte wird nach weiteren Einheiten bzw. „Fällen" gesucht, die geeignet sein könnten, die bisherigen Ergebnisse zu bestätigen, zu kontrollieren, zu modifizieren, zu erweitern oder zu relativieren. Die Stichprobe wird nicht vor Beginn der Untersuchung definiert, sondern im Prozess der Theorieentwicklung erweitert. Weitere Stichproben werden in Abhängigkeit vom jeweiligen Stand der Theorieentwicklung ausgewählt. Dieses vorgeschlagene Verfahren wurde vorliegend nicht gewählt. Das lag zum einen an der Unbekanntheit des Untersuchungsgegenstandes, zum anderen sollte eine homogene – in Bezug auf Berufserfahrung, Institutionelle Anbindung und Professionszugehörigkeit – Untersuchungsgruppe rekurriert werden. Die Vergleichbarkeit der einzelnen Untersuchungsmitglieder war ausschlaggebend. Vgl. Strauss 1998, S. 148.

255 Vgl. Kauffmann 1999, S. 63.

Von Interesse für die vorliegende Untersuchung war die Erfassung von berufserfahrenen Professionellen, die in den Institutionszusammenhängen der öffentlichen wie freien Trägerschaft der Sozialen Arbeit tätig sind. In zwei bayerischen Großstädten wurde gezielt der Kontakt zu Fachkräften geknüpft, die zum Thema „sexuelle Kindesmisshandlung" einen interdisziplinären Arbeitskreis ins Leben gerufen haben.[256]

3.1.1 Die Empirie

Die gewonnene Zielgruppe (n = 13) kann als homogen eingeordnet werden, sowohl in Bezug auf die Professionszugehörigkeit (acht Diplom-Sozialpädagoginnen (FH) und drei Diplom-Sozialpädagogen (FH), eine Diplom-Psychologin und eine Magisterpädagogin) als auch bzgl. der institutionellen Ein- und Anbindung (fünf Frauen, zwei Männer der öffentlichen und vier Frauen, zwei Männer der freien Kinder- und Jugendhilfe). Das Durchschnittsalter (44 Jahre) und der Berufserfahrungsmedian (14,5 Jahre) zeigen, dass es – entsprechend der Erkenntnisintention einer rekonstruktiven Sozialarbeitsforschung – von Vorteil ist, eine ausreichend berufserfahrene Professionsgruppe für eine qualitative Studie zu gewinnen. Damit können Effekte, welche auf z. B. Unerfahrenheit von Berufsanfängern zurückzuführen sind, ausgeschlossen werden.

Die folgende Abbildung gibt einen Überblick über die Untersuchungsgruppe.

Probanden	Profession	Berufserfahrung	Institution	Fallzahlen
Interview 1, m, 46 Jahre	Diplom-Sozialpädagoge(FH) *	13 Jahre	Freier Träger	300 **
Interview 2, w, 41 Jahre	Diplom-Sozialpädagogin(FH)	12 Jahre	Freier Träger	100 **
Interview 3, m, 32 Jahre	Diplom-Sozialpädagoge(FH)	6 Jahre	Freier Träger	50 **
Interview 4, w, 43 Jahre	Diplom-Sozialpädagogin(FH)	12 Jahre	Freier Träger	24 ***
Interview 5, w, 40 Jahre	Magisterpädagogin *	14 Jahre	Freier Träger	270 **
Interview 6, m, 54 Jahre	Diplom-Sozialpädagoge(FH) *	26 Jahre	Freier Träger	300 **
Interview 7, w, 46 Jahre	Diplom-Sozialpädagogin(FH) *	13 Jahre	Behörde	5–10 ***
Interview 8, m, 47 Jahre	Diplom-Sozialpädagoge(FH)	15 Jahre	Behörde	120-150 **
Interview 9, w, 39 Jahre	Diplom-Sozialpädagogin(FH)	9 Jahre	Behörde	10 ***
Interview 10, w, 52 Jahre	Diplom-Psychologin	17 Jahre	Behörde	2-3 ***
Interview 11, w, 43 Jahre	Diplom-Sozialpädagogin(FH)	17 Jahre	Behörde	60 **
Interview 12, w, 47 Jahre	Diplom-Sozialpädagogin(FH)	20 Jahre	Behörde	4–5***
Interview 13, w, 47 Jahre	Diplom-Sozialpädagogin(FH)	11 Jahre	Behörde	40–45 **

* Zusatzausbildungen: Familien- und Paartherapie, Kinder- und Jugendtherapie

** im Jahr in der Institution

*** Persönliche Statistik, geschätzt

256 Meine berufliche Erfahrung und feldnahe Profession hat mir die Kontaktaufnahme zu den Arbeitskreisen deutlich erleichtert. Die Fachkräfte zeigten sich nach Erläuterung des Promotionsvorhabens interessiert, an der wissenschaftlichen Untersuchung mitzuwirken. Besonders wichtig für die Bereitschaft zum Interview war den Interviewpartnerinnen und Interviewpartnern die Anonymisierung ihrer Aussagen. Dem werde ich im gesamten Forschungsprozess und vor allem in der Darstellung der Ergebnisse kompromisslos gerecht.

Folgende Grafik veranschaulicht noch einmal die Kontextbedingungen der Professionellen:

- **Die Professionellen in Freier Trägerschaft**
  Alter: 42m, 41w, 32m, 43w, 40w, 54m = Altersmittel ist 42 Jahre. Grundausbildung: 5 Dipl. Soz. Päd. (FH), 1 Diplom-Psychologin, 3 Personen mit Familientherapie und anderen Zusatzausbildungen.Berufserfahrung: 13, 12, 5, 13, 14, 26 Jahre = Median 14 Jahre.
  Alle arbeiten im Team von 3-8 Kollegen und Kolleginnen.
- **Die Professionellen in öffentlicher Trägerschaft:**
  Alter: 46w, 47m, 39w, 52w, 43w, 47w, 47w = Altersmittel ist 46 Jahre. (Grund-) Ausbildung: 6 Diplom-Soz.-Päd. (FH), 1 Diplom-Psychologin.
  Berufserfahrung: 13, 15, 10, 9, 17, 13, 11 = Median 12,5 Jahre.
  Alle arbeiten im Team mit 4–10 Kollegen und Kolleginnen.

3.1.2 Die Institutionen der freien und öffentlichen Kinder- und Jugendhilfe

Der ASD (Allgemeiner Sozialdienst) im Feld der Kinder- und Jugendhilfe ist von seinem Aufgabengebiet her der umfassendste soziale öffentliche Dienst der Kommunen. Er stellt die Basis sozialpädagogischer Dienstleistungen und „hoheitlicher Aufgaben (Wächteramt)“ dar,[257] die häufig durch komplex miteinander verbundene Problemlagen, vorwiegend von Kindern, Jugendlichen und Familien, gekennzeichnet sind.[258] Hier laufen die Informationen über Kindesmisshandlungen aller Art zusammen, die registriert und gebündelt werden.[259] Professionelle Fachkräfte des ASD sind innerhalb des Jugendamtes einerseits federführend für das Einleiten und die Durchführung erzieherischer Hilfen (§27ff KJHG) und andererseits regelmäßig beteiligt, wenn eine Kindeswohlgefährdung bekannt oder vermutet wird. Mit der Verantwortung des Kinderschutzes (§1 Abs. 3 und §8a Abs. 1 SGB VIII) und der Mitwirkung in gerichtlichen Verfahren (§50 Abs. 1 und 2 SGB VIII) ist der ASD bei einer Kindeswohlgefährdung immer involviert und bildet die Stelle im Kinder- und Jugendhilfesystem, die eine Fallzuständigkeit institutionell nicht selektieren kann oder besondere Zugangskriterien formulieren könnte. Professionelle Fachkräfte öffentlicher Träger müssen auch dann noch nach Lösungen suchen und nach eingreifenden Interventionen Ausschau halten, wenn

257 Der ASD ist in der Regel eine Abteilung des öffentlichen Jugendamts. Vgl. Münder/Mutke/Schone 2000, S. 160.

258 Vgl. Münder/Mutke/Schone 2000, S. 160; Urban 2004, S. 33.

259 Auf Grund direkter Ansprache durch Betroffene, durch unmittelbare Informationen von Nachbarn im Stadtteil, über Hinweise aus Kindertagesstätten, Schulen und anderen sozialen Institutionen, durch Erziehungsberatungsstellen, Jugendarbeit etc. nimmt der ASD häufig eine „Meldung auf, initiiert eine Erstberatung und schafft damit erste Klärungen über Lebens- und Problemlagen sowie über den Hilfebedarf. Vgl. Münder/Mutke/Schone 2000, S. 160.

andere Stellen des Hilfesystems bereits gescheitert sind oder an andere soziale Einrichtungen subsidiär weiter verwiesen haben.

Einrichtungen der freien Kinder- und Jugendhilfe leisten cirka 85 % der allgemeinen sozialpädagogischen und psychologischen Beratungsarbeit und verfügen über ein weitreichendes Hilfeangebot, das Familien, Kinder und Jugendliche meist direkter erreichen kann, als dies ein öffentlicher Träger vermag.

Auch wenn in der Beratungspraxis der freien Beratungsstellen, Familienkrisen, Erziehungsschwierigkeiten, Schulprobleme, Entwicklungsstörungen und vieles andere mit Kindern und Eltern zu bearbeiten und anzugehen ist, sind professionelle Fachkräfte in Institutionen der freien Trägerschaft ebenso mit der Abklärung einer Kindeswohlgefährdung betraut und konfrontiert.[260]

3.1.3 Das Subsidiaritätsprinzip und funktionale wie örtliche Zuständigkeiten im Feld der Kinder- und Jugendhilfe

> Die Kinder- und Jugendhilfe ist die Zusammenfassung
> aller außerschulischen Bestrebungen, die auf die körperliche,
> geistig-seelische und soziale Tüchtigkeit des Kindes und Jugendlichen
> gerichtet sind. Diese Aufgaben werden von
> öffentlichen und freien Trägern wahrgenommen,
> die partnerschaftlich zusammenarbeiten sollen.[261]

Das Subsidiaritätsprinzip[262] dient in Deutschland hauptsächlich als Kriterium zur Abgrenzung der öffentlichen und der freien Kinder- und Jugendhilfe. Der sozialen Tätigkeit der freien Träger wurde dabei ein prinzipieller Vorrang vor jeder öffentlichen institutionellen Beratungsaktivität eingeräumt. Aus diesem Grund befindet

260 Besonders der Kinderschutzbund, ein bundesweiter, unabhängiger Verein, hat sich den Schutz von Kindern vor sexueller Kindesmisshandlung zum Ziel gesetzt. Der Deutsche Kinderschutzbund – als freier Träger – wurde 1953 in Hamburg gegründet und in den nachfolgenden Jahrzehnten wurden fast flächendeckend Kinderschutzzentren gegründet. Vgl. Brückner 2005, S. 727. eine erste Auswertung des Projekts der Europäischen Union im Rahmen des BIOMED-Programms (CAPCAE Concerted Action on the Prevention of Child Abuse in Europe), das im Zeitraum von Januar bis Juni 1997 durchgeführt wurde, wurden in 12 Kinderschutzzentren 251 Fälle von Kindesmisshandlung und Kindesmissbrauch evaluiert. Folgende Ergebnisse lassen sich zu der Arbeit der Kinderschutzzentren ableiten: In knapp 60 % der untersuchten Fälle meldeten sich die Eltern selbst bei den Beratungsstellen. Bei fast 50 % der untersuchten Kinder bestand der „Verdacht der sexuellen Kindesmisshandlung", 26 % wurden vermutlich körperlich misshandelt und 30 % emotional vernachlässigt. Vgl. Schmidt 2005, S. 831.

261 §4 SGB VIII.

262 Subsidiarität meint die Lebensfähigkeit der kleineren sozialen Einheiten angesichts der größeren. Konkret beinhaltet das zum einen ein „Gebot des Beistands" der jeweils größeren Gemeinschaft für die kleinere Gemeinschaft. Zum anderen ein Verbot für die größere Einheit der kleineren Einheit etwas zu entziehen, wozu diese gegebenenfalls selbst in der Lage wäre. Mit anderen Worten: die umfassenderen Gemeinschaften (Institutionen der Sozialen Arbeit) sollen die Lebensfähigkeit und den Eigenvollzug der untergeordneten Gemeinschaften (Familie) fördern und unterstützen. Subsidiarität bedeutet also den Krafteinsatz der größeren Instanz, wenn die Kräfte der kleineren erschöpft sind. Umgekehrt beinhaltet Subsidiarität aber auch die Verpflichtung der kleineren Einheit das ihr Mögliche selbstständig und eigenverantwortlich zu tun. Vgl. Schmidt 2005, S. 832.

sich in Deutschland heute noch die Mehrzahl der sozialen Einrichtungen in der Hand freier Träger. Als grundlegendes Strukturierungsprinzip hat Subsidiarität unmittelbar Einfluss auf Kooperationen und Fallzuständigkeiten im Feld und ist nicht ohne Weiteres veränderbar oder zu umgehen.

Dem subsidiären Strukturierungsprinzip folgend, bauen sich Beratungsprozesse in den jeweiligen Institutionen nicht zwangsläufig sukzessive auf. Sondern unterschiedliche Einrichtungen und deren professionelle Fachkräfte können und müssen an unterschiedlichen Abschnitten des Casemanagement (mit)einbezogen werden. In diesem breiten Wirkungsgefüge sind alternative Umgangs- und Handlungsweisen in der sozialpädagogischen Fallarbeit zu erwarten. Zudem lässt die Heterogenität psychosozialer Institutionen variable Interventionen und Handlungsvollzüge zu.[263]
Die örtliche Zuständigkeit greift in der Regel über die regional-, bezirks- oder straßenbezogene Zuordnung der Institutionen und ihrer Fachkräfte.
In Kindeswohlgefährdungsfällen haben alle sozialpädagogischen Fachkräfte im Feld gleichermaßen Einschätzaufgaben und müssen hierzu möglichst alle relevanten Informationen erheben.[264]

Meist sind es die öffentlichen Jugendämter oder andere der freien Kinder- und Jugendhilfe zugehörige Beratungsstellen oder Kinderschutzzentren, die als erste von einem Verdacht auf sexuelle Kindesmisshandlung erfahren oder durch Kontakt mit Familien oder Kindern einen solchen vermuten. Grundsätzlich ist bei jedem gewichtigen Hinweis für eine Kindeswohlgefährdung eine funktionale Zuständigkeit aller sozialen Einrichtungen gegeben, auch für jede einzelfallzuständige professionelle Fachkraft. Gehen daher bei einer einzelfallzuständigen Fachkraft (öffentlicher wie freier Trägerschaft) Mitteilungen oder Hinweise ein, die Anhaltspunkte über eine geschehene oder akut drohende Kindeswohlgefährdung in ihrem Zuständigkeitsbereich darlegen, so hat jede professionelle Fachkraft diese Angelegenheit als einen Fall zu begreifen und umgehend tätig zu werden. Entscheidend sind hier die vertraglichen Regelungen und entsprechende allgemeine oder besondere Dienstanweisungen.[265]

Die Fallfederführung und Verantwortung der Ersteinschätzung und ggf. der subsidiären Weitervermittlung obliegt der Fachkraft, die zuerst mit den Hinweisen auf eine innerfamiliäre sexuelle Kindesmisshandlung in Kontakt tritt.

263 Vgl. Fegert u.a. 2001, S. 24.

264 Jede einzelfallzuständige Fachkraft muss sich ein eigenes Bild (z. B. durch Hausbesuche, Beratungsgespräche mit der Familie, Kooperationsgespräche mit anderen Einrichtungen, die am „Fall" beteiligt sind) von der Lebenssituation des Kindes machen und feststellen, ob das Kindeswohl von Seiten der Eltern und des sonstigen sozialen Umfeldes gefährdet ist, oder aber worin konkrete Gefährdungen bestehen (§8a Abs. 1 Satz 1 und 2 SGB VIII).

265 Sollte die örtliche Zuständigkeit der angegangenen oder informierten Fachkraft nicht gegeben sein, hat sie die zuständige Fachkraft über den Kindesgefährdungstatbestand umgehend zu informieren (Informationspflicht).

Die gesetzlich vorgeschriebene subsidiäre Kooperation durch kollegiale Fallberatung (§8a Abs. 1 Satz 1 SGB VIII) zwischen Fachkräften der freien wie öffentlichen Kinder- und Jugendhilfe soll die Perspektivenvielfalt erweitern, das Fallverständnis verbessern und einer Steigerung der Handlungssicherheit dienen. Hierbei soll eine einheitliche Vorgehensweise der beteiligten Fachkräfte sichergestellt sowie die federführende Fallverantwortung im Casemanagement geklärt werden.[266] Beratung, Diagnostik und Kooperationen in einem Kindeswohlgefährdungsfall erfährt hier eine eingreifende und strukturierende Erweiterung und Kontrolle durch gesetzliche Richtlinien.
Eine professionelle Verantwortung im Handlungsauftrags des §8a Abs. 1 Satz 1 SGB VIII im Sinne einer arbeitsrechtlichen Verpflichtung ist im Feld der Kinder- und Jugendhilfe obligat. Die im §8a SGB VIII benannte funktionale Zuständigkeit regelt und strukturiert zunächst die inhaltliche wie rechtliche Aufgabenzuweisung (Punkt 2).

3.2 Die Erhebungsinstrumente

> Qualitative Erhebungsmethoden erzeugen Texte
> und diese sind auszuwertende Rohdaten.[267]

In der qualitativen Forschung spielt der verbale Zugang zum Forschungsfeld, das Gespräch bzw. das Interview, eine besondere Rolle. Auf diesem Weg erhält man einen raschen Zugang zu den Probanden dieser Untersuchung und in der Regel reichlich Datenmaterial.[268] Im Hinblick auf das hier vorliegende wissenschaftliche Erkenntnisinteresse, das bisher so gut wie nicht erforscht ist, wurde das problemzentrierte offene, durch einen Leitfaden gestützte, in den Grundzügen erzählgenerierende Interview gewählt. Ein problemzentriertes Interview kann als Kompromiss zwischen leitfadenorientierten und narrativen Gesprächsformen angesehen werden und stellt somit eine Methodenkombination beider Elemente dar.[269]

266 Vgl. Kindler/Lillig 2005, S. 2.

267 Vgl. Gläser/Laudel 2004, S. 41.

268 Vgl. Friebertshäuser/Prengel 1997, S. 371.

269 Vgl. Badawia 2002, S. 47.

3.2.1 Das problemzentrierte erzählgenerierende Leitfadeninterview[270]

Die grundlegende Eigenschaft einer problemzentrierten Interviewführung ist die Möglichkeit, komplexe Sachverhalte und Fallkontexte sowie deren fachliche „Relevanzkriterien"[271] zu erfassen. Problemzentrierte Leitfadeninterviews setzen ein Vorwissen des Untersuchungsgegenstandes voraus, das in der thematischen Vorstrukturierung und Problemfokussierung in Form der Themenkomplexe zum Ausdruck kommt. Es können vorab die Aussagen der Professionellen thematisch gebündelt werden, um sie in der Auswertung besser ordnen zu können.[272] Dementsprechend wird den Befragten trotz Problemzentrierung ein weitgehend offener Artikulationsspielraum eingeräumt. Zusätzlich zu dieser Problemzentrierung kennzeichnet diese Interviewtechnik die Gegenstandsorientierung, die Instrumentenorientierung und die Prozessorientierung. Die Reflexion der Entwicklung des Verstehensprozesses seitens der Forscherin im Interview und dessen Wirkung auf die weitere Betrachtung des Untersuchungsgegenstandes kann hier methodisch kontrolliert werden. Qualitative Sozialarbeitsforschung ist auf die Erhebung impliziten bzw. „atheoretischen Wissens"[273] angewiesen. Die „Fraglosigkeit des Gewussten",[274] das sich im Narrativen (narrative Textstellen) zeigt, ist als Schlüsselstelle für Erzählwürdiges der Professionellen zu verstehen.[275]

Das problemzentrierte Leitfadeninterview bestand aus vier Instrumenten:

- Der Kurzfragebogen[276]

Dieser enthielt eine Gruppe offener und allgemeiner Fragen zur Person und Institution (z. B. Alter, Geschlecht, institutioneller Hintergrund, Berufsfelder, Kooperationspartner, Arbeitsaufträge usw.). Der Fragebogen diente vorwiegend als Einstimmung bzw. zur Vorbereitung der Fachkräfte auf die eigentliche Interviewsituation und wurde ihnen per Post und per E-Mail mindestens eine Woche vor dem eigentlichen Interviewtermin zugesandt. Er sollte sich günstig auf den Gesprächseinstieg auswirken.[277]

270 „Problemzentriert" kennzeichnet den Ausgangspunkt einer von der Forscherin wahrgenommenen (gesellschaftlichen) Problemstellung, deren individuelle und kollektive Bedingungsfaktoren mit einem Forschungsdesign und dieser Interviewform ergründet werden sollen Vgl. Friebertshäuser/Prengel 1997, S. 38.

271 Badawia 2002, S. 47 zitiert Witzel 1982, S. 70, der als Entwickler des problemzentrierten Interviews gilt.

272 Vgl. Gläser/Laudel 2004, S. 107, Froschauer/Lueger 2003, S. 65.

273 Bohnsack, 2000, S. 20.

274 Friebertshäuser/Prengel 199 S. 381; Bohnsack 2000, Kaufmann 1999.

275 Vgl. Mayring 1993, Hartung 2000, S. 58; Meuser/Nagel in Friebertshäuser u.a. 1997, S. 487; Bohnsack 2000, S. 20.

276 Vgl. Badawia 2002, S. 47.

277 Aufgrund der kompromisslosen Anonymisierung war eine konkrete Verwertung der Daten nicht möglich und konnte nur verallgemeinernd in der Darstellung der Untersuchungsgruppe eingehen. Er diente demnach hauptsächlich für die Professionellen zur Vorbereitung auf das eigentliche Interview.

- Der Leitfaden mit seinen Operationalisierungen[278]

Die Interviewführung mittels eines Leitfadens war notwendig und adäquat.[279] Auch bei dieser Form einer offenen, halbstrukturierten Befragung wird dennoch das Erzählprinzip herausgestellt, d. h. die Bedeutungsstrukturierung der „Beruflichkeit" bleibt den Professionellen überlassen. Mit offenen Fragen wird lediglich der interessierende Problembereich eingegrenzt und ein erzählgenerierender Anreiz gegeben.[280] Zwei grundlegende methodische Ziele wurden mit dem Leitfaden verfolgt: einmal die Interviews auf ähnliche Weise führen zu können, die Variationen von einem Interview zum anderen auf ein Minimum zu reduzieren und die Vergleichbarkeit der Aussagen anhand der Kausalzusammenhänge in der Analyse zu sichern.[281]

„Komplexitätsreduktion"[282] impliziert eine Operationalisierung. Das komplexe Casemanagement bei Verdacht kann nur als reduzierte Wirklichkeit bewältigt, bearbeitet und dargestellt werden und trotzdem muss und soll in den „Kommunikationsraum der Interviewpartner eingedrungen werden":[283] „[E]s soll der Raum geschaffen werden, eben genau über eigene Erfahrungen zu sprechen, die subjektive Wirklichkeit soll zum Ausdruck kommen, mit allen Widersprüchen und Widrigkeiten in den Bedeutungen."[284]
Es müssen Fragen und Themenkomplexe im Leitfaden festgelegt werden, die die subjektive wie objektive Einstellungen der Professionellen repräsentieren können. Um an wesentliche Informationen von Professionellen zu gelangen, muss der Stil des Interviews einerseits einem fachlichen Gespräch nahe kommen, gleichzeitig jedoch nicht in ein lockeres Gespräch abdriften. Auf der Basis von Vorüberlegungen, die man über den Untersuchungsgegenstand hat, wird ein Leitfaden konstruiert, der als Grundgerüst für das (erste) Kategoriensystem dient.[285]

Die Themenblöcke der Einzelinterviews waren die Erfahrungen mit den verschiedenen Möglichkeiten und Routinen im Umgang und im Handeln mit Verdachtsfällen der innerfamiliären sexuellen Kindesmisshandlung. Auf der anderen Seite interessierte die individuelle Sicht- und Deutungsweise der professionellen Fachkräfte zum Schlagwort „Verdacht" an sich, zu erfolgreichem intervenierenden Handeln (subjektiv wie objektiv) und zu Relevanzen bei der Steuerung des Beratungsprozesses.

278 Vgl. Badawia 2002, S. 47.

279 Vgl. Roth 1996, S. 110.

280 Vgl. Ebd., S. 111.

281 Vgl. Kaufmann 1999, S. 25.

282 Auf einer allgemeinen phänomenologisch-begrifflichen Ebene bedeutet Komplexität eine Vielschichtigkeit und zum anderen die Gesamtheit der Merkmale eines (sozialen) Phänomens (Vgl. Duden 5). Damit wird also die (besondere) vielschichtige Beschaffenheit von sozialen Phänomenen ausgedrückt. Vgl. Friebertshäuser/Prengel 1997, S. 194.

283 Gläser/Laudel 2004, S. 113.

284 Vgl. Kaufmann 1999, S. 22–23.

285 Vgl. Kuckartz 1999, S. 96.

Im Falle des Leitfadens besteht die Operationalisierung darin, die Leitfragen in Interviewfragen zu übersetzen, die an den Alltag der Professionellen anschließen.[286] Der Leitfaden dient nicht zur Vorstrukturierung eines Frage-Antwort-Schemas, sondern fungiert im Gegenteil als Orientierungsrahmen, der Kontextwissen thematisch organisiert.[287] Die Fragen werden gemäß des theoriegeleiteten Vorgehens und des Prinzips der Offenheit qualitativer Methoden klar und erzählgenerierend formuliert, damit die Probanden ihren Vorstellungen entsprechend antworten können.[288] Die Fragen waren so angeordnet, dass inhaltlich zusammengehörige Themen möglichst nacheinander abgefragt wurden. Das ermöglichte eine Annäherung an einen natürlichen und fachlichen Gesprächsverlauf. Die Reihenfolge der Fragen hatte eher steuernden Charakter und wurde je nach Verlauf und Situation der Interviews flexibel gehandhabt. Die offen gehaltenen Erzählaufforderungen erlauben den Professionellen die subjektiven Einschätzungen und Erfahrungen anhand von konkreten Schilderungen beruflicher Erlebnisse und Fallbeispiele darzustellen.

Ziel der halb offenen Fragetechnik ist, die Befragten mit Nachfragen und Diskussionsanreizen in der Interviewsituation dazu anzuregen, sich in selbstgewählten, eigenen, alltagssprachlichen Formulierungen zu bestimmten Themen zu äußern und ihnen dabei auch Raum für komplexe und widersprüchliche Argumente zu lassen. In Leitfadeninterviews, um deren Auswertung es hier geht, sind die Themen zwar vorgegeben, jedoch meist nicht in einer starren Reihenfolge oder in festgelegten Formulierungen. Das Kontextwissen des Forschers in einem Leitfaden zu bündeln, erhöht die Chance einer sensiblen Theoriebildung und trägt dazu bei, diese konzeptionell dicht zu formulieren. Darüber hinaus expliziert der Leitfaden die fachliche wie theoretische Position der Forscherin.[289]

Im Folgenden wird der Interviewleitfaden vorgestellt. Die Themenkomplexe, die keiner genaueren Analyse unterzogen wurden, werden in den Fußnoten erläutert.

286 Vgl. Gläser/Laudel 2004, S. 138; Gläser/Laudel 2004, S. 108; Froschauer/Lueger 2003, S. 67; Mayring 1993, S. 29.

287 Vgl. Friebertshäuser/Prengel 1997, S. 376; Gläser/Laudel 2004, S. 142.

288 Vgl. Gläser/Laudel 2004, S. 111.

289 Vgl. Strauss 1998, S. 36 und S. 37.

Der Interview-Leitfaden und seine Themenkomplexe

Stammdaten zur Person und zur Institution

- Vorstellung der eigenen Person und Profession
- Struktur der Einrichtung (Leitungsebene, Kollegen und Kolleginnen, Arbeitsaufträge usw.)[290]

Kenntnisstand zur Thematik

- Wissen zum Thema – Definition, Ursachen, Folgen, Kliententypologie?[291]
- Fortbildungen, Literaturkenntnis, Berufserfahrung?

Praktische (berufliche) Erfahrungen im Umgang mit vermuteter sexueller Kindesmisshandlung

- Wie viele Verdachtsfälle im Jahr schätzungsweise?[292]
- Wie wird „Verdacht auf“ oder „vermutete innerfamiliäre sexuelle KM“ definiert?

290 Die Vertreter der öffentlichen Jugendhilfe gaben an, oftmals eine Verdachtsfallmeldung über eine mögliche sexuelle Kindesmisshandlung durch andere psychosoziale Einrichtungen in freier Trägerschaft zu erhalten. Die Vertreter der freien Jugendhilfe bekundeten, dass sie häufiger im Rahmen ihrer beraterischen Elternarbeit über Erziehungsfragen und über die Kinderberatung bzw. -therapie Auffälligkeiten an einem Kind wahrnehmen, die einen Verdacht auf eine innerfamiliäre sexuelle Kindesmisshandlung hervorrufen. Beklagt haben die Professionellen der freien Trägerschaft die Freiwilligkeit ihrer Beratungsangebote und die damit zusammenhängenden Kontaktabbrüche zur Familie, wenn Kontrollmechanismen eingesetzt wurden. Vertreter der öffentlichen Kinder- und Jugendhilfe kritisierten die hohe rechtliche Hürde, in das Elternrecht einzugreifen und äußerten in diesem Punkt den Wunsch nach mehr Handlungsspielraum.

291 Alle interviewten Fachkräfte verfügten über ein Grundwissen zur Thematik „sexuelle Kindesmisshandlung“. Alle hatten sich Wissen mittels Zusatzausbildungen, Fortbildungen, Teilnahme an Fachtagungen zum Thema und über Fachliteratur angeeignet. Alle äußerten, dass sie verschiedene, vielfältige Erfahrungen mit Einzelfällen innerhalb ihres Berufslebens gemacht hatten und werteten dies als wichtige Berufserfahrung mit „Anfängerfehlern“. Die Fachkräfte berichteten von anfänglichen großen Unsicherheiten und Ängsten dem Fallkontext gegenüber, die ihre weitere berufliche Abklärungspraxis prägte. Das Studium der Sozialen Arbeit half keinem Professionellen bei der Bearbeitung der Fälle in der Praxis. Alle interviewten Fachkräfte sind eingebunden in ein professionelles Team, mit Teamsupervisionen, Intervisionen und regelmäßigen Fallbesprechungen.

292 Um einen Einblick in die Häufigkeit von Verdachtsfällen der innerfamiliären sexuellen Kindesmisshandlung im psychosozialen Versorgungsfeld zu erhalten, wurden die Professionellen zunächst gefragt, wie viele Fälle sie innerhalb eines Jahres schätzungsweise zu bearbeiten hätten. An diesem Punkt war zu berücksichtigen, dass die genaue Differenzierung von „Verdachtsfällen“ und gesicherten sexuellen Kindesmisshandlungsfällen die exakte Häufigkeitsangabe erschwerte. Es existierten in keiner Institution zum Gesprächszeitpunkt ausgewiesene Statistiken, die von den Professionellen hätten zitiert werden können. Hier konnte in den geführten Interviews nicht exploriert werden, ob eine Zunahme oder Abnahme, bzw. eine fachliche und definitorische Differenzierung von Falllagen vorliegt. Es war also erst einmal wichtig überhaupt einen Eindruck zu bekommen und die Fachkräfte zu einer „Schätzung“ zu bewegen. Alle interviewten Professionelle haben und hatten ausreichend Fallkenntnis über aktuelle Verdachtsfälle, die sie zu bearbeiten hatten.

Persönlicher Umgang und Einschätzung

- Umgang mit dem „Ungewissen", mit dem „Verdacht"?
- Umgang mit der Regel „Kinderschutz bricht Datenschutz" versus „Schweigepflicht"?

- Erfahrungen mit dem „Missbrauch mit dem Missbrauch"?[293]
- Besondere Belastungen bezüglich der Problematik und der Arbeit mit „Verdachtsfällen"?
- Entlastungsstrategien? Unterstützungssysteme?

Vorgehen bei Verdacht auf sexuelle Kindesmisshandlung[294]

- Konkretes Vorgehen, erster Schritt und darauf folgende Schritte?
- Welche Möglichkeiten der Intervention bzw. Alternativen des Handelns können im Sinne des Kinderschutzes/Kindeswohl bei Verdachtsfällen gewählt werden?
- Bedingungen, die den Abklärungs- und Beratungsprozess unterstützen, fördern und hilfreich sind?

Erfolg in der Arbeit

- Persönliche Einschätzung der Ergebnisse und Wirksamkeit der Beratungsarbeit, des Abklärungsprozesses bzw. der Intervention? Wie wird erfolgreiches Handeln persönlich definiert und eingeschätzt?
- Individuelle Einschätzung der eigenen Stärken und Kompetenzen?

Visionen

- Optimaler Ablauf eines Falles?
- Was darf nicht passieren? Fehler? Veränderungen, Anregungen für die Praxis?

---

293 Um Einblick zu gewinnen, welche subjektiven Einstellungen hinter diskursiven Themeninhalten stehen, wurden alle zu dem Phänomen „der Missbrauch mit dem Missbrauch" befragt. Hier wurde erstaunlicherweise deutlich, dass alle Professionellen, ohne Ausnahme, die Existenz dieses in den letzten Jahren viel diskutierten Phänomens verneint haben. Aufgenommen wurde die Frage in den Leitfaden zum Interview, da es in den letzten Jahren im psychosozialen Versorgungssystem zu vielerlei Unsicherheiten und auch zu Kritik an einzelnen Trägerschaften und Institutionen kam.

294 Das Anzeigeverhalten bzw. die Motivation eine vermutete sexuelle KM anzuzeigen war bei allen Probanden sehr gering bis völlig ablehnend. Es zeigte sich, dass die Fachkräfte im Feld im Regelfall keine Anzeige erstatten. Der Verzicht auf eine Strafanzeige wird unterschiedlich begründet. Der vordergründige Begründungszusammenhang ist der, dass man es „nur mit einem Verdacht zu tun" habe und die Anforderungen des Strafverfahrens für das Kind zu hoch seien. Die am häufigsten genannte Begründung für den Strafverzicht sind das „Selbstverständnis der Einrichtung" und Aspekte des Kindeswohls. Die Differenzierung nach behördlichen und freien Trägern war in den Aussagen nicht ausschlaggebend. Auffallend sind ferner Befürchtungen einer Verfahrenseinstellung, die bei den öffentlichen Trägern am stärksten ausgeprägt waren. Ein generelles Strafbedürfnis spielt in den Interviews keine Rolle. Generalpräventive Gesichtspunkte, wie Abschreckung der Täter durch die institutionalisierte Anzeige sowie Vergeltung, Sühne, Straftendenzen werden insgesamt nicht genannt.

- Die Tonbandaufzeichnung[295]

Das aufgezeichnete Interview dient als Grundlage für die schriftliche Fixierung. Insgesamt wurden 16 Interviews mit Professionellen geführt und auf Tonband aufgezeichnet. Die ersten zwei Interviews waren Probeinterviews, die im Analyseprozess nicht berücksichtigt wurden. Sie dienten in erster Linie der Überprüfung des thematischen Aufbaus des Leitfadens, seiner Präzisierung und Optimierung. Nach Überlegungen hinsichtlich der Homogenität der Gruppe wurde ein Interview mit einer fachfremden Profession (Polizei) aufgrund der unterschiedlichen Arbeitsaufträge ebenfalls nicht mit in die Analyse einbezogen.

Die Interviews wurden im Zeitraum von Oktober 2002 bis März 2004 in den jeweiligen Institutionen der professionellen Fachkräfte geführt. Im ersten Abschnitt fanden acht Interviews im Zeitraum von Oktober 2002 bis März 2003 statt, weitere fünf Interviews folgten von Juni 2003 bis März 2004. Die Gespräche dauerten zwischen einer Stunde und 15 Minuten und einer Stunde und 45 Minuten.
13 Interviews wurden letztendlich wörtlich transkribiert,[296] das heißt von zwei erfahrenen Transkriptorinnen ohne Transkriptionsregeln schriftlich fixiert.
Während des ersten Anhörens wurden unverständliche Passagen durch Fachkenntnis vervollständigt, auf die korrekte Verwendung von Fachwörtern und auf Übertragungsfehler geachtet und gegebenenfalls korrigiert.
Nachdem zu diesem Zeitpunkt noch nicht ganz klar war, ob die emotionale Sprache sowie nonverbale Mitteilungen der Professionellen in der Auswertung zum Tragen kommen sollten, wurden in einem zweiten Schritt nachträglich Transkriptionsregeln nach Mayring (1999)[297] eingefügt.
Danach wurden, ein drittes Mal, alle Interviews gelesen und die Tonbandaufnahmen gleichzeitig abgespielt und erneut nachgebessert. Obwohl dieser Vorgang sehr aufwändig war und viel Zeit in Anspruch nahm, war er im Nachhinein doch von Bedeutung. Die Texte sind sehr umfangreich, mit einigen langen narrativen Passagen in jedem Interview, in denen die Professionellen zum Teil sehr ausschweifend und persönlich erzählten. Aus diesem Grund war das mehrmalige Lesen und Hören zur Erfassung des Gesagten, zur Konkretisierung der Daten

295 Vgl. Badawia 2002, S. 49.

296 Die Interviewanzahl ist für eine qualitative Studie ausreichend und im Vergleich mit anderen qualitativen Studien eher zahlreich. Durch die wörtliche Transkription wird eine vollständige Textfassung verbal erhobenen Materials hergestellt, die die Basis für eine ausführliche interpretative Auswertung bietet. Das verbale Material wurde in normales Schriftdeutsch übertragen. Vgl. Mayring 1999, S. 69.

297 Einfügen von „hmhm", „ähm", „äh" usw., wenn besonders auffällig.
... kurzes Absetzen.
(.) kurze Pause 1–2 Sekunden.
(..) längere Pause aber weniger als 5 Sekunden.
(xy Sek.) = genaue Dauer der langen Pause.
(-----) unterstrichen, wenn besonders betont wird.
Emotionale Stimmungen wurden direkt erwähnt. Vgl. Mayring 1999, S.71.

und zum Einprägen der einzelnen Personen wichtig. Im späteren Verlauf der Analyse konnten Interviewpassagen zielsicherer und konkreter dem jeweiligen Interview zugeordnet werden.

Erstaunlich war die Erkenntnis, dass alle interviewten Professionellen ein großes Mitteilungsbedürfnis zeigten. Im Grunde konnte bereits hier angenommen werden, dass es dringend einer wissenschaftlichen Neuerung bedarf, um die professionelle Anstrengung – die besondere Anforderung in Verdachtsfällen – zu erfassen, zu benennen und mehr Handlungssicherheit für die Alltagspraxis und Fachkräfte zu schaffen.

- Das Postskriptum bzw. das Interviewprotokoll[298]

Unmittelbar nach den Gesprächen wurden Protokolle angefertigt, die den persönlichen Eindruck der Probanden von der Arbeitsstelle bzw. Arbeitsatmosphäre und von der generellen Gesprächssituation enthalten. Diese Protokolle dienten zum Selbstzweck, besonders am Anfang der Materialdurchsicht, um die Probanden besser einordnen zu können und immer wieder ein konkretes Bild vor Augen zu haben. Im Laufe der Analyse der Interviews stellte sich heraus, dass diese Protokolle rein zur Orientierung der Forscherin verwendet werden dürften. Denn die Verarbeitung dieser Informationen in der Analyse hätten die vollständige Anonymisierung der Daten gefährdet. Es sollte auf keinen Fall die Zuordnung zu den jeweiligen Institutionen oder Personen möglich sein.

3.2.2 Zum Ertrag und zur Validität einer problemzentrierten Interviewführung mit Professionellen zur Fallspezifik „Verdacht“

Im Vorfeld stellte sich bereits die Frage, ob umfassende Informationen von professionellen Fachkräften im Feld erhoben und folglich einer qualitativen Auswertung zugänglich gemacht werden können. Das Gelingen der Materialerhebung war also abhängig von der Mithilfe der Professionellen sowie deren Bereitschaft, ihre konkrete Fallarbeit in Verdachtsfällen der innerfamiliären sexuellen Kindesmisshandlung offen zu legen. Trotz aller Bemühungen um Offenheit, Vermeidung von Suggestivfragen, Anerkennung der Fachlichkeit und Persönlichkeit der Professionellen kann die grundsätzliche Asymmetrie einer Interviewsituation jedoch nicht behoben werden. Vor allem der Beginn des Interviews ist wichtig, denn dort wird der Grundstein für die Atmosphäre des gesamten Interviews gelegt, die Rollen der Gesprächspartner definieren sich und ein bestimmtes Niveau der Kommunikation stellt sich ein.[299]

298 Vgl. Badawia 2002, S. 49.

299 Vgl. Gläser/Laudel 2004, S. 143; Breitenbach 1998, S. 64.

Zudem wird jede Frage, sobald sie gestellt wird, in irgendeiner Weise selbst zu einem Einflussfaktor. Selbst wenn die Interviewerin nichts sagt, wird das Schweigen interpretiert. Es ist unmöglich, alle Einflüsse auszuschalten; sie können allenfalls begrenzt werden.[300]
Hilfreich war im Vorfeld, sich als Forscherin zu vergegenwärtigen, dass beide Seiten (Forscherin und Probanden) sehr unterschiedlichen Interessen nachgehen „Kein System betreibt sein Geschäft bzw. die Kooperation mit dem anderen System ohne Kalkulation von erwarteten Vorteilen. Je klarer dies gefasst ist, umso besser."[301] Die Professionellen wussten, dass ihre fachliche, prinzipiell nicht nachprüfbare, berufliche Einschätzung und Erfahrung gefragt ist und dass sie Objekt einer wissenschaftlichen Untersuchung sind. Dies brachte die Professionellen in eine außergewöhnliche Position, die sie aus ihrem gewöhnlichen beruflichen Tun und Denken herausholte und sie dazu zwang, eine „wahrhaft theoretische Arbeit an ihrer Beruflichkeit bzw. Professionalität zu vollbringen".[302]
Es liegt auf der Hand, dass Fragen zu innerfamiliärer sexueller Kindesmisshandlung niemals (nur) objektiv, sondern sogar in mehrfacher Weise subjektiv sind und die Probanden im Grunde aufgefordert werden, etwas objektiv Fachliches sowie subjektiv Persönliches zu formulieren und Antworten zu geben. Der Fallkontext Verdacht auf innerfamiliäre sexuelle Kindesmisshandlung in seiner Emotionalität und Uneindeutigkeit veranlasst die antwortende Person, einen subjektiv wie objektiv fachlichen Bewertungsmaßstab anzulegen. Hierbei war vorab davon auszugehen, dass die Professionellen Informationen selektierten. Den Professionellen stand prinzipiell die Möglichkeit offen, ihre Reaktionen bzw. Antworten absichtlich in eine bestimmte Richtung zu lenken und zu beeinflussen. Mit Sicherheit spielt hier der Wunsch eine Rolle, sich selbst in einem guten Licht und seine eigene Professionalität bestmöglich zu präsentieren.

Ein solches, in der Regel unbewusstes Einflussnehmen subsumiert Mummendey unter dem Begriff einer „beschönigenden Reaktionseinstellung (response set)" oder unter „Beschönigungs- und Verfälschungstendenzen".[303] Diese Prozesse sind unvermeidliche, aber auch wünschenswerte Elemente einer Kommunikation dieser Art. Das bedeutet aber auch, dass es Grenzen der Annäherung, Reste an Fremdheit geben musste und diese als Teil „des Respekts vor dem erforschten Subjekt"[304] verstanden wurden. In der Auswertung musste bedacht werden, dass die Antworten der Fachkräfte Verzerrungen bzgl. der sozialen Erwünschtheit aufweisen oder persönliche Einstellungen erst aufgrund der Fragestellung spontan gebildet wurden.[305] Hier geht es allerdings nicht um Wahrheit und dementsprechend auch nicht um Lüge.

300 Vgl. Kaufmann 1999, S. 97–99; Breitenbach 1998, S. 63.

301 Schwabe 2002, S. 1012.

302 Kaufmann 1999, S. 80–81.

303 Vgl. Mummendey 2003, S. 159.

304 Breitenbach 1998 S. 64.

305 Vgl. Hartung 2000, S. 59.

In der Regel versuchen Menschen von sich ein „klar konturiertes Selbstporträt zu zeichnen“,[306] das eigene Tun als einheitlich und stimmig, als kongruent darzustellen. In diesem Fall konzentriert sich die Person ganz darauf, in ihren Meinungen und mit ihrem Verhalten Kohärenz unter Beweis zu stellen. Es musste berücksichtigt werden, dass die Fachkräfte ihre Sorge um die eigenen professionellen Ansprüche, Anforderungen bzw. Möglichkeiten des Handelns und ihre professionellen Unzulänglichkeiten bei der Abklärung verdecken (möchten), was als reaktive Tendenz auf eine soziale Erwünschtheit hinsichtlich der Antworten verstanden werden kann. Befragte Professionelle erwarten vermutlich, mehr oder weniger soziale Billigung für ihr Antwortverhalten zu erhalten. Man kann demnach die offen formulierte Antwort einer Person als Resultat mehr oder weniger bewusst vorgenommener Anpassungen bewerten.

Zu Beginn der Interviews ist es alles andere als vorhersehbar, ob die Daten relevante Informationen enthalten, um die Forschungsfrage zu beantworten und das zu untersuchende Phänomen zu erhellen.[307]
Das gewonnene Material ist nicht lückenlos, es war jedoch gehaltvoll genug und ausreichend für das Forschungsvorhaben, dessen Interpretation und Theoriegenerierung. Abgesehen von kleineren Einschränkungen bleibt festzuhalten, dass die Fachkräfte sowohl über ihre Fallarbeit wie über ihre Sicht- und Deutungsweise der Verdachtssituation und die beruflichen Herausforderungen offen und ausführlich berichtet haben.
Der besondere Aspekt der Interviewtexte lag – unerwarteter Weise – in der spontanen Benennung von Unzulänglichkeiten in der praktischen Arbeit und in den vielfältigen (auch emotionalen) Äußerungen in Bezug auf die persönlichen Erfahrungen und Befindlichkeiten der Professionellen im Casemanagement. Ausführlich berichteten die Professionellen zum einen, wie sie im beruflichen Alltag die Verdachtsmeldungen bzw. Verdachtsfälle der innerfamiliären sexuellen Kindesmisshandlung wahrnehmen und wie sie „Verdacht“ deuten. Zum anderen erzählten sie, wie sie das Familiensystem, Arbeitsbeziehung bzw. Kooperationen und Interventionsmöglichkeiten gestalten. Sie erläuterten, wie sie ihr Handeln deuten, sich selbst und ihre InteraktionspartnerInnen einschätzen, welche Wertigkeiten sie vertreten, welche Prämissen sie setzen, welchen Regeln und Argumenten sie folgen. Zudem wurde erkennbar, wie sie ihre eigene Professionalität beurteilen und welche berufliche Sozialisation und beruflichen Erfahrungswerte sie durchlaufen und erlebt haben.

306 Kaufmann 1999, S. 89–90.

307 Vgl. Gläser/Laudel 2004, S. 41.

4. Der Forschungsstil einer Grounded Theory

Da nicht auf Ergebnissen vorangegangener Arbeiten angeknüpft werden konnte und es sich vorliegend um unaufgeklärtes Terrain handelt, wurde der Forschungsstil einer Grounded Theory gewählt, der in seiner methodologischen Konzeption die Verbindung von empirischem und theoretischem Denken und Verstehen als Kriterium für wissenschaftliche Überlegungen kontinuierlich verfolgt.[308]

Der Verweis auf die Grounded Theory zählt in der BRD[309] inzwischen zum Standard qualitativ empirischer Forschung und wird interdisziplinär angewandt, wenn es um sprachlich vermittelte Handlungs- und Sinnzusammenhänge (vor allem unbekannter Natur), deren Erklärung und Interpretation geht.[310] Im Entstehungskontext der Grounded Theory in den Sechziger Jahren vertraten die „Väter der Grounded Theory",[311] Glaser und Strauss, die Position des „native going"[312] und sprachen sich gegen jede Art des opportunistischen Gebrauchs von Theorien und der Überprüfung von vorher aufgestellten Hypothesen aus.

Dadurch, dass sie den Schwerpunkt auf das Entdecken neuer Konzepte und Theorien legten, sollte dies das „Zwingen"[313] von empirischen Daten in vorgegebene Theorieraster *(forcing)*[314] verhindern. Die theoretische Strukturierung des Forschungsgegenstandes soll sich durch die Forschungssubjekte herausbilden und eine Offenheit gegenüber unerwarteten Informationen gewährleisten.[315]

308 Kein anderer Begriff im deutschen Sprachgebrauch ist missverstandener als der der Grounded Theory, und dies hat den Diskurs in der BRD erheblich verstellt. Grounded Theory wird in der BRD mit „Entdeckung gegenstandsbezogener Theorie" übersetzt, so Ruoß 2005. Gegenstandsbezogenheit gehört aber von vornherein zu jeder sozialwissenschaftlichen Untersuchung, die sich mit der Wirklichkeit eines bestimmten „Phänomens oder Problems" beschäftigt will. Vgl. Strauss 1998; Strauss/Corbin 1996.

309 In den USA zählt die Grounded Theory zum festen Bestand des Kanons qualitativer Sozialforschung. So weisen die drei mit der Grounded Theory hauptsächlich in Verbindung gebrachten Autoren Glaser, Strauss/Corbin in führenden Arbeitsbüchern die häufigsten Einträge auf. Vgl. Ruoß 2005.

310 Vgl. Ruoß 2005; Strauss 1998, S. 11.

311 Im Weiteren mit GT abgekürzt.

312 Kuckartz 1999, S. 9; Batawia 2002, S. 108.

313 Batawia 2002, S. 108.

314 Strauss 1998, S. 11.

315 Vgl. Gläser/Laudel 2004, S. 28; Kelle 1994, S. 18; Strauss 1998, S. 13.

Eine GT ist keine spezifische Methode, sondern „operiert"[316] mit einer Reihe von methodischen Leitlinien und Techniken, die geeignet sind, komplexe, (relativ) unbekannte Phänomene zu verstehen und zu erklären. Dies macht den Forschungsstil für die in dieser Arbeit vorliegenden Problematik und Fragestellung so interessant. Im Forschungsstil der GT wird die rein deskriptive Darstellung der Empirie und die Erhellung des zu untersuchenden Phänomens überschritten. Vielmehr „erscheint [etwas] für jemanden."[317]

4.1 Die Rekonstruktion professioneller Konstruktionen von Beruflichkeit in einem spezifischen Fallkontext

Die besondere methodologische Stellung einer rekonstruktiven Sozialarbeitsforschung[318] ergibt sich nicht aus einem besonderen erkenntnistheoretischen Stellenwert, sondern aus den „Eigenschaften des Forschungsgegenstands."[319] Der Untersuchungsgegenstand wird in seiner „Eigenlogik und in theoriebildender Absicht rekonstruiert."[320] Daraus lässt sich für die Sozialarbeitswissenschaft folgern, dass alles, was im Feld erforscht wird, durch situationsabhängige professionelle Interpretationen (vor-)geprägt ist, dass der Forschungsprozess selbst diese Eigenschaft aufweist und durch die Interpretationen des Forschers bestimmt wird.

Qualitative Sozialarbeitsforschung antizipiert, dass die präsentierte Wirklichkeit nicht objektiv wiedergegeben wird, sondern als eine durch Interpretationen der Forschungssubjekte konstruierte Wirklichkeit betrachtet werden muss. Sprachlich formulierte Alltagsaussagen sind bereits Interpretationen der Professionellen.[321] Spezifische Fallproblematiken der Sozialen Arbeit und deren Casemanagement durch handelnde Professionelle sind bereits vor der wissenschaftlichen Analyse existent, (vor-)konstruiert und erprobt worden. Realität ist das, was wir zu sehen, zu hören bekommen, bereits konstruiert ist, durch die spezifisch professionelle Sicht des Fallkontextes und dessen Verarbeitung im Casemanagement. Der professionelle Umgang mit impliziten wie expliziten Relevanzen findet in den beruflichen Alltag eingebunden statt und wirkt auch dort weiter. Mit emotionalen und kognitiven Konstruktionen haben Professionelle ihre Berufswelt im Voraus interpretiert, konzeptionalisiert und gemanagt:[322]

316 Badawia 2001, S. 51.

317 Strauss 1998, S. 12.

318 In der Literatur existieren unterschiedliche Ansätze zur rekonstruktiven Sozialforschung. In der vorliegenden Arbeit können diese Ansätze nicht im Einzelnen vorgestellt und diskutiert werden, sondern es wird an einige grundsätzliche Paradigmen angeknüpft.

319 Kelle 1994, S. 15.

320 Strauss 1998, S. 12.

321 Vgl. Bohnsack 2000 S. 14 und S.143; Urban 2004, S. 79 (Urban 2004) bezieht sich auf Lamnek 1995, S. 35.

322 Vgl. Bohnsack 2000, S. 29.

„Das sog. Alltagshandeln beruht auf Konstruktionen. Die Konstruktionen, die der Sozialwissenschaftler benützt, sind daher sozusagen Konstruktionen zweiten Grades: es sind Konstruktionen jener Konstruktionen, die im Sozialfeld von den Handelnden gebildet werden."[323]
Rekonstruktive Sozialarbeitsforschung beobachtet „einen bestimmten Ausschnitt einer sozialen (Alltags-)Welt, zieht Schlüsse, um mit diesen Beobachtungen zur (Weiter-)Entwicklung von Theorien beizutragen."[324]

> Sprachliche Äußerungen sind „indexikal", d.h. sie sind lediglich Indikatoren für bzw. Hinweise auf Bedeutungen und Bedeutungsinhalte. Die Bedeutungen sind nicht automatisch mit den Äußerungen verbunden. Man muss Interpretationen erbringen, um die richtigen Bedeutungen zu erschließen.[325]

Den zentralen Analysefokus bilden folglich die professionellen Äußerungen und deren zugrundeliegende Logik.[326] Sozialarbeitswissenschaftliche Erkenntnisse sind daher (Re-)Konstruktionen aus einer spezifisch wissenschaftlichen Perspektive, die den Erkenntnisgegenstand theoretisierend dem Verständnis zugänglich machen. „Im Zentrum einer rekonstruktiven Perspektive steht also das Verständnis der sozialen Wirklichkeit als Prozess von subjektiven und sozialen Sinnkonstruktionen."[327] Ein Verstehen von professionellen Äußerungen bzw. das Verstehen der in den Kognitionen enthaltenen impliziten Haltungen und Orientierungen setzt voraus, dass wir die Alltagspraxis und den relevanten Fallkontext in seiner Spezifik kennen, um die spezifische Sinn- und Relevanzstruktur für die in diesem Feld denkenden und handelnden Professionellen zu erkunden.[328]

4.1.1 Den Modus Operandi verstehen

> In jedem sozialwissenschaftlichen Forschungsprozess
> müssen wir verstehen, warum die Untersuchten so handeln,
> wie sie handeln.
> Wir müssen ihre Interpretationen der Situation verstehen,
> und wir müssen den Sinn verstehen,
> den sie ihren Handlungen geben.[329]

323 Bohnsack 2000, S. 30.

324 Vgl. Gläser/Laudel 2004, S. 22.

325 Bohnsack, S. 18.

326 Vgl. Froschauer/Lueger 2003, S. 18.

327 Urban 2004, S. 79.

328 Vgl. Bohnsack 2000, S. 24 und S. 67.

329 Gläser/Laudel 2004, S. 30.

Im Grunde wirft jede Kommunikation das Problem des Fremdverstehens auf. Es gilt diesen Prozess des (Fremd-)Verstehens methodisch zu kontrollieren. Man spricht deshalb auch im Rahmen der interpretativ verstehenden Methodologie von einem „methodisch kontrollierte[n] Fremdverstehen."[330] Die kontrollierte Abfolge von Interpretationsschritten, die systematische Generierung von Erkenntnis bezeichnet Bohnsack (2000) als „Praxeologische Methodologie."[331]

Das Verstehen als interpretatorische Basishandlung ist ein unverzichtbares Interpretationsmittel, um „soziales Handeln zu deuten, es in seinem Ablauf und in seinen Wirkungen ursächlich zu erklären und zu beschreiben".[332] Es gilt die generative Formel des professionellen Modus Operandi nachzuvollziehen und den kollektiven Habitus der Professionellen zu erfassen.[333] Ein Verstehen in diesem Sinne ist an den Nachvollzug der Handlungspraxis bzw. an die Existenz dieser Handlungspraxis gebunden.
Die „Machart oder Webtechnik geistiger Gebilde"[334] rücken im rekonstruktiv verstehenden Erkenntnisprozess in den Blick: „Aus den Kausalzusammenhängen versucht man dann auf Kausalmechanismen zu schließen, d. h. auf Prozesse, die zwischen Ursache und Wirkung vermitteln."[335]
Qualitatives Verstehen des Modus Operandi setzt Ursache und Wirkung (Sinn und Sinngestalt) miteinander in Beziehung.[336] Dieses Verstehen ist selbst wiederum Interpretation und wird von Glaser/Strauss als eine „konstitutive Leistung des Forschers"[337] bewertet und postuliert. Voraussetzung für das Verstehen ist das eigene Vorverständnis, das in der Interpretation versucht, sich für den Gegenstand zu öffnen. So bewegt sich das Verstehen in einer Dialektik zwischen Vorverständnis und Sachverständnis, in einem kreisenden oder richtiger, „in einem spiralförmig fortschreitenden Geschehen weiter".[338] Wir erfassen beim Verstehen der geistigen Realitäten, die einem bestimmten Erfahrungsraum angehören, die besonderen existenziell gebundenen Perspektiven nur dann, wenn wir uns den dahinterstehenden Erlebniszusammenhang erarbeiten.[339]

330 Vgl. Bohnsack 2000, S. 18.

331 Vgl. Bohnsack 2000, S. 193.

332 Vgl. Gläser/Laudel 2004, S. 23 und S. 30.

333 Vgl. Bohnsack 2000, S. 109; Kaufmann 1999 S. 94–96.

334 Vgl. Bohnsack 2000, S. 69.

335 Gläser/Laudel 2004, S. 23.

336 Vgl. Schründer-Lenzen 1997, S. 107.

337 Vgl. Gläser/Laudel 2004, S. 30.

338 Mayring 2000 S. 27.

339 Vgl. Bohnsack 2000 S. 272.

4.1.2 Das Kollektive im Einzelnen: die Theoriegenerierung

> Wissenschaftliche Erkenntnis ist in großen Teilen eher eine Erfindung oder eine Entwicklung [...] Theorien können nicht vorgefertigt in der Wirklichkeit gefunden werden, sondern müssen konstruiert werden.[340]

Die starke Verankerung in einem bestimmten Untersuchungsfeld, die als Vorzug (nicht als leitendes Paradigma) einer rekonstruktiven Sozialarbeitsforschung angesehen wird, lässt natürlich zugleich die Frage aufkommen, ob denn der Geltungsbereich über die Untersuchungsgruppe hinausreicht und eine Generalisierung für das Feld der Kinder- und Jugendhilfe gezogen werden kann und, wenn ja, worauf sich ein solcher Anspruch gründet.[341]
Alle theoretischen Ansätze der Sozialarbeitswissenschaft berücksichtigen, dass „soziale Akteure" Handlungsrelevanzen und Entscheidungsprozesse nicht nur auf der Grundlage individueller, sondern auch institutionalisierter (gesellschaftlicher) Wissensbestände interpretieren und danach ihre Handlungsziele und Interventionen ausrichten.[342] Die landläufige Annahme, dass sich im einzelnen Professionellen Kollektives widerspiegelt, obliegt der Überzeugung, dass sozialpädagogische Fachkräfte im Feld der Kinder- und Jugendhilfe nicht nur Träger von einfachen sozialen Interpretations- und Handlungsstrukturen sind, sondern „aktive Produzenten (sozial) kollektiver Handlungsvollzüge"[343] und als solche über ein Wissen verfügen, das es über das implizite Wertesystem der einzelnen Professionellen zu erkunden gilt. Die Einzelinterviews können hier als „Interaktionsfolien"[344] aufgefasst werden, innerhalb derer die Professionellen ihre individuellen wie kollektiven Bedeutungszuweisungen bzgl. des Themas „Verdacht auf Kindeswohlgefährdung" (innerfamiliäre sexuelle Kindesmisshandlung) eröffnen. Das Verstehen der einzelnen Person (im Interview) ist ein Werkzeug; das Ziel ist das „Erklären des Kollektiven".[345] Dem qualitativen Paradigma folgend, wird hier Professionalität nicht als objektiv gegebene, sondern als durch Interpretationsleistungen der Fachkräfte konstruierte berufliche Wirklichkeit verstanden.[346] Professionelle Sichtweisen, subjektive Konstruktionen des fachlichen Deutens und intervenierenden Handelns rücken in den Vordergrund. Der interpretatorische Fokus liegt auf dem, wie etwas gedeutet bzw. bewertet wird und wie darauf basierend gehandelt wird.[347] Damit will eine qualitative Sozialarbeitsforschung zu einem besse-

340 Strauss/Corbin 1996, S. 41.

341 Vgl. Gläser/Laudel 2004, S. 45; Froschauer/Lueger 2003, S. 19.

342 Vgl. Kelle 1994, S. 5.

343 Kaufmann 1999, S. 34.

344 Ader 2006, S. 64.

345 Kaufmann 1999, S. 34.

346 Vgl. Urban 2004, S. 79 (Urban bezieht sich auf Lamnek 1995 S. 43).

347 Vgl. Strauß 1998, S. 11; Flick/von Kardorff/Steinke (Hrsg.) 2007, S. 17; Roth 1997, S. 160; Ader 2006, S. 53.

ren Verständnis von Fallverläufen beitragen, aber auch auf hinderliche, dem Fallkontext nicht angemessene Handlungs- und Interventionsroutinen Sozialer Arbeit aufmerksam machen.[348] Es geht nicht um die Abbildung der repräsentierten Realität eines Fallkontextes, sondern die sozialpädagogische Handlungspraxis wird theoriebildend durch Rekonstruierung und Kontrastierung der strukturierten und begrenzten Handlungseinheit bei Verdacht auf innerfamiliäre sexuelle Kindesmisshandlung und dessen Abklärung gestaltet. Eine Theorie soll mit der notwendigen methodischen Strenge entwickelt werden, sie soll sich „soweit wie möglich an die Realität annähern, die sie repräsentiert".[349]

348 Vgl. Flick/von Kardorff/Steinke (Hrsg.) 2007, S. 14; Ader 2006, S. 53; Gläser/Laudel 2004, S. 30.

349 Strauss/Corbin 1996, S. 39.

5. Die Paketlösung[350] der einzelnen Techniken einer GT

Wie aufregend die Erfahrung bei der Datenerhebung auch sein mag, es kommt der Tag, an dem die Daten analysiert werden müssen.[351]

Im Forschungsstil der GT geht es grundsätzlich um die Bildung eines kategorialen Rahmens, der eine heuristische Strukturierung der Empirie ermöglicht und „das dröhnende, verflixte Durcheinander"[352] umfangreicher empirischer Texte ordnen kann.

Ein abgestimmtes Arsenal von Einzeltechniken des Kodierens, die im Folgenden allgemein dargestellt werden, bestimmt die Analyse. Trotz wissenschaftlicher Methodenstrenge soll das Verfahren und die Techniken der GT flexibel, den Umständen entsprechend angewendet werden; die Reihenfolge kann variieren und bei jedem Schritt sind Alternativen möglich.[353] Das vorgeschlagene Kodierparadigma stellt eher Faustregeln des Kodierens dar und diese sind als Leitlinien zu verstehen, die Orientierungshilfe in umfassenden qualitativen Texten geben können. Bestimmte Kodierschritte müssen allerdings immer ausgeführt werden.[354]

5.1 Das Kodierparadigma

Das Kodierparadigma erlaubt die dichte Entwicklung von Konzepten und Kategorien.[355]

350 Vgl. Hildenbrand 2007, S. 33 ff; Ruoß 2005, Strauss/Corbin 1996, S. 42; Badawia 2001, S. 52; Gläser/Laudel 2004, S. 45.

351 Kuckartz 1999, S. 9.

352 Strauss 1998, S. 31; Glaser/Straus 1998, S. 45 ff; Kaufmann 1999, S. 31–32.

353 Vgl. Strauss/Corbin 1996, S. 42; Batavia 2001, S.52.

354 Vgl. Strauss 1998, S. 31–32; Badawia 2001, S. 51.

355 Vgl. Strauss 1998, S. 30; Badawia 2001, S. 52.

Im Prinzip meint Kodieren, das „Aufbrechen der Daten“,[356] d. h. die Ordnung des Datenmaterials nach bestimmten, empirisch und theoretisch sinnvoll erscheinenden Gesichtspunkten und Themen. Nach Kaufmann (1999) und Strauss/Corbin (1996) geschieht das schrittweise Aufbrechen der Daten in einem ständigen Hin und Her zwischen aufmerksamkeitsgeleitetem Lesen, Verstehen, einer Hypothesenbildung und kritischem Schlussfolgern. Anfangs werden Textstellen, die zu einem für die Untersuchung relevanten Thema Informationen enthalten, mit einem Kode[357] markiert. Dies geschieht entweder durch theoretische Vorüberlegungen oder durch aufmerksames Lesen der Empirie. Das Herausgreifen eines Abschnittes oder Satzes aus dem Interview, ein brisantes und wichtiges Thema, das benannt wird, beschreibt ein „inhaltliches Konzept“.[358] Ein Konzept muss sich direkt auf die Daten beziehen. Die Bündelung bzw. theoretische Integration mehrerer Konzepte ergibt eine Kategorie, die einen höheren Abstraktionsgrad aufweist, als ein Kode.[359] Im Ergebnis des Kodierens entsteht ein heuristisches System von über den Text verteilten Kodes bzw. Konzepten, das die inhaltliche Struktur des Textes abbildet. Jetzt ist ein Suchen und Vergleichen nach einem gemeinsamen Auftreten von Themen in den verschiedenen Texten möglich.[360] Der Kodierprozess ist ein konstantes Wechselspiel zwischen deduktivem Aufstellen und induktivem Überprüfen und Verifizieren eines empirischen Schlüsselthemas. Diese Rückwärts- und Vorwärtsbewegung sind es, die eine GT gegenstandsverankert machen.

5.1.1 Offenes Kodieren

Das offene Kodieren erlaubt Variationsmöglichkeiten des textuellen Vorgehens. Es werden sowohl Zeile für Zeile (zum Teil auch jedes Wort), Sätze oder Abschnitte oder ein ganzes Dokument, eine Beobachtung oder ein ganzes Interview durchforstet. Offenes Kodieren stellt der GT den analytischen Prozess dar, der die sukzessive Entwicklung von Konzepten, d. h. eine Identifizierung und Unterteilung von Texteinheiten in Sinneinheiten markiert.[361] Die Bündelung mehrerer Konzepte ergibt eine Kategorie. Die gesamten Interviews werden folglich in Form von Kategorienlisten, auch Kategorienbäume oder -netze genannt, sortiert. Kategorien weisen Eigenschaften auf, die variabel oder einzigartig sind, und zeigen das „dimensionale Profil“[362] einer Kategorie auf.

356 Kelle 1994, S. 24.

357 „Ein Code ist ein technischer Begriff. Die unterschiedlichen Funktionen von Kodes spiegeln sich in der Grounded Theory in den verschiedenen Bezeichnungen wider, die dort für Codes verwendet werden. So findet man etwa die Begriffe Code, Kategorie, Konzept, Subkategorie, Dimension und Merkmal. Eine gegenseitige eindeutige Abgrenzung der Begriffe gelingt nicht.“ Kuckartz 1999, S. 95.

358 Batavia 2001, S. 53.

359 Vgl. Badawia 2001, S. 53; Strauss/Corbin 1996, S. 45.

360 Vgl. Gläser/Laudel 2004, S. 43; Ader 2006, S. 64.

361 Vgl. Strauss/Corbin 1996, S. 54–55.

362 Badawia 2001, S. 53.

5.1.2 Axiales Kodieren

Grundsätzlich geht das axiale Kodieren[363] über das reine Kategorisieren hinaus und treibt die Interpretation voran. Axiales Kodieren bezeichnet eine Feinanalyse und ist der Prozess des „In-Beziehung-Setzens“[364] der benannten und generierten Kategorien. Die Kategorienbäume (Netze oder Listen) werden verfeinert.[365]
Axiales Kodieren stellt einen komplexen Prozess induktiven und deduktiven Denkens dar, der durch Stellen von Fragen vollzogen wird. Beim axialen Kodieren sind die Fragen an die Empirie so gestellt, dass sie immer eine Beziehung zwischen den Kategorien herstellen und damit einen Vergleich derer zulassen. Um Beziehungen zwischen Kategorien zu finden, geht man unterschiedlich vor. Eine Form ist die Suche nach „signifikanten Zusammenhängen“,[366] d. h. nach einem gleichzeitigen oder häufigen Auftreten von Merkmalen, die nicht zufällig sein können, sondern empirische „Schlüsselthemen abbilden“.[367] Schlüsselthemen und deren kausale Verbindungen werden durch Schlussfolgerungen verifiziert bzw. generiert.
Dieser Verknüpfungs- und Verfeinerungsprozess geht in das selektive Kodieren direkt über, da in der vergleichenden Analyse allgemeine Muster erkannt werden und zur Benennung einer Kernkategorie führt.

5.1.3 Selektives Kodieren

Das selektive Kodieren geschieht auf einer abstrakteren Ebene. Jetzt ist nicht mehr das In-Beziehung-Setzen relevant, sondern die Integration der Schlüsselthemen bzw. Schlüsselkategorien in eine Kernkategorie.
Ist eine Kernkategorie gefunden und festgelegt, beginnt die dimensionale Analyse durch das Fragenstellen an die Kernkategorie, in Form von Wie-Fragen.[368]
Weil es sich um analytische Fragen handelt, sind es erkenntnisgenerierende Fragen, d.h. generierend für die Analyse selbst. Erkenntnisgenerierende Fragen beschreiben nicht nur Offensichtliches, sondern sie legen in der Formulierung von Hypothesen nahe, wie Phänomene möglicherweise miteinander in Beziehung stehen und welche Konsequenzen dies hat.

363 Das offene und axiale Kodieren kann im Forschungsprozess nicht eindeutig voneinander getrennt werden. Es findet ein Wechsel oder ein ineinandergreifen der beiden Verfahren statt. Vgl. Strauss/Corbin 1996, S. 77.

364 Strauss/Corbin 1996, S. 92.

365 Vgl. Badawia 2001, S. 53.

366 Strauss/Corbin 1996, S. 47 und S. 76.

367 Gläser/Laudel 2004, S. 25.

368 Vgl. Badawia 2001, S. 53.

Der logische Hiatus zwischen Kernhypothese und den empirischen Randbedingungen muss durch sog. „Brückenhypothesen“[369] theoretisch überbrückt werden. Brückenhypothesen formulieren die beobachtbaren empirischen Verhältnisse als Relation, der im theoretischen Kern (Kernhypothese) formulierten Zusammenhänge, d. h. Aussagen darüber, unter welchen Relevanzen typischerweise z. B. Fallinterpretationen oder Handlungsziele gerahmt werden, welche Kriterien hierfür relevant sind und welche Konsequenzen dies hat.
Da eine GT nicht an der Oberfläche bleibt, sondern auf „integrierende Konstrukte und damit auf latente Sinngehalte“[370] abzielt, richtet sich das selektive Kodieren „auf einen Nachvollzug subjektiven Sinns, auf eine Erschließung von Kleinkulturen in Bezug auf die Kernhypothese“[371]. Theoretische Deutungen, die in der Empirie mental nicht durchgängig repräsentiert werden, sondern „atheoretisch gemeint“,[372] also „indexikal“[373] für Bedeutungsinhalte sind, werden in Konfigurationen, die die Kernkategorie direkt betreffen, systematisiert.
Das selektive Kodieren ist also der Prozess des Auswählens der Kernkategorie, des systematischen In-Beziehung-Setzens der Kernkategorie mit Satellitenkategorien und die Validierung dieser Beziehungen durch Brückenhypothesen, um eine Integration in eine Theorie zu ermöglichen. Die Daten werden durch einen vielschichtigen Verstehensprozess validiert, der die Bedeutungs- und Sinnstrukturen im empirischen Material erkennbar werden lässt.[374]
Hierzu werden nach dem qualitativen inhaltsanalytischen Prinzip, den Satellitenkategorien systematisch relevante Informationen entnommen und relativ unabhängig vom Text weiterverarbeitet. Die Inhaltsanalyse entnimmt dem Text Informationen und wird getrennt vom Ursprungstext in neue (Satelliten-)Kategorien „synthetisiert.“[375]

Die aus dem Material induktiv erhobene Kernkategorie wird sensibilisierend durch theoretische wie empirische Konzepte gesättigt und in ihrer Entstehungslogik und Dynamik verifiziert.[376] Der weitere Prozess der Theoriebildung richtet sich gezielt auf die Generierung einer Kernkategorie deren Phänomene und deren prozessualen Verläufe. In diesem Sinne findet im Verlauf der Analyse eine Art fortdauernde Gewichtung, Neugewichtung und subsumtionslogische Vorgehensweise der heuristischen theoretischen wie empirischen Konzepte statt.[377] Selektives Kodieren ist auch die Offenlegung einer Story Line,[378] eine

369 Kelle 1994, S. 104.

370 Mayring 2000, S. 27.

371 Terhart 1997, S. 36.

372 Terhart 1997, S. 36.

373 Bohnsack 2000, S. 29; Batawia 2006, S. 109.

374 Vgl. Strauss/Corbin 1996, S. 94.

375 Vgl. Gläser/Laudel 2004, S. 43.

376 Vgl. Badawia 2001, S. 51.

377 Vgl. Badawia 2001, S. 53.

378 Strauss/Corbin 1996, S. 94.

Geschichte oder beschreibende Erzählung aus der Empirie über das zentrale Phänomen, genauer, die Kernkategorie der Daten.

5.1.4 Zusammenfassung

Am Anfang des Theoriegenerierungsprozesses werden Konzepte und Kategorien rigoros aus der Empirie offen und axial kodiert, damit der Prozess der Generierung einer Kernkategorie nicht gelähmt oder grundsätzlich verhindert wird. Während des offenen und axialen Kodierens und der systematischen Reflexion darüber, werden Hypothesenbildungen und erneute Kategorisierungen vorgenommen, die fortwährend modifiziert und durch Schlussfolgerungen verifiziert werden. Im selektiven Kodierschritt geht es um die Festlegung einer Kernkategorie, dessen systematisches In-Beziehung-Setzen mit Satellitenkategorien (das zentrale Phänomen, um das herum alle anderen Kategorien integriert sind). Der zirkuläre Wechsel zwischen Dateninterpretation und dem Prozess des „Schlussfolgerns“[379] dauert so lange an, bis die Kernkategorie gesättigt und ein immer höheres Abstraktionsniveau erreicht ist.

5.1.5 Gütekriterien einer GT

Jeder, der empirische Forschung betrieben hat, weiß, dass er die Formulierung der Forschungsfrage, die Wahl der Auswertungsmethoden, die Art der Darstellung der Ergebnisse so und auch anders konstruieren kann.
Die Güte eines (re-)konstruktiven Forschungscharakters ergibt sich nicht allein daraus, dass die Validitätskriterien wissenschaftlichen Arbeitens im Sinne der richtigen Methodologie erfüllt wurden, sondern auch durch ihre Nachvollziehbarkeit, Adäquatheit und Anschlussfähigkeit an vorhandene Forschung oder durch theoretisches Kontextwissen[380]
Die methodische Kontrolle wird durch den mit einem Leitfaden vorstrukturierten Kommunikationsverlauf eingehalten. Auf diese Weise wird die Reproduzierbarkeit des Gesprächsprozesses, die Vergleichbarkeit der Erhebung und Datenauswertung sicher gestellt, eine intersubjektive Überprüfbarkeit ist möglich.
Die Nachvollziehbarkeit wird durch ein regelgeleitetes Vorgehen, wie es der Forschungsstil der GT fordert, erfüllt. Die Kontrolle der inneren Konsistenz der Interpretation wird durch die dargelegten empirischen wie theoretischen Konzepte ermöglicht. Das Vorgehen im Forschungsstil der GT zwingt zur Transparenz. Jeder Schritt wird dokumentiert. Das durch das Kodierparadigma regelgeleitete Vorgehen fordert, dass der Erkenntnisprozess expliziten Regeln folgen muss, um rekonstruieren zu können, auf welchem Wege die Forscherin zu den Ergebnissen

379 Vgl. Hildenbrand 2007, S. 34; Rouß 2005.

380 Vgl. Ader 2006, S.65; Froschauer/Lueger 2003, S. 19.

gelangt, die präsentiert werden.[381] Kodierungsschritte werden dargelegt und in der Interpretation mit Interviewzitaten der Empirie belegt, die Transparenz des Vorgehens im Forschungsprozess wird dadurch etabliert.[382]

Es geht also um die Plausibilität von Ergebnissen, die für das Feld der Kinder- und Jugendhilfe und dessen Handlungsauftrag relevant sind. Der Reputationsgewinn für eine sozialpädagogische Praxis der Verdachtsabklärung einer innerfamiliären sexuellen Kindesmisshandlung stellen die vorgeschlagenen Veränderungsmöglichkeiten einer sozialpädagogischen Verdachtsverifizierung dar, die sich unmittelbar aus der generierten Interventionstheorie schlussfolgern.

Um eine Orientierungshilfe zu geben, wird die gesamte Konzeption der Studie im Überblick grafisch dargestellt.

Das Forschungsdesign und dessen zentrale Elemente

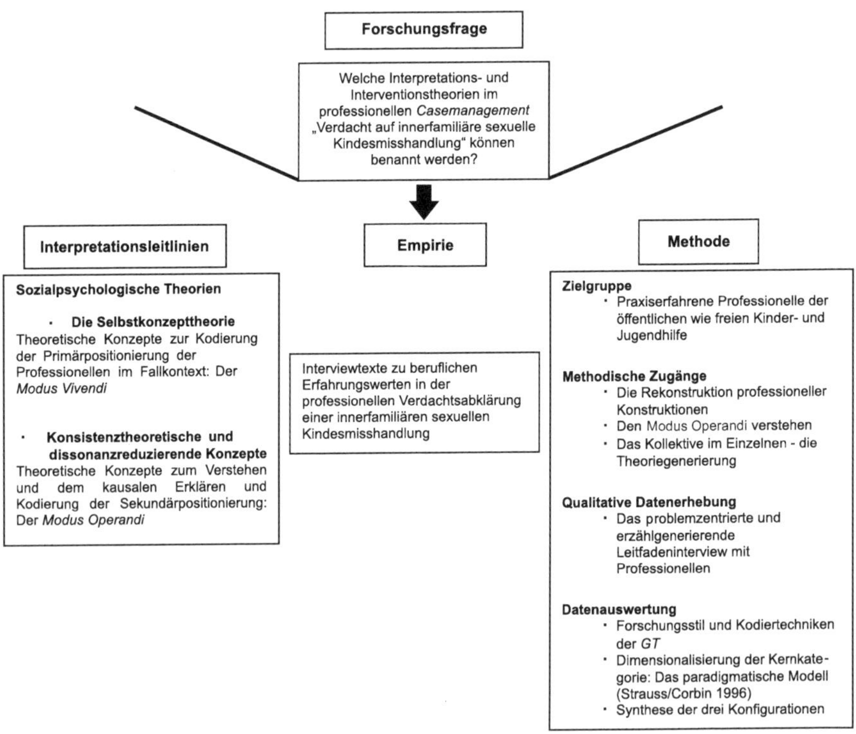

381 Vgl. Gläser/Laudel 2004, S. 29.

382 Vgl. Kaufmann 1999, S. 39.

6. Konkrete Auswertungsschritte am transkribierten Interviewtext

Es gibt verschiedene Wege, den Prozess des offenen Kodierens konkret und praktisch anzugehen. Für die vorliegende Empirie war es zunächst sinnvoll, entlang des Interviewleitfadens mit seinen Themenkomplexen, also abschnittweise, zu kodieren. Im Unterschied zu sequenziellen Techniken, die nacheinander jede Interviewsequenz für sich interpretieren, um die Texte nicht auseinanderreißen zu müssen, wurde das vorliegende Interviewmaterial nach Themenkomplexen gemäß des Interviewleitfadens sortiert. Im Folgenden werden Grobkategorien vorgestellt.

6.1 Der erste Analysekomplex

6.1.1 Erste Orientierung: offenes und axiales Kodieren entlang des Interviewleitfadens

Im ersten Schritt des Verstehenszirkels wurde die Datenbasis nach den im Interviewleitfaden vorher bestimmten Themenkomplexen in 18 Grobkategorien eingeteilt (Abb. 1) und die narrativen Textpassagen den jeweiligen Fragen zugeordnet. Um die Vergleichbarkeit der Interviews zu sichern, war es wichtig nachvollziehen zu können, wie die Professionellen auf welche Frage geantwortet haben und welche speziellen Themen sie in diesem Themenkomplex benannten. Die Grobkategorien wurden in Bezug auf die „augenfälligsten Themen"[383] gelesen, mit Memos

383 Strauss/Corbin 1996, S. 39; Kaufmann (1999), S. 38. Hier ist ein aufmerksamkeitsgesteuertes Lesen gemeint, das Glaser/Corbin (1996) als die „theoretische Sensibilität" der Forscherin verstehen, die es erlaubt, umfassendes empirisches Material zu erfassen. Theoretische Sensibilität entspringt einer Vielzahl von Quellen. Eine Quelle ist das Lesen von relevanter Literatur und die berufliche Erfahrung der Forscherin. Vgl. Strauss/Corbin 1996, S.25 ff. Dies bezieht sich auf eine persönliche Fähigkeit der Forscherin, Feinheiten innerhalb der Bedeutungserschließung der Daten wahrzunehmen. Die Ausprägung der theoretischen Sensibilität hängt vom vorausgehenden Literaturstudium und von Erfahrungen, die im jeweiligen Phänomenbereich selbst gemacht wurden. Eine Quelle bezieht sich auf die Fähigkeit, Einsichten zu gewinnen, den Daten Bedeutung zu verleihen, Zusammenhänge zu verstehen und das Wichtige vom Unwichtigen zu trennen. All dies wird eher durch konzeptionelle als durch konkrete Begriffe erreicht. Aufmerksamkeitsrichtungen sind sowohl theorie- als auch empiriegeleitet.

versehen bzw. computergestützt markiert.[384] Verbalisierte Konstrukte und Themen der Professionellen wurden durch die Markierung als sog. Kodelisten sichtbar und stellten zunächst die grundlegende Basis für weitere Interpretationsschritte dar.[385]

Im Rahmen dieses ersten Auswertungskomplexes wurde klarer, dass Deutungen, Meinungen und Statements der Professionellen über einen Verdachtsfall in einem Konglomerat zwischen dem, was sie dachten, deuteten und dem, was sie tun wollten oder anstrebten zu tun, im Gesamtinterview diffus und unstrukturiert verwoben waren.

6.1.2 Offenes und axiales Kodieren in den drei Hauptkategorien: die Situations-, Deutungs- und Handlungsrahmung

Nach diesen ersten Überlegungen und empirischen Entdeckungen wurden die 18 Grobkategorien sinnvoller Weise in drei Hauptkategorien unterteilt (Abb. 2). Diese Differenzierung war notwendig, um die unstrukturierten und ineinander verwobenen Äußerungen der Professionellen zu ordnen und zu verstehen. Narrative Passagen der Grobkategorien wurden mit den gestellten Fragen in die jeweiligen Hauptkategorien eingeordnet. Die Verbalisierungen zu den Kontextbedingungen (Situationsrahmung) und zum Deutungs- wie Handlungsrahmen wurden hierdurch deutlicher erkennbar.[386] Dieses Vorgehen war notwendig, um eine erste Struktur zu bilden, auf deren Grundlage die Fülle des Materials übersichtlicher und dessen Komplexität reduziert wurde. Es konnte eine inhaltliche Einordnung von Wahrnehmungen, Denkstrategien und Handlungsprioritäten der Professionellen vorgenommen werden.
Nach der Kategorisierung der drei Hauptkategorien wurden Einzelaussagen vergleichend in den jeweiligen Kategorien auf die zu erfassenden professionellen Haltungen hin erneut computergestützt offen und axial kodiert. Schrittweise wurden Merkmale und Schlüsselthemen in den Hauptkategorien verglichen und Zusammenhänge hergestellt. Im Sinne des axialen Kodierens standen Fragen im Raum, die ein In-Beziehung-Setzen derselben ermöglichten:

384 Die ersten offenen und axialen Kodierschritte wurden mit einem computergestützten Datenmanagement, das im letzten Jahrzehnt entwickelt worden ist, durchgeführt. Für diese EDV-Programme zur computergestützten Analyse qualitativer Daten hat sich im englischen Sprachgebrauch die Bezeichnung QDA-Software durchgesetzt. QDA steht hierbei für „Qualitative Data Analysis“. Die heutigen QDA-Programme ermöglichen komplexe Textanalysen und es geht darum, ausgehend von einem Set von Originaltexten, einen neuen Text zu erstellen. Die systematischmethodisch kontrollierte Textanalyse ist das Ziel, zudem erlaubt das QDA-Programm einen Überblick über die Struktur der Daten. Die QDA-Software stellt für solche systematische Formen der Textbearbeitung verschiedene Werkzeuge zur Verfügung. Im Mittelpunkt stehen die Texte, die inhaltlich zusammenhören, die sowohl zu vergleichen als auch zu kontrastieren sind; es können Gemeinsamkeiten herausgearbeitet und Regelmäßigkeiten festgestellt werden. Zuerst wurden zwei Textgruppen gebildet – die Interviews der öffentlichen Trägerschaft und die der freien Trägerschaft. Im weiteren Verlauf der Analysetätigkeit wurde diese Einteilung, die Kuckartz (1999) vorschlägt, nicht mehr verfolgt, da die sich heraus kristallisierenden Schlüsselthemen trägerunabhängig und keine spezifischen Institutionseffekte festzustellen waren. Vgl. Kuckartz 1999, S. 10–23.

385 Vgl. Kuckartz 1999, S. 10.

386 Die drei Hauptkategorien mit Fragen und entsprechenden Antworten aus den Originalinterviews wurden erneut in das MAX-QDA-Programm importiert.

- Welche markanten professionellen Haltungen können im Quervergleich der drei Hauptkategorien identifiziert und welche Schlüsselthemen können hierfür als relevant benannt werden?

- Lassen sich Zusammenhänge bzw. Beziehungen zwischen Bewertungsund Deutungskonstrukten und den geplanten wie initiierten Interventionen der Professionellen herstellen, wenn ja, wie konkret sind diese und wie lassen sich die Schlüsselthemen kognitiv und emotional fassen?

Auffällig war, dass alle befragten Professionellen (n = 13) sich mit der Frage des Verdachts auf sexuelle Kindesmisshandlung und dessen Mehrdeutigkeit wie Intransparenz persönlich, emotional und professionell hilflos auseinandersetzten. Erkennbar wurde außerdem, dass die kognitive und emotionale Auseinandersetzung bei allen Professionellen von großen Unsicherheiten und fachlichen Ambivalenzen begleitet war. Die verunsicherte professionelle Auseinandersetzungsleistung betraf nicht nur die Wahrnehmung und Einschätzung des Verdachtsfalles in seiner Symptomatik, sondern auch die Handlungsplanung im Sinne der verpflichtenden Arbeitsaufträge. Hier konnten inhaltlich weder geschlechtsspezifische noch institutionsspezifische Unterschiede oder besondere Abweichungen, die in den Kategorien oder Analyseschritten zu berücksichtigen waren, ausgemacht werden. Die professionelle Unsicherheit in der Fallkonfrontation ist geschlechts- und institutionstunabhängig. Angenommen wird bereits in diesem Stadium der Analyse, dass das Phänomen einer verunsicherten Professionalität ein emotionales wie kognitives Konstrukt aller interviewten Professionellen im Feld der Kinder- und Jugendhilfe ist und sich auf das weitere Casemanagement auswirken muss.

Im weiteren Analyseverlauf wurde entschieden, die Hauptkategorie „Situationsrahmung“ so zusammenzufassen, dass sich hieraus lediglich die Stammdaten, der Kenntnisstand zum Thema u. a. der Untersuchungsgruppe ergaben.[387]

6.1.3 Axiales und selektives Kodieren in zwei Hauptkategorien: die Deutungs- und Handlungsrahmung

Im Weiteren wurden die zwei Hauptkategorien, Deutungsrahmung und Handlungsrahmung, dahingehend untersucht bzw. kodiert, wie die Fachkräfte ihre Beruflichkeit einschätzen, welche berufliche Sozialisation und beruflichen Erfahrungswerte bzgl. einer Verdachtsabklärung sie durchlaufen haben. Gefragt wurde, welche Auswirkungen und Konsequenzen diese Erfahrungswerte und berufliche Positionierung auf den Fallkontext haben (Abb. 4).

387 Die Zusammenfassung ist in der Arbeit unter Punkt 3.2.1 bzw. in den Fußnoten des Interviewleitfadens zu lesen.

6.1.3.1 Die Hauptkategorie: Deutungsrahmung

Die Deutungsrahmung wurde zum einen in den Interviews die Aussagen zu „Verdacht“, dessen professioneller Einschätzung und Bewertung kodiert und miteinander verglichen bzw. in Beziehung gesetzt. Zum anderen waren Aussagen zu der konkret erlebten und geäußerten Beruflichkeit, wie Arbeitssituationen, welche bestimmenden Wertigkeiten, Schwerpunkte und Prämissen im Berufsalltag gesetzt werden und welchen beruflichen Regeln die Professionellen folgen. Erkennbar waren intensiv geäußerte Gefühle wie Angst, Ohnmacht und berufliche Hilflosigkeit der Fachkräfte. Unsicherheiten in der Verdachtsverifizierung wurden durchgängig verbalisiert. Die Deutungsrahmung bildet sich vermeidend, intuitiv und unsicher ab, d. h., die Professionellen äußern kein gefestigtes diagnostisches Know how in ihrer Tätigkeit, sie scheinen nicht auf standardisierte Methoden der Diagnostik zurückgreifen zu können. Eine klare, professionell selbstwirksame Arbeitshypothese fehlt und eine diagnostische Abklärung im Sinne von tentativen und terminalen Entscheidungen und Erkenntnisfestlegungen bleibt aus. Die wahrgenommenen oder gemeldeten Verdachtsmomente bleiben diagnostisch intransparent und werden hauptsächlich intuitiv von den Professionellen erfasst. Aus der weiterführenden Frage des professionellen Umgangs mit Verdacht kristallisierte sich ein generalisiert intuitiver wie diffus ambivalenter Wahrnehmungs- und Einschätzungsmodus heraus.
Die letztlich orientierungslose Auseinandersetzungsleistung der Professionellen kennzeichnen die Verdachtsverifizierung.

6.1.3.2 Die Hauptkategorie: Handlungsrahmung

Die Handlungsrahmung wurde zum einen in den Interviews über Aussagen zu institutionellen Gegebenheiten, Arbeitsaufträgen, den genannten ersten Arbeitsschritten und Kriterien zu erfolgreichem Handeln kodiert und miteinander verglichen bzw. in Beziehung gesetzt. Zum anderen waren Aussagen zu wichtigen Kooperationsbeziehungen von Bedeutung, deren Wahrnehmen und Interpretation und die Gestaltung dieser Arbeitsbeziehungen bzw. Absprachen untereinander. Konkret wurde, wie Arbeitssituationen gedeutet, wie Kooperationen beruflich eingeschätzt werden, welche kommunikativen Wertigkeiten, Schwerpunkte und Prämissen gesetzt werden und welchen Regeln und Argumenten diese folgen. Erkennbar waren Unstimmigkeiten und widersprüchliche Argumentationen bei der Umsetzung und der Konstruktion der Kooperationsgespräche. Dabei wurden Eindimensionalität und das Zurückgreifen auf langjährige, eher konservative Datenschutzargumentationen durchgängig verbalisiert. Die Handlungsrahmung bildet sich „de-professionalisiert“ ab, d. h. Abweichungen von Handlungsverpflichtungen, professionelle Umwege der Intervention und zielabweichende Erfolgsmeldungen konnten festgestellt werden. Darauf aufbauend wurde zudem deutlich und transparent, welche Bilder und Meinungen sich die Professionellen von Familienmitgliedern, vor allem von den (betroffenen) Kindern machten oder antizipierten. Die so genannte Helfer-Familien-Interaktion zeichnet sich durch Kontaktvermeidung zum Kind aus.

Es kristallisierte sich zunehmend heraus, dass die Fachkräfte um die genaue Verdachtsbegrifflichkeit und Verdachtsdefinition fachlich-argumentativ kreisen: Diagnostische Arbeitsschritte zur Verifizierung der Verdachtshinweise werden nicht genutzt oder erscheinen im professionellen Know how einer Verdachtsverifizierung. Die Professionellen versuchen dennoch durch Bewältigungsstrategien einen Modus im Casemanagement zu finden, sprich, wirksam zu handeln. Hierbei konnten verschiedene Strategien des Denkens und vorausschauenden Handelns festgestellt werden, die sich durch das gesamte Interview an kognitiven Dissonanzen bzgl. der Handlungsaufträge bei einer vermuteten Kindeswohlgefährdung zogen, als auch sich an den geäußerten Einschätzungen und Bewertungen des Verdachtskontextes zeigten. Die Hypothese des argumentativen Kreisverkehrs und die professionelle Unsicherheit als Motor im Casemanagement verdichteten sich. Das Verharren im Zweifel und die professionelle Unsicherheit scheinen zu bewirken, dass nichts in Richtung Kinderschutz geschieht und die fehlende stringente Verifizierung der Symptomatiken oder eine fachliche Diagnostik des Fallkontextes zu bemängeln sind. Es heißt zunächst, dass möglicherweise über längere Zeit nichts „nach außen" dringt, was das Wahrnehmen und Denken der Professionellen oder die Institution, im Sinne von Kooperationen oder Kinderschutz-Interventionen, gleichermaßen mit einschließt.
Dieser Analyseabschnitt: das offene und axiale Kodieren in drei – im weiteren Verlauf in zwei Hauptkategorien – wurde als kognitive und emotionale Aneignungsprozesse der Professionellen verstanden und etikettiert. Hier konnten deren Motivationen und Interpretationen des Untersuchungsgegenstands sowie ihre Interventionshaltungen zwar geortet, jedoch noch nicht in einen schlüssigen Gesamtzusammenhang gebracht werden.

Es wird die Kernkategorie[388]: „Aufrechterhaltung des sozialpädagogischen Zweifels" festgelegt. Das Verharren im Zweifel, ob ein Verdacht auf eine innerfamiliäre sexuelle Kindesmisshandlung vorliegt oder nicht, wird als zentrales Phänomen erkannt, um das sich sowohl das Denken, Deuten wie die Handlungsmotivation der Professionellen dreht.
In den folgenden Abbildungen 1–3 wird ein Analysenachvollzug der einzelnen Kodierschritte im ersten Analysekomplex ermöglicht.

388 Strauss/Corbin 1996, S. 94.

1. Analysekomplex: 1. Schritt: Sequenzierung der 13 Interviews in 18 Grobkategorien (Abb. 1)

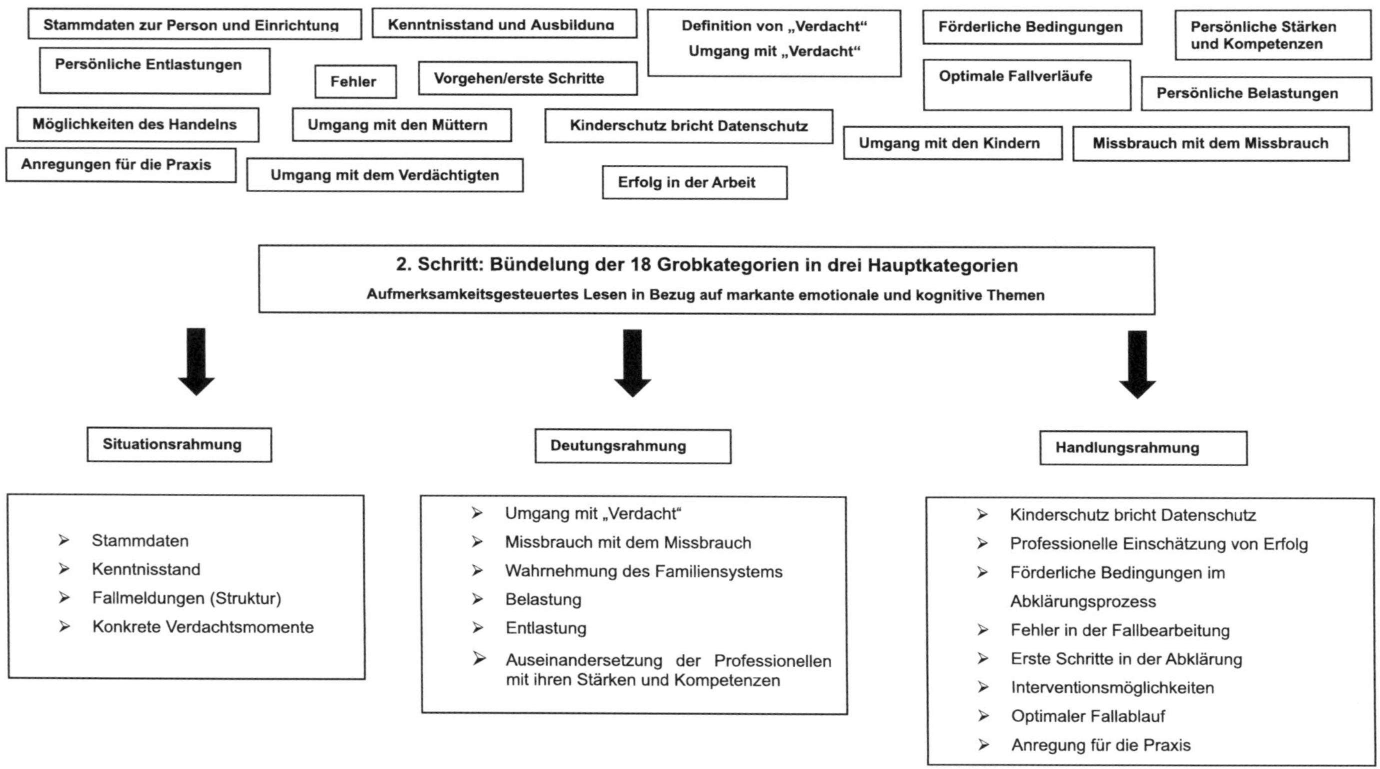

3. Schritt: Erneute Sequenzierung der Originalinterviews mit den entsprechenden Kernfragen (Abb. 2)

Situationsrahmung

Stammdaten zur Person
Kenntnisstand

Kontextdaten
(Punkt 3.2.1)

Deutungsrahmung

- Umgang mit Verdacht
- Belastung
- Entlastung
- Professionelle-Familien-Interaktion

Handlungsrahmung

- Kinderschutz bricht Datenschutz
- Anregungen für die Praxis
- Optimaler Fallverlauf
- Erste Schritte der Fallbearbeitung
- Fehler
- Förderliche Bedingungen
- Interventionsmöglichkeiten
- Erfolg
- Stärken, Kompetenzen

- **Aneinanderreihung der Originaltextpassagen mit Kernfragen in die einzelnen Kategorien**
- **Kategorie: Umgang mit „Verdacht" wird in die Deutungsrahmung aufgenommen**

4. Schritt: Offenes und axiales Kodieren der Hauptkategorien: Deutungsrahmung und Handlungsrahmung

Deutungsrahmung: unsicher/intuitiv

Wahrnehmungs- und Einschätzungskompetenz eines Verdachtsfalls

- Frage der Professionalität
- Psychohygienische Maßnahmen (Belastung, Entlastung)
- Kontakt/Gespräch mit dem Kind/Opfer und weiterer Familienmitglieder

Handlungsrahmung: de-professionalisiert

Definition/Umsetzung der Arbeitsaufträge

- Handlungsaufträge (Verdachtsverifizierung, Kinderschutz einleiten)
- Datenschutz
- Definition für erfolgreiches Handeln
- Kooperationen (Gericht und andere Fachkräfte)

4. Schritt: Axiale und selektive Kodierung in den zwei Hauptkategorien (Abb. 3)

Deutungsrahmung

Kodes

- Wahrnehmungskompetenz
- Wahrgenommene Verdachtsmomente
- Frage der Profession
- Zwiespalt Strafanzeige
- Meldungsstruktur
- Glaubwürdigkeit von Kindern
- Psychohygiene
- Missbrauch mit dem Missbrauch
- Täter
- Fachliche Hindernisse/Hürden im Abklärungsprozess

Handlungsrahmung

Kodes

- Datenschutz
- Wahrnehmung „Verdachtsfall“
- Anregung für die Praxis
- Beratung von Kindern/Opfern
- Fehler in der Fallbearbeitung
- Förderliche Bedingungen
- Möglichkeiten der Intervention
- Mutter als potenziell schützende Person
- Erfolg in der Abklärung
- Arbeitsauftrag

Festlegung der Kernkategorie: „Aufrechterhaltung des sozialpädagogischen Zweifels“

6.2 Der zweite Analysekomplex

Im zweiten Analysekomplex wurden die beiden Hauptkategorien (Deutungsrahmung und Handlungsrahmung) mit ihren jeweiligen thematischen Kodes inhaltsanalytisch verdichtet[389] und im Weiteren zwei Argumentationsfäden (Story Line)[390] durch selektives Kodieren konstruiert, die es ermöglichten, die argumentative Verlaufsstruktur im gesamten professionellen Casemanagement zu erkennen.

Zunächst offenbarte der interpretatorische Blick zwei Ebenen: Zuerst wurde festgestellt, wie sich die Professionellen im speziellen Fallkontext Verdacht auf eine innerfamiliäre sexuelle Kindesmisshandlung fachlich verorten und beruflich positionieren – die Primärpositionierung. Zum anderen war interessant, wie die Professionellen aus ihrer fachlichen Primärpositionierung heraus das weitere Casemanagement konstruieren, sozusagen managen – die Sekundärpositionierung.

6.2.1 Das selektive Kodieren nach dem paradigmatischen Modell nach Strauss/Corbin (1996)

Um der argumentativen Verlaufsstruktur der Professionellen zu folgen, wurden nach dem paradigmatischen Modell von Strauss/Corbin (1996) die Fragen an den Text gestellt. Das paradigmatische Modell, das eine handlungs- und interaktionsorientierte Methode der Theorieentwicklung darstellt, kann Kausalzusammenhänge herstellen, die sonst verborgen blieben.[391] Das Modell ermöglicht ein schrittweises Fragestellen, um darauf basierend die Kernkategorie „Aufrechterhaltung des sozialpädagogischen Zweifels“ mit den Randbedingungen der Empirie (Hauptkategorien) in Beziehung zu setzen.

389 Wiederholte Äußerungen und Themen wurden zusammengefasst. Typische Ausdrucksweisen der Professionellen wurden durch andere Begriffe ersetzt, um die Anonymität der Einzelnen zu gewährleisten. Pausen und Worthülsen wurden herausgestrichen, um den Text anschaulicher zu machen, zudem ist er flüssiger zu lesen.

390 Strauss/Cobin 1996,S. 96: Eine Story Line ist ein roter Faden, die Konzeptionalisierung einer beschreibenden Geschichte über das zentrale Phänomen der Untersuchung – die Kernkategorie betreffend.

391 Vgl. Strauss/Corbin 1996, S. 78ff.

Das paradigmatische Modell nach Strauss/Corbin (1996)[392]

A) Ursächliche Bedingungen:
Am Anfang stehen ursächliche Bedingungen, die auf Ereignisse oder Vorfälle hinweisen, die zum Auftreten oder zur Entwicklung eines Phänomens führen.

B) Finden und Benennen des Phänomens

C) Der Kontext:
Der Kontext beschreibt den besonderen Satz von Bedingungen, innerhalb dessen die Handlungs- und Interaktionsstrategien stattfinden, um ein spezifisches Phänomen zu bewältigen.

D) Intervenierende Bedingungen:
Diese wirken sich entweder fördernd, einengend oder hinderlich auf die gewählten Handlungs- und interaktionalen Strategien aus, die innerhalb des spezifischen Kontexts eingesetzt werden.

E) Handlungs- und interaktionale Strategien:
Handlungen und Interaktionen sind prozessual, d. h. sich in ihrer Natur entwickelnd. Deshalb können sie über die „Bewegung“ untersucht werden. Handlung und Interaktion sind zweckgerichtet und zielorientiert, es gibt einen Grund, etwas zu tun, deshalb wird die Handlung mittels Strategien und Taktiken vollzogen. Obgleich nicht jede Handlung absichtlich oder bewusst ist, ist sie in einigen Fällen wohlüberlegt und wird reflexiv abgewogen. Das heißt, wenn eine Person in einer bestimmten Situation etwas tun sollte, es aber nicht tut, dann müssen wir fragen: Warum?

F) Konsequenzen:
Handlungen und Interaktionen, die als Antwort auf oder zur Bewältigung eines Phänomens ausgeführt werden, bewirken bestimmte Ergebnisse oder Konsequenzen. Diese sind nicht immer bewusst, vorhersagbar oder beabsichtigt. Das Versäumnis, eine Handlung oder Interaktion auszuführen, hat auch Ergebnisse oder Konsequenzen. Die Konsequenzen können zu einem Teil der Bedingungen werden, die die nächste Handlungs- und Interaktionsreihe einer Handlungsfolge beeinflussen – oder sogar ein Teil der Bedingungen, die eine ganz andere Handlungsfolge auslösen. Die Konsequenzen einer Interaktion zu einem Zeitpunkt können so zu einem Teil der Bedingungen zu einem späteren Zeitpunkt werden.

392 Strauss/Corbin 1996, S. 78ff.

6.2.1.1 Die Story Line[393] des Modus Vivendi

Zur Generierung des Modus Vivendi wurden zwei Zugänge empirisch definiert: Der erste Zugang erfolgt über die direkten kognitiven und emotionalen Konstruktionen der Professionellen bzgl. ihrer erlebten Beruflichkeit im Fallkontext „Verdacht auf eine innerfamiliäre sexuelle Kindesmisshandlung“. Das berufliche „Voraussetzungsprofil“[394] entfaltet sich in den professionellen Äußerungen zu ihren Berufserfahrungen, den beruflichen Wertehaltungen und der Wahrnehmung der institutionell definierten Berufsrolle. Der zweite Zugang findet über die verbalisierten Arbeitsschritte der Diagnostik und deren Anwendung zur Einschätzung und Verdichtung der Verdachtshinweise statt, verbunden mit den kognitiven und emotionalen Schlüsselthemen zu „Verdacht“ und dessen Bewertung.[395]

Im Hinblick auf den ersten Zugang stellte sich die Frage, wie die Fachkräfte sich im Fallkontext „Verdacht“ professionell verorten. Hier war sowohl das Erleben und Deuten von Beruflichkeit bzw. Professionalität als auch die fachliche Primärpositionierung hinsichtlich eines Verdachtsfalls und der Verdachtshinweise ausschlaggebend. Die Verschränkung der Wahrnehmung und Einschätzung der Fallkomponenten und das berufliche Selbstverständnis im Fallkontext waren vielversprechend. Weiter wurde das Augenmerk auf das Erleben von Beruflichkeit gerichtet. Es interessierte hier die Interpretation der Berufsrolle und der Professionsmaximen sowie die diagnostischen Kompetenzen zur Verifizierung der Verdachtshinweise. Zusammengefasst wurden die Selbstsicht auf die Professionalität und die qualitative Gestaltung der Berufsrolle einer Fachkraft in einem speziellen Fallkontext kodiert. Hier wird die berufliche Selbstsicht im Sinne einer Berufsrollendefinition in ihrer Ausprägung, ihren Nuancen und spezifischen Eigenschaften gefiltert und als professionelle Bühne für das weitere Casemanagement interpretiert.
Die empirischen Informationen wurden selektiv kodiert, in Beziehung gesetzt und die enthaltenen Schlüsselthemen inhaltsanalytisch verdichtet und ein Argumentationsfaden gebildet.

Die nachfolgende Story Line, die exemplarisch aus vier analysierten Interviews zusammengefasst wird, veranschaulicht die Argumentation der Professionellen hinsichtlich ihrer erlebten Primärpositionierung, was den Fallkontext und ihre Beruflichkeit betrifft.

393 Vgl. Strass/Corbin 1996, S. 94.

394 Vgl. Greve 2002, S. 317.

395 Vgl. Fischer/Riedesser 2003, S. 68.

In den seltensten Fällen wissen sie das hundertprozentig, das ist ja, [...] das ist ja das Fatale [...] das kann ja von vielen Sachen herrühren [...]. Das ist ein Gefühl und man kriegt natürlich im Laufe der Jahre auch, denke ich, schon einen ganz guten Blick dafür. Das ist ja oft mit einer Intuition verbunden, mit einem Gefühl, also dadurch definiere ich es, also ein Gefühl, Intuition, wir kommen aber oft nicht weiter, weil wir nicht genügend Informationen haben [...] Wenn ich keine Beweise habe, dann komme ich tatsächlich in das Dilemma, dass ich vor dem Punkt der Grenzen meiner Hilfe stehe, wo man sagt: Da bin ich nicht mit weitergekommen, und es ist noch zu keinem Hilfeprozess gekommen, der trägt. Man kommt in so eine Hilflosigkeit, so eine Ohnmacht [...] man weiß ja nie, was richtig ist [...] und dann müssen wir es aushalten, dass der Fall brachliegt, und wir haben keine Handhabe. [...]. Die Leute kommen her in der Hoffnung, der Berater könnte mit seiner omnipotenten Erfahrung zu einer Wirklichkeitseinschätzung kommen, und sie haben diese Fantasie: „Der Professionelle kann das sofort richten", diesen Wunsch an den Fachmann muss man erst entkräften um innerlich wieder eine Distanz zu erarbeiten.[396]

Die professionelle Primärpositionierung – der Modus Vivendi – hinsichtlich eines Verdachtsfalls ist der entscheidende kausale Faktor zur Erklärung der folgenden fachlichen Prioritätensetzung und Intervention im Casemanagement.[397]
Um die Wirkungsmechanismen der Primärpositionierung im Fallkontext zu verstehen, wird im zweiten Untersuchungsabschnitt nach der Sekundärpositionierung im Casemanagement geforscht, die sich logisch aus der Primärpositionierung entspinnen soll. Zudem wurde das Augenmerk auf die Aussagen gelenkt, wie sich die geäußerten Positionierungen im Modus Vivendi auf das weitere Casemanagement auswirken.

6.2.1.2 Die Story Line des Modus Operandi

Im nächsten Analyseschritt wurden reflexive Einstellungen und Entscheidungen der Professionellen, die sog. Fallweichenstellungen und die reaktiven handlungs- und interaktionalen Strategien, die im Zuge des Modus Vivendi eingesetzt werden, selektiv kodiert.

396 Vgl. Interviewauszüge aus Interview 8, 1, 3 und 5.

397 Vgl. paradigmatisches Modell S. 96, Punkt A–D.

Es wurde der Frage nachgegangen:

- Welche Schwerpunkte setzen die Professionellen im Casemanagement?
- Welche Strategien des Handelns werden verfolgt, zeigen sich Prioritäten in der Wahl der Interventionen oder Interaktionen – qualitativ oder quantitativ?
- Welche Erfolgskriterien legen die Professionellen an ihr Casemanagement?

Hier spielen die Aussagen darüber, welche Handlungsziele die Professionellen verfolgen, was erfolgreiches Handeln für sie bedeutet und welche typischen Handlungsstrategien sie hierfür als angemessen erachten und initiieren, eine wichtige Rolle.

Weiter wurde die konkrete Gestaltung der inhaltlichen Entscheidungsfindung, die damit verbundene Umsetzung der Arbeitsaufträge und Fallweichenstellungen axial und selektiv kodiert. Unter Fallweichenstellung werden in diesem Zusammenhang die Handlungsmuster der Professionellen verstanden, die das Casemanagement weiter bestimmen bzw. lenken. Die professionelle Deutung und Antizipation von erfolgreichem Handeln und die daraus entstehenden selbstbestimmten Erfolgskriterien stellten eine grundlegende Informations- und Interpretationsdimension dar. Außerdem wurden die Interaktionsgestaltung und das Beratungssetting mit dem betroffenen Kind bzw. mit den Eltern und anderen KooperationspartnerInnen (Familiengericht und psychosoziale Fachkräfte der kooperierenden Institutionen) geortet. Im dritten Kodierschritt galt es, die professionelle Interventionshaltung zum Arbeitsauftrag Verifizierung bzw. Verdichtung der Verdachtshinweise und die Einleitung bzw. Gewährleistung des Kinderschutzes zu dimensionalisieren.[398]
Das nachfolgende Zitat, das exemplarisch aus drei analysierten Interviews entnommen wurde, ermöglicht einen weiteren ersten Einblick in die Fallweichenstellungen und Prioritätensetzung im professionellen Casemanagement.

398 Vgl. paradigmatisches Modell S. 96, Punkte E–F.

> [...] ich will es gar nicht aufdecken, dem Kind soll es gut gehen, mehr nicht. Es hat ja auch gar keinen Sinn, mich da voll auf den Missbrauch zu konzentrieren, und es kommt nichts raus. Die Einsicht, dass man manche Dinge auch nicht ändern kann, das lernt man auch da immer wieder, und in den Verdachtsfällen bleibt es einfach oft ein Verdacht, tatsächlich [...] Den Verdacht an sich, den wirklich abzuklären, das ist ja immer ein Problem, und ich finde es manchmal gar nicht sinnig, den Missbrauch abzuklären, da war was und das reicht ja auch schon. Man muss halt breiter schauen und mehrere Ebenen eigentlich klären. Ich habe Umwege eingeschlagen, eine Hausaufgabenhilfe installiert, oder eine Familienhelferin als Wanze im System, das wird oft gemacht [...]. Wir haben dann therapeutisch gearbeitet [...]. Die Gerichte haben ja keinen Dunst von der Problematik [...]. In den Kooperationen verwende ich das Wörtchen Missbrauch nur ganz selten, weil ich sonst bei denen eine Lawine auslöse.[399]

In der folgenden Abbildung 4 wird der zweite Analysekomplex bildlich konkretisiert und eine Übersicht über die Kodierung der Story Lines des Modus Vivendi und des Modus Operandi gegeben.

Zur transparenten Ergebnisdarstellung und dem besseren Nachvollzug der argumentativen Verlaufsstruktur des Casemanagement wurden drei Konfigurationen gebildet und theoretisch wie empirisch gesättigt. Zur Illustrierung und Übersicht ist die Abbildung 5 im Weiteren einzusehen.

Innerhalb dieser thematischen Konfigurationen war es möglich, das Casemanagement der Professionellen im Gesamtzusammenhang zu verfolgen und systematisch nachzuvollziehen. Die drei Konfigurationen weisen in Bezug auf die Kernkategorie in sich logisch übergreifende Deutungsmuster, Bewältigungsstrategien und Handlungsroutinen[400] der interviewten Fachkräfte auf, die in den Interviews nur unerheblich variieren. Die darin enthaltenen impliziten beruflichen Selbsttheorien eines hilflosen professionellen Habitus und einer unsicheren Diagnostik und der Umsetzung der Arbeitsaufträge der Professionellen waren hier konstitutiv.[401]

399 Vgl. Interviewauszüge aus Interview 8; 3 und 5.

400 Die Begriffe Muster und Routinen werden in den weiteren Ausführungen synonym verwendet und stehen für eine spezifische Art und Weise, etwas wiederholt und ritualisiert/verfestigt zu sehen, zu deuten oder zu tun.

401 Die konzeptionalisierten Denk-, Wahrnehmungs- und Handlungsmuster kommen in jedem Interview vor, allerdings variieren sie zum Teil in ihrer Intensität und im Inhalt. Insgesamt gehe ich davon aus, dass bei den 13 analysierten Professionelleninterviews (zweier Trägerstrukturen, freie Trägerschaft und Behörde, in zwei bayerischen Städten) hinsichtlich der inhaltlichen (kognitiv-emotionalen) Ähnlichkeit an Aussagen nicht etwa nsinguläre, in ihrer Bedeutung zu vernachlässigende Wahrnehmungs-, Interpretations- und Handlungsmuster sozialpädagogischer Fachkräfte im Feld der Kinder- und Jugendhilfe vorliegen. Vielmehr ist anzunehmen, dass es sich um typische Handlungsroutinen im Fallkontext Verdacht auf innerfamiliäre sexuelle Kindesmisshandlung handelt.

Das heißt, die in den Ergebnissen bzw. im Interviewgehalt überwiegende Ebene des Casemanagement bei Verdacht auf innerfamiliäre sexuelle Kindesmisshandlung erschließt sich über die hilflos empfundene Professionalität und deren Bewältigungsstrategien. Darauf basierend folgt die kognitive Kontrolle des Casemanagements als ein mögliches Bewältigungsmuster, die im Verlauf der Arbeit eingehend erläutert werden soll.

2. Analysekomplex: selektives Kodieren in Beziehung zur Kernkategorie „Aufrechterhaltung des sozialpädagogischen Zweifel“
Die Bildung zweier Story Line zum Modus Vivendi und dem Modus Operandi (Abb. 4)

Interpretationsschritt 1

Import der verdichteten Kodes
(aus 1. Analysekomplex – 4. Schritt)

Aneinanderreihung der Kodes in Form eines „Fadens“: Entstehung von „13 Fäden“ (13 Interviews)

- Deutungsrahmen
- Handlungsrahmen

Input in Interpretationsschritt 2

➡

Interpretationsschritt 2

Verdichtete Kodes → Deutung → Story Line 1

Verdichtete Kodes → Handlung → Story Line 2

➡ Inhaltsanalytische Verdichtung der markanten Aussagen zu „Verdacht“, dessen Diagnostik und professionelles Erleben der Beruflichkeit in den Kodes der Deutungsrahmung = Primärpositionierung – der Modus Vivendi

➡ Inhaltsanalytische Verdichtung der markanten Aussagen zu Fallweichenstellungen, Handlungsprioritäten und der Umsetzung der Handlungsaufträge in den Kodes der Handlungsrahmung = Sekundärpositionierung – der Modus Operandi

Interpretationsschritt 3

Story Line 1: die Verdachtsfalldiagnostik in ihrer dimensionalen Ausprägung

↓

Eigenschaften: intuitiv und hilflos

➢ Die Non-Diagnostik

Story Line 2: die handlungs- und interaktionalen Strategien in ihrer dimensionalen Ausprägung

↓

Eigenschaften: de-professionalisiert

➢ Die Non-Intervention

Die drei Konfigurationen im Überblick (Abb. 5)

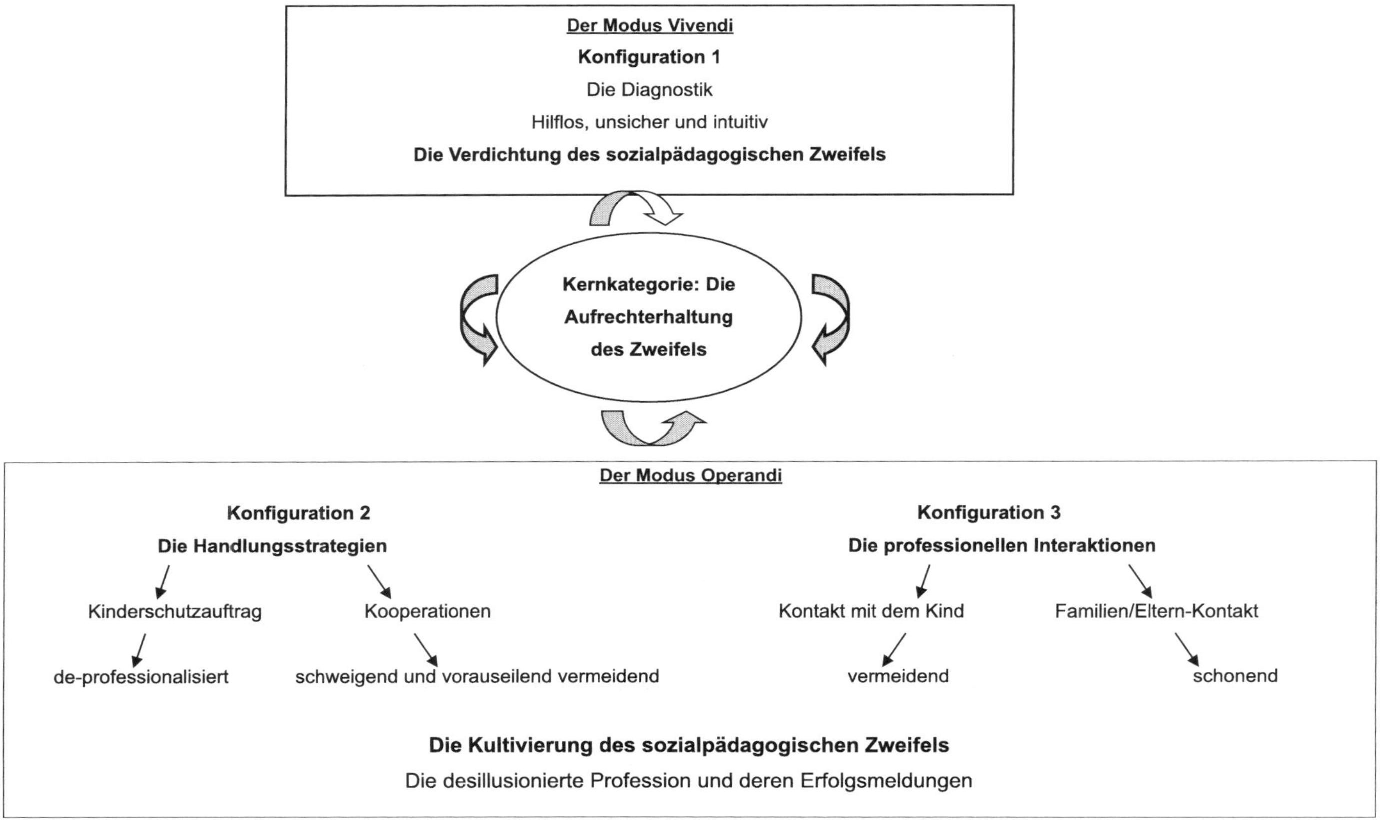

Teil III

Interpretation

Im hier vorliegenden Interpretationsteil wird der Verlauf des gesamten Casemanagements (Modus Vivendi und Modus Operandi) ausführlich empirisch dargelegt und anhand theoretischer Konzepte der Sozialpsychologie interpretiert.

1. Einführung: die theoretischen und empirischen Leitlinien der Interpretation

> Die Theorie ist Werkzeug und Interpretationsfolie zugleich.[402]

Die Kodiertechniken und Auswertungsverfahren, die im Forschungsstil einer Grounded Theory angewandt werden, stellen keinen Interpretationshorizont,[403] der die Brückenhypothesen zwischen Kernkategorie und Satellitenkategorien (Hauptkategorien) zu verifizieren vermag. Die im selektiven Kodieren gezogenen Schlussfolgerungen und aufgestellten Brückenhypothesen werden durch passende theoretische Konzepte nicht nur gesättigt.[404] Vielmehr kommt es durch eine zirkuläre Strategie, einem Hin-und-her-Pendeln zwischen Empirie und sensibilisierenden Theoriekonzepten, zu einer gewissen Dynamik, die eine interpretatorische Akzentsetzung der Empirie erlaubt und „theoretische Erkenntnis“[405] bringt.
Sensibilisierende theoretische Konzepte (Theoretical sensitivity) bilden letztendlich den Interpretationsrahmen, der zur Formulierung empirisch gehaltvoller Aussagen unerlässlich ist.[406]
Die gewählte sozialpsychologische Kodierung erlaubt in ihrer Anwendung einen feinen Orientierungssinn, eine Art Konzentration des bisherigen Verständnisses von professionellem Handeln im sozialpädagogischen Casemanagement bei

402 Hartung 2000, S. 18.

403 Vgl. Batawia 2002, S. 109.

404 Vgl. Strauss 1998, S. 51; Hildenbrand 2007, S. 36; Ruoß 2005.

405 Strauss/Corbin 1996, S. 8; Kelle 1994, S. 11; Badawia 2002, S. 42.

406 Vgl. Kelle 1994, S. 24.

Verdacht auf eine innerfamiliäre sexuelle Kindesmisshandlung. Durch die Verschränkung der in sich dichten sozialpsychologischen Theorien war es möglich, das vorliegende Interviewmaterial weitgehend interpretierend auszuschöpfen.
Der eingeschlagene empirische Erkenntnisweg über die festgelegte analytische Kernkategorie „Aufrechterhaltung des sozialpädagogischen Zweifels“ folgt der Relation beruflicher Selbstkonzepttheorien Professioneller im Feld der Kinder- und Jugendhilfe und der bevorzugt gewählten und angewandten Interventionen im Casemanagement. Professionelles Intervenieren wird hier als eine fachliche Orientierung im und Kontrolle des Casemanagements Verdacht auf eine innerfamiliäre sexuelle Kindesmisshandlung verstanden. Im Zusammenhang mit der empirischen Kodierung wird vorausgesetzt, dass alle professionellen Deutungs- und Handlungsmuster prinzipiell reflexiv, d. h., mit einem beruflichen Sinn versehen sind.[407] Demnach handeln Professionelle aufgrund kognitiver und emotionaler Bedeutungen, die sie dem Casemanagement einer vermuteten Kindeswohlgefährdung, hier der innerfamiliären sexuellen Kindesmisshandlung, zuschreiben. [408]Zwar sind die professionellen Einschätzungen und gewählten Interventionen von einem spezifischen Einzelfallkontext abhängig, dennoch wird vorliegend postuliert, dass diese ein funktionierendes professionelles Regelwerk im Interventionsfeld der Kinder- und Jugendhilfe darstellen.
Dementsprechend wurden für die Interpretation der Deutungs- und Handlungsrelevanzen im professionellen Casemanagement und deren fachliche Konsequenzen zwei theoretische Horizonte festgelegt und in zwei Untersuchungsabschnitten konfiguriert. Die einzelnen Theorien werden für die vorliegende Analyse in ihren relevanten, allgemeinen Implikationen ausgeführt und hinsichtlich ihrer Verbindung zur Empirie interpretiert.

407 Vgl. Hartung 2000, S. 15.

408 Vgl. Mayring 2000, S. 25.

2. Die theoretische Kodierung der Interpretation

Die theoretische Kodierung folgt grundsätzlich den Theoriekonzepten der Sozialpsychologie.

> Sozialpsychologische Theorien versuchen, komplexe Phänomene menschlichen Erlebens und Verhaltens zu strukturieren, beschreibbar und erklärbar zu machen und damit die Voraussetzungen für Prognosen und zielgerichtetes praktisches Handeln zu schaffen.[409]

Die Sozialpsychologie und ihre Theoriekonzepte, deren übergeordneter Begriff die Kognitionswissenschaft *(cognitive science)*[410] darstellt, integriert im Prinzip verschiedene Theorierichtungen und hat sich für die Untersuchung komplexer Phänomene menschlichen Erlebens, Wahrnehmens und Handelns als außerordentlich fruchtbar und erkenntnisfördernd erwiesen. Es lassen sich überprüfbare Aussagen und Hypothesen bzgl. menschlichen Erlebens und Handelns unter spezifischen Bedingungen in bestimmen Situationen treffen und weitreichende Schlussfolgerungen ziehen.
Sozialpsychologische Theoriekonzepte setzen allgemein an einer Dialektik an, die die Wechselwirkung von außen (Umwelt) und innen (Individuum) in den Blick nimmt. Im Grunde werden menschliches Erkenntnisvermögen, Bedingungen der Informationsverarbeitung in (komplexen) Situationen, menschliche Einstellungen und soziales Handeln[411] untersucht. Angenommen wird eine logische Sequenz

409 Hartung 2000, S. 18.

410 Wichtige Impulse für die Kognitionsforschung kamen in den Siebziger Jahren aus der Kybernetik. Der Begriff Kybernetik stammt von dem griechischen Wort kybernetes, was übersetzt so viel wie der „Steuermann" heißt. Im Lateinischen wurde daraus dann „gubernare", im Englischen governor. Die Kybernetik als die Wissenschaft von dynamischen Systemen, deren Bestandteile in funktionalem Zusammenhang miteinander stehen und auf Einwirkungen von außen reagieren. Der Mensch wird in der Kybernetik als ein dynamisches System interpretiert, das aus vielen verschiedenen, aufeinander bezogenen Teilen besteht. Vgl. Gollwitzer/Schmitt 2006, S. 11.

411 Sozialwissenschaftler unterscheiden zum Teil zwischen den Begriffen „Verhalten" und „Handeln", dem wird in den folgenden Ausführungen nicht gefolgt. In der vorliegenden Arbeit werden die Begriffe „Handlung" und „Intervention" synonym verwandt. In der Sozialpsychologie (auch in der Soziologie) ist es üblich, von „sozialem Handeln" oder „pro-sozialem Handeln" zu sprechen. Soziales Handeln: „Soll ein solches Handeln heißen, welches seinem von dem oder den Handelnden gemeinten Sinn nach auf das Verhalten anderer bezogen wird und daran in seinem Ablauf orientiert ist." Der wissenschaftliche Gebrauch des Begriffes „soziales Handeln" bezieht sich auf die Orientierung des Handelns an sozialen Objekten und meint, dass soziales Handeln den Bezugspersonen und Bezugsgruppen entsprechend stattfindet und die mutmaßlichen Reaktionen signifikant andere mit einschließt. Vgl. Fischer/Wiswede 2002, S. 12.

menschlicher Erkenntnis, die mit der Wahrnehmung eines Stimulus beginnt, dessen Akzeptanz oder Ablehnung, der Abspeicherung im Gedächtnis und dem Abruf aus dem Gedächtnis zu einer Handlung bzw. Intervention. Die Sozialpsychologie ist daher vor allem mit der Frage beschäftigt, wie Menschen komplexe soziale Situationen begreifen und interpretieren und wie sie darauf reagieren (können). Sieversucht Mechanismen zwischen den Merkmalen eines sozialen Kontextes, dem kognitiven wie emotionalen Bewerten und Handeln von Personen zu ergründen und Prozesse der Meinungsbildung und der Handlungswirksamkeit von Einstellungen und Überzeugungen zu erhellen.[412]

2.1 Die Selbstkonzepttheorie zur theoretischen Kodierung des Modus Vivendi

Die Selbstkonzeptforschung und ihre handlungsleitenden Implikationen[413] bilden die tragende Interpretationsfolie zur Konfigurierung des Modus Vivendi, der die fachliche Primärpositionierung und das berufliche Selbstverständnis in der professionellen Verdachtsabklärung der innerfamiliären sexuellen Kindesmisshandlung widerspiegelt.
Bei der theoretischen Kodierung des Modus Vivendi wurde uneingeschränkt am Selbstkonzeptbegriff[414] als sozialpsychologische Konstante und theoretisches Schlüsselkonzept festgehalten. Interpretatorisch differenzierend erfolgte die Verbindung mit den Erkenntnissen zur kognitiven wie emotionalen Generierung beruflicher Selbsttheorien und ihren Deutungs- und Wahrnehmungsaspekten sowie den Handlungsmotivationen.

Die traditionelle Selbstkonzeptforschung erfuhr im Zuge der „kognitiven Wende“[415] in den Achtziger Jahren einen deutlichen Aufschwung, als die Dominanz der kognitiven Perspektive in der Sozialpsychologie in die Kritik geriet. Emotionale Aspekte, die theoretisch wie methodisch unsicher, subjektiv und als umstritten galten und damit lange vernachlässigt wurden, traten jetzt mehr in das sozialpsychologische Forschungsinteresse.[416] Fischer/Wiswede (2002) sprechen

412 Vgl. Hinckeldey/Fischer 2002, S. 234; Dörner 2007, Aronson 1994, S. 98; Gollwitzer/Schmitt 2006, S. 91, Fischer/Riedesser 2003, S. 350; Bottenberg 1996, S. 50; Bierhoff 2002, S. 64; Hartung 2000, S. 9.

413 Vgl. Filipp u. a. 1993, Mummendey 1988, 2006; Urban 2004; Fischer/Wiswede 2002, S. 351, Aronson 1994.

414 Der Begriff „Selbstkonzept“ wird sehr unterschiedlich verwendet. In der Literatur finden sich weitere Bezeichnungen, die synonym oder sehr ähnlich Verwendung finden: Selbst, Selbstkonstrukt, Selbstmodell, Selbstschema, Selbstbild, Selbsteinschätzung, Selbstsicht und in beruflichen Bereichen insbesondere das berufliche Selbstverständnis. In den weiteren Ausführungen werden die Begriffe berufliches wie professionelles Selbstkonzept oder berufliches und professionelles Selbstverständnis synonym und abwechselnd benutzt. Vgl. Fillip 1993, S. 147 und S. 36; Urban 2004, S. 116; Fischer/Wiswede 2002, S. 381.

415 Fischer/Wiswede 2002, S. 351; Filipp 1993, S. 9.

416 Gefühl (hier synonym Emotion und Affekt) wird in der Sozialpsychologie nur punktuell, z. B. als Komponente von Einstellungen, Kommunikationsstilen oder indirekt meistens in Bezug auf (soziale) Kognition benannt. In den meisten Lehrbüchern der Sozialpsychologie taucht der Begriff nicht einmal als Stichwort auf. Dies spiegelt den wissenschaftlichen Status von Gefühl in der (Sozial-)Psychologie: Erst seit etwa einem Jahrzehnt gewinnt das Gefühl wissenschaftlich größere Beachtung und wird als ein weiterer wichtiger Auslöser menschlicher Handlung gesehen. Vgl. Fischer/Wiswede 2002, S. 10; Bottenberg 1996, S. 52.

auch heute noch von einer „Verkopfung“ der Sozialpsychologie und postulieren weiterhin eine Öffnung gegenüber emotionalen Aspekten in wissenschaftlichen Untersuchungen, „selbst auf das Risiko hin, dass sie in eine noch schwierigere Erkenntnissituation versetzt wird“.[417] Emotionen, verstanden als die „via regia“[418] zu impliziten Komponenten beruflicher Selbsttheorien, sind unmittelbar an das berufliche Rollenselbst einer Person gekoppelt. Emotionen beschreiben den „Zustand des beruflichen Selbst“ und bedeuten „einen mehr oder minder begrenzten beruflichen Umgang mit sich selbst“.[419]
In den Neunziger Jahren wurde mit der Edition des Sammelbandes von Filipp u. a. (1993), in welcher erstmals verschiedene kognitive wie emotionale Ansätze einer Selbstkonzeptforschung in einem breiten Rahmen dokumentiert wurden, eine Lücke im deutschen Sprachraum geschlossen.[420]

Der neueren Selbstkonzeptforschung ist gemein, dass sie das Selbst als aktiv interpretiert und eine Person ihr Selbstkonzept im subjektiven Umgang mit der objektiven Umwelt konstruiert.[421] Die Person selbst wird hier als „ein integrativer Bestandteil der Interaktion (Situation)“ interpretiert und nicht als ein „abgegrenztes Subsystem, das sich einer Situation oder Interaktion gegenüber befindet“.[422] Emotionale und kognitive Bewertungskonzepte werden von der jeweiligen Person konzeptionalisiert und auf die jeweilige Situation oder Interaktion übertragen bzw. projiziert.

2.1.1 Das berufliche Selbstkonzept und seine handlungsleitenden Aspekte

Das berufliche Selbstkonzept[423] als ein theoretisches Konstrukt wurde von Urban (2004) als ein partielles Selbstkonzept verstanden. Sie postuliert, dass Selbstkonzepte mehr oder weniger für bestimmte Situationen spezifisch gültig sein

417 Fischer/Wiswede 2002, S. 10.

418 Vgl. Dassler 2000, S. 25, Bottenberg 1996, S. 53.

419 Bottenberg 1996, S. 64.

420 Vgl. Filipp 1993, S. 9.

421 Die Vorstellung von einem stabilen und in sich geschlossenen Selbstkonzept, wie es Persönlichkeitstheorien vertreten, wurde deutlich hinterfragt. Den meisten Persönlichkeitstheorien liegt die Annahme zugrunde, dass die Sozialisationserfahrungen des Individuums zu überdauernden Kognitionen oder Bewertungen der eigenen Person führen, die schwer zu verändern sind. Es wurde ein verhältnismäßig stabiles Selbstkonzept zugrunde gelegt. Nach und nach, wurde die Vorstellung der Persönlichkeitspsychologie, das Selbst sei ein festgefügtes Gebilde, zugunsten der Annahme aufgegeben, dass der wissenschaftliche Begriff des Selbst ein Konglomerat von Bildern, Schemata, Konzepten, Typen, Theorien oder Zielsetzungen umfasse. Empirisch zeigte sich, dass das Selbstkonzept durch sozialen Vergleich, soziale Bewertung, Rückerinnerung und ähnliche kognitive Prozesse deutlichen Schwankungen unterliegt und wir uns in verschiedenen sozialen Situationen als durchaus widersprüchlich erleben können. Vgl. Fischer/Wiswede 2002, Mummendey 1987 und 2006, Epstein 1993 in Filipp 1993.

422 Fischer/Riedesser 2003, S. 67.

423 In der sozialpädagogischen Literatur findet sich häufig eine synonyme Verwendung des Begriffs „berufliches Selbstverständnis“.

können.[424] Auch der dialogische Ansatz der Rollentheorie[425] nach Fischer/Wiswede (2002) betont, dass die Wahrnehmung und die Ausübung einer Berufsrolle wesentlich von Aspekten des Selbst gesteuert werden. Die Genese des beruflichen Selbstkonzepts erfolgt grundsätzlich in beruflichen Interaktionen und Interventionssituationen und wird spezifisch situativ und interaktional aktiviert. Jede berufliche Interaktion und Handlungssituation muss für sich prozesshaft gedeutet, Berufsrollenerwartungen und -funktionen müssen immer wieder neu interpretiert werden.[426]

Professionelle sind in der spezifischen Einzelfallsituation „Verdachtsabklärung einer innerfamiliären sexuellen Kindesmisshandlung" nach der Selbstkonzepttheorie sich in ihrer Berufsrolle erlebend und handelnd. Erlebt wird unmittelbar das berufliche Selbst als „Selbst-Involviertheit"[427] in einen Einzelfallkontext; diese „Einheit von Person und Gegebenheit, bestimmt durch ein Thema, umgrenzt von einem Horizont"[428] kann hier als „Ursprung beruflichen Handelns"[429] angesehen werden. Dass eine wechselseitige Beeinflussung einer institutionell definierten Berufsrolle und dem beruflichen Selbstkonzept eines Professionellen besteht, ist eine logische Konsequenz.[430] Je nach Berufsrolle, beruflichem Selbstkonzept und Einzelfallkontext werden Professionelle ihre jeweiligen Rollenerwartungen und Rollenanforderungen konstituieren und „konzeptionalisieren"[431]: „Personen konzeptionalisieren bedeutsame berufliche Situationen und ihre kognitiven wie emotionalen Bewertungskonzepte, strukturieren und lenken ihr Handeln."[432]
Dieser Konzeptionalisierung folgend denkt, deutet und handelt eine professionelle Fachkraft „gemäß ihren beruflichen kognitiven wie emotionalen Bewertungen und Bedeutungszuschreibungen."[433] Berufliche Selbsttheorien können als die Summe der selbstkonzeptbezogenen Kognitionen und Emotionen mit entsprechenden beruflichen Merkmals- als auch Bewertungskon-

424 Es gibt nur wenige Arbeiten hierzu, denen zudem keine einheitliche Definition des beruflichen Selbstkonzepts zugrunde liegt. Einige behandeln nur ein allgemein eingeführtes Selbstkonzept, dann wird das Verhältnis zwischen (generellem) Selbstkonzept und Beruf betrachtet, und wieder andere konzentrieren sich auf Berufswahl und Laufbahnverlauf. Es liegen einige Arbeiten zum beruflichen Selbstkonzept von Lehrerinnen vor. Auch zwischen diesen Arbeiten gibt es jedoch keine Vergleichsmöglichkeiten. Vgl. Urban 2004 S. 115-116

425 Begriffe wie role-making oder „Rollenselbstgestaltung", die einen hohen Anteil von Ich-Leistungen implizieren, weisen ebenfalls in diese Richtung. Vgl. Fischer/Wiswede 2002, S. 476.

426 Fischer/Wiswede 2002, S. 377–378; Urban 2004, S. 116; Fillip 1993; S. 10; Mayring 1999, S. 2.

427 Fischer/Wiswede 2002, S. 377.

428 Ebd., S. 67.

429 Ebd., S. 352.

430 Vgl. Gollwitzer/Schmitt 2006, S. 86 ff.

431 Die gesamte lernpsychologische Forschungstradition beweist, dass das menschliche Gehirn aus den Informationen zu erlebten Ereignissen und Erfahrungen Verknüpfungen herstellt und sich so differenziert organisierte geistige Konstrukte bilden. Jeder von uns konstruiert seine Theorie von der Wirklichkeit und richtet sein Verhalten danach aus. Ohne diese Konstruktion bliebe unsere Innen- und Außenwelt chaotisch und weitestgehend sinnlos. Vgl. Epstein 1993, S. 17 Fischer/Wiswede 2002, S. 476.

432 Epstein 1993, S. 16–17.

433 Fischer/Riedesser 2003, S. 76–77.

zepten verstanden werden.[434] Nachdem dies der jeweiligen Person generell nicht bewusst, sondern eher unbewusst ist, kann hier im Grunde implizites Wissen über die berufliche Selbstsicht, die kognitiven wie emotionalen Bewertungskonzepte Professioneller im Feld der Kinder- und Jugendhilfe aufgespürt werden.[435] Als impliziten „Zwang des beruflichen Selbst"[436] ist das berufliche Streben nach Kohärenz, Selbstwirksamkeit, Erfolg und Ausgeglichenheit zu verstehen.[437]

Die Interpretationskategorie „berufliches Selbstkonzept" wurde zunächst aus dem empirischen Material heraus entwickelt und in ihren dimensionalen Ausprägungen und ursächlichen Bedingungen kodiert und darauf folgend mit den theoretischen Implikationen der Selbstkonzepttheorie interpretiert. Der generierte Modus Vivendi wird, wie bereits angesprochen, in den weiterführenden Interpretationsschritten als proflessionelle Bühne verstanden, aufl der sich das weitere Casemanagment der Professionellen logisch entfaltet.

2.2 Die Konsistenz- und Dissonanztheorie zur theoretischen Kodierung des Modus Operandi

Die theoretische Kodierung des Modus Operandi mit seinen handlungs- und interaktionalen Strategien folgt konsistenz- und dissonanztheoretischen Überlegungen.
Es gilt in der Konsistenztheorie als gesicherte Annahme, dass ein grundsätzliches Bedürfnis einer Person nach einem konsistenten, also stabilen und mit den beruflichen Erfahrungstatsachen kongruenten Selbstkonzept existiert.
Demnach streben Professionelle im Feld der Kinder- und Jugendhilfe danach, ihre beruflichen Selbsttheorien sowohl kognitiv als auch emotional miteinander in Einklang zu bringen, was als sog. menschliches „Konsistenzmotiv"[438] bezeichnet wird. Geraten berufliche Selbsttheorien in Bezug auf Professionsinhalte (Berufsethos und Handlungsverpflichtungen) und beruflichen Fallkontext in einen Widerspruch oder sind miteinander unvereinbar und inkonsistent zueinander, wird das berufliche Selbstkonzept einer professionellen Fachkraft in Dissonanz, Spannung und unter Stress gesetzt. Die jeweilige Fachkraft wird entsprechend des Konsistenzmotivs versuchen, wieder in einen beruflichen Gleichgewichtszustand zu gelangen.

434 Bottenberg 1996, S. 91; Hartung 2000, S. 17; Fischer/Wiswede 2002, S. 241; Gollwitzer/Schmitt 2006, S. 10; Filipp 1993, S. 129; Amann/Wipplinger 1998, S. 97.

435 Vgl. Epstein 1993, S. 16–17; Fischer/Riedesser 2003, S. 113; Fischer/Wiswede 2002, S. 9–10; Hartung 2000, S. 14 und S. 15; Bierhoff 2000, S. 1.

436 Fischer/Riedesser 2003, S. 67.

437 Vgl. Urban 2004, S. 116; Fischer/Wiswede 2002, S. 351; Epstein 1993, S. 16; Bottenberg 1996, S. 45.

438 Gollwitzer/Schmitt 2006, S. 10.

2.2.1 Die Dissonanztheorie und ihre theoretischen Implikationen zur Dissonanzreduzierung

Die beiden bedeutendsten sozialpsychologischen Theorien, die auf dem Grundgedanken des Konsistenzmotivs einer Person aufbauen, sind die Balancetheorie von Fritz Heider (1946)[439] und die Dissonanztheorie von Leon Festiger (1954).[440]

Während Heiders balancetheoretische Überlegungen ihren Ursprung in der Wahrnehmungspsychologie haben, ist die Dissonanztheorie von Festiger eher eine „kognitive Motivationstheorie".[441] Hinsichtlich der Grundgedanken und ihrer Hypothesen sind sich die beiden Theorien jedoch sehr ähnlich. Die Dissonanztheorie mit ihren inhaltlichen Konzepten gehört aber nach wie vor zu den einflussreichsten, zu den meist geprüften wie fortentwickelten Theorien der Sozialpsychologie. Dies liegt u. a. an ihrem breiten Anwendungsbereich sowie an der Qualität, der aus ihr heraus abgeleiteten Hypothesen.[442]

Festiger bezeichnete einen Spannungszustand, „der immer dann auftrete, wenn bei einer Person zwei inkonsistente Kognitionen in ihrem Erleben, Wahrnehmen und Handeln zu gleicher Zeit vorhanden sind, als ein „Dissonanzerleben".[443] Da der Spannungszustand der betroffenen Person als unangenehm empfunden wird, entsteht die Motivation, diesen zu reduzieren, die sog. „Dissonanzreduzierung".[444] Es gilt die Regel, je stärker die Dissonanz ist, desto stärker ist das Bedürfnis, diese zu reduzieren. Die Intensität eines Dissonanzerlebens resultiert aus der Bedeutsamkeit der selbst- und situationsbezogenen Kognitionen und Emotionen einer Person.[445] Festiger konstatierte, dass ein Dissonanzerleben aufgrund der Widersprüchlichkeit zweier Kognitio-

439 Fritz He ider, ein deutscher Sozialpsychologe, der 1930 in die USA emigrierte, formulierte in einem kurzen Artikel (Heider 1946) und später in einer Monografie 1958 als erster den Grundgedanken aller Konsistenztheorien. Heider hat sich schwerpunktmäßig mit der Analyse der Triade die wahrnehmende Person (P) selbst, eine andere Person (O) – engl. „others" – und dem Objekt (X) befasst. Heider nennt seine Theorie deshalb Balancetheorie, da er seine Analysen auf die Valenz der Relationen zwischen den Triaden – oder Dyadenelementen – ausrichtete. Zwischen den einzelnen Triadenelementen bestehen Relationen bzw. Verknüpfungen – die Einheits- und Wertrelationen. Einheitsrelationen (unit relations) charakterisieren sachliche Aspekte einer Beziehung zwischen Person (P) und Objekt (X). Die Wertrelationen (sentiment relations) charakterisieren gefühlsmäßige Aspekte einer Beziehung zwischen Person (P) und der anderen Person (O). Heiders Balancetheorie ist derart universell, dass nahezu alle Phänomene, die mit der Bewertung von Einstellungen und Verhalten zusammenhängen, mit Hilfe ihrer Termini „Elemente und Relationen" bzw. „Balanciertheit und Unbalanciertheit" dargestellt werden können. Eine Schwäche der Balancetheorie ist jedoch, dass aus ihr keine Vorhersagen darüber abzuleiten sind, welche Strategien der Balancierung Menschen unter bestimmten Bedingungen nutzen. Vgl. Hassebrauck/Küpper 2002, S. 164; Gollwitzer/Schmitt 2006, S. 21.

440 Leon Festiger (1954), amerikanischer Sozialpsychologe. Vgl. Gollwitzer/Schmitt 2006, S. 21.

441 Da Festiger Sozialpsychologe war und die Theorie vor allem in der Sozialpsychologie verbreitet wurde, gilt sie nach wie vor als sozialpsychologische Theorie vgl. Gollwitzer/Schmitt 2006, S. 14.

442 Vgl. Fischer/Wiswede 2002, S. 255; Frey/Gaska 2002, S. 278; Aronson 1994, S. 236; Gollwitzer/Schmitt 2006, S. 14.

443 Hartung 2000, S. 17; Fischer/Wiswede 2002, S. 241; Frey/Gaska 2002; Bottenberg 1996; Gollwitzer/Schmitt 2006.

444 Bottenberg 1996, S. 92; Fischer/Wiswede 2002, S. 149.

445 Vgl. Gollwitzer/Schmitt 2006, S. 15, Fischer/Wiswede 2002, S. 242.

nen ein allgemein menschliches Phänomen sei. Folglich ließen sich allgemeine Hypothesen zu menschlichen Reaktionen auf ein Dissonanzerleben bilden und über die zum Teil auch paradoxen Handlungsweisen der Dissonanzreduzierung von Personen Schlussfolgerungen ziehen.[446]

Vor allem Aronson (1994) diskutierte Unklarheiten in Festigers ursprünglicher Theorie.[447] Er stellte die einseitige Fokussierung eines Dissonanzerlebens, das sich auf zwei nicht kohärente Kognitionen bezieht, in Frage. Er erweiterte seine Forschungsüberlegungen dahingehend, indem er konstatierte, dass ein unangenehmer Selbstzustand vor allem dann entstehe, wenn die Ursache des Dissonanzerlebens in einer Verletzung oder Bedrohung des (beruflichen) Selbstkonzepts liege: „Dissonanzeffekte sind dann am größten, wenn sich Menschen für ihr Handeln verantwortlich fühlen und dies gravierende negative Folgen hat."[448] Aronson kam in seinen Forschungen zu der Schlussfolgerung, dass Dissonanzeffekte sich hauptsächlich auf Situationen beschränken, in denen sich eine Person durch ihr Handeln in ihrem (beruflichen) Selbstkonzept einschränkt, sich selbst boykottiert und ihre Handlungsmotivation schwächt. Ausgehend davon ist es nicht die Unvereinbarkeit zweier Kognitionen per se, die die Selbst-Dissonanzen auslöst, sondern eine dissonanzreduzierende Motivation ist vor allem dann gegeben, wenn es sich um ein Dissonanzerleben durch widersprüchliche oder bedrohliche Anforderungen an das (berufliche) Selbstkonzept handelt.[449]

Aronson behauptet also, dass die Motivation einer Einstellungs- und Handlungsänderung durch einen dissonanten beruflichen Selbstzustand eingeleitet wird, dessen Ursache in einem beruflichen Dissonanzerleben des „Selbst" und seiner Handlungsverantwortlichkeit liegt.[450]
Auch Frey/Gaska (2002) gehen von der Annahme aus, dass kognitive Dissonanz immer nach einer (beruflichen) Handlungsentscheidung entstehe, vor allem wenn diese mit einem gewissen Einschätzungsspielraum, Eigenmäch-

446 Vgl. Aronson 1994, S. 243, Hartung 2000, S. 17; Bierhoff 2006, S. 62.

447 Vgl. Aronson 1994, S. 236.

448 Vgl. Ebd., S. 17 und S. 175.

449 Vgl. Aronson 1994, S. 213.

450 Aronson 1994 analysierte, dass die meisten Experimente zur Überprüfung der Theorie der kognitiven Dissonanz von Festinger (1954) von sich aus inhaltlich so angelegt waren, dass die Kognition des gezeigten Verhaltens im Widerspruch zum eigenen Selbstkonzept stand, d. h., Dissonanz entwickelte sich abhängig von der Intensität der Bedrohung des eigenen Selbstbildes. Vgl. Aronson 1994, S. 236. In Hunderten von Experimenten, die von der Theorie der kognitiven Dissonanz inspiriert waren, zeigten sich die eindeutigsten Ergebnisse immer dann, wenn es um das Selbstwertgefühl der Beteiligten ging. Wie zu erwarten, wurde auch festgestellt, dass Menschen mit einem besonders hohen Selbstwertgefühl die stärkste Dissonanz erleben, wenn sie sich dumm oder grausam verhalten. Untersuchungshypothese war, dass Menschen mit einem geringen Selbstwertgefühl sich auch eher schlecht, unmoralisch, betrügerisch usw. verhalten. Dies wurde noch ausgeweitet, dass sonst integere Menschen, die vorübergehend in ihrem (beruflichen) Selbstwertgefühl beeinträchtigt sind, ihrem momentanen (beruflichen) Selbstwertgefühl entsprechend agieren. Vgl. Aronson 1994, S. 233.

tigkeit und Freiwilligkeit getroffen wird.[451] Kognitive Dissonanz entstehe, wenn eine Diskrepanz zwischen einer Entscheidung und einer professionellen Handlungsverpflichtung vorherrscht.

Fasst man die Überlegungen und Schlussfolgerungen von Aronson und Frey/Gaska zusammen, dann können folgende Thesen für die vorliegende Arbeit formuliert werden: Ein berufliches Dissonanzerleben und -empfinden ist dann am größten, wenn

- Professionelle sich beruflich für ihr Handeln verantwortlich fühlen (müssen) und
- ihr berufliches Handeln (menschliche) Folgen hat.
- Zudem, wenn sich professionelle Fachkräfte fest für eine Handlung oder Entscheidung aussprechen und diese Festlegung nur unter großen Schwierigkeiten rückgängig gemacht werden kann, also selbstverpflichtend *(commitment)*[452] ist.
- Zu guter Letzt entsteht Dissonanz, wenn „zentrale berufliche Motive“[453] von Professionellen im Feld der Kinder- und Jugendhilfe tangiert werden, die ihr Berufsethos und ihre beruflichen Wertvorstellungen (Selbsttheorien) in ein Ungleichgewicht bringen.

Zusammengefasst kann konstatiert werden: Werden „zentrale berufliche Motive“[454] einer professionellen Fachkraft berührt, gekoppelt mit Handlungsverantwortung und Entscheidungsfreiheit, kommt es unter bestimmen beruflichen Gegebenheiten zu einem relativ hohen beruflichen Dissonanzerleben. Das heißt, dass die sozialpsychologische Analyse eines spezifischen Handlungsphänomens bei „Verdacht“ effektiver und exakter wird, wenn man den Stress (Dissonanz) ortet, der „durch eine Bedrohung des beruflichen Selbstkonzepts hervorgerufen wird.“[455] Zweitens ist interessant, wodurch das Dissonanzerleben gemildert bzw. reduziert werden kann.
Die vorliegende Interpretation der Interviews nimmt demnach Bezug auf das Bestreben der Professionellen, ein emotional wie kognitiv kohärentes berufliches Selbst zu verkörpern. Bei Dissonanzerleben wird jede professionelle Fachkraft durch Anpassungsleistungen und bekannte und verfügbare Bewältigungsmuster versuchen, eine Stressreduzierung zu forcieren. Von einem zwanghaften, ja instinktiven menschlichen Bestreben, ein kohärentes berufliches Selbst zu verkörpern, und der damit einhergehenden Anpassungsleistung des beruflichen Selbst bei Dissonanz wird vorliegend ausgegangen.[456]

451 Vgl. Frey/Gaska 2002, S. 281.

452 Vgl. Ebd., S. 279.

453 Kognitive Inkonsistenzen sind für Brehm/Cohen (1962) lediglich eine sekundäre Quelle kognitiver Dissonanz. Vgl. Frey/Gaska 2002, S. 280.

454 Fischer/Wiswede 2002, S. 256.

455 Aronson 1994, S. 241–243.

456 Vgl. Aronson 1994; Fischer/Wiswede 2002; Bottenberg 1996; Bierhoff 2002; Hartung 2000, usw..

Die Verbindung eines kohärenten Berufsselbst und dessen Anpassungsleistungen bei Dissonanzen einem relevanten Einzelfallkontext gegenüber kann sowohl explizit, in bewusster, jederzeit abfragbarer Weise vorhanden sein oder auch implizit, also so, dass die Fachkraft selbst nicht weiß, dass sie eine spezifische Bewertung und Ansicht über einen Verdachtsfall vertritt, und schon gar nicht, wie diese Bewertung und Annahme genau definiert ist.[457] Die interpretierte Empirie lässt den Schluss zu, dass es sich bei „Verdacht auf innerfamiliäre sexuelle Kindesmisshandlung" im Feld der Kinder- und Jugendhilfe um ein unbewusstes Casemanagement handelt.

Das berufliche Selbstkonzept hat demnach auf der einen Seite orientierungsleitende Funktion für die Wahrnehmung eines Fallkontextes und dessen Deutung und Bewertung. Auf der anderen Seite lenkt das berufliche Selbstkonzept eines Professionellen den reflexiven und prozessualen Charakter einer Entscheidungsfindung, stellt also ein implizites Regulationssystem kognitiver wie emotionaler Bewertungen dar.[458] Entscheidend für das Deuten und Bewerten ist hier die Gewichtung und Bilanzierung der kognitiven wie emotionalen Bewertungskonzepte und deren implizite „Feinabstimmung"[459] im Modus Vivendi. Das berufliche Selbstkonzept und seine Bewertungstheorie – als ein „Set kognitiver und affektiver professioneller Selbsttheorien"[460] verstanden – fördert eine professionelle Deutungstheorie im jeweiligen Berufsfeld zu Tage.

457 Vgl. Dörner 2007 S. 89.

458 Vgl. Fillip 1993, S. 146; Fischer/Riedesser 2003, S. 80; Fischer/Wiswede 2002, S. 355.

459 Urban 2004, S. 120.

460 Fischer/Wiswede 2002, S. 381.

3. Der Modus Vivendi – oder „Man weiß ja nie, was richtig ist."[461]

Der Verdacht auf innerfamiliäre sexuelle Kindesmisshandlung als eines von vielen Einzelfallthemen im Feld der Kinder- und Jugendhilfe wird im Folgenden als eine besondere „berufliche Beobachtungseinheit"[462] verstanden, die prinzipiell erst einmal keine Bedeutung an sich hat. Erst durch eine spezifisch professionelle Bewertung und fachliche Positionierung fallzuständiger Fachkräfte im Interventionsfeld erhält ein Einzelfall professionelle Relevanz.[463]

Die „Primärpositionierung"[464] als professioneller Habitus verstanden präsentiert sich durch eine anfänglich kognitive wie emotionale Bewertung (primary appraisal) der Verdachtsfallkomponenten bzw. -hinweise.[465] Die kognitiven wie emotionalen Bewertungen, vorliegend benannt als die „Kognitions- und Emotionsfiguren",[466] die von den Fachkräften bevorzugt verbalisiert und als die verfügbaren Wahrnehmungs- und Bewertungsmuster von "Verdacht" und dessen Verdichtung definiert wurden, spiegeln in Verbindung mit der erlebten Beruflichkeit den Modus Vivendi, der folgend als Bühne interpretiert wird, auf der sich das professionelle sozialpädagogische Casemanagement (Modus Operandi) abspielt.

Das nachfolgende Zitat soll Aufschluss über die Verdachtsfallkonfrontation in der beruflichen Praxis geben, wie sie von einem der interviewten Professionellen erlebt wird.

461 Vgl. Interview 7.

462 Fischer/Riedesser 2003, S. 67; Kelle 1994, S. 31.

463 Vgl. Wentura/Greve/Klauer 2002, S. 107.

464 Bottenberg 1996, S. 56.

465 Vgl. Wentura/Greve/Klauer 2003, S. 104.

466 Epstein 1993, S. 16.

Wenn ich so eine Meldung bekomme oder so eine Wahrnehmung habe, diese Einordnung von diffusen Sachverhalten, diffusen Informationen, da passieren ja tausend Dinge in einem drin. Das ist eine hohe Leistung, die von uns abgefordert wird, hier eine Orientierung zu kriegen, also dieses Abklären, weil es einfach eine existenzielle Bedrohung auch für die Helfer ist, ein professioneller Schock: Ich erkenne einen Tatbestand, ich erkenne etwas Schreckliches, was passiert ist, und ich muss das erst mal jetzt aushalten und gleichzeitig parallel dazu diese emotionale Betroffenheit auf die Reihe zu bekommen, und das ist die Eingangssituation für die ganze Fallbearbeitung. (Interview 8)

Die kognitiven wie emotionalen Bewertungsmuster von „Verdacht“ und „Beruflichkeit“

Ich finde es einfach das absolut hässlichste Thema [...], für mich der Alptraum von Arbeit. (Interview 8)
Ich nehme mir das einfach raus im Rahmen der Professionalität auch persönliche Entscheidungen zu treffen. Das kann aber keiner kontrollieren von außen [...], also wie ich rangehe. (Interview 7)
Jeder ist halt irgendwo auch sein eigener Herr, schätzt es halt wieder für sich selber ein. (Interview 12)

Kognitionsfigur: hilflose Profession
Einen Verdacht gemeldet zu kriegen und überhaupt nicht weiterzukommen, das macht einen total frustig, man zweifelt an sich und an seiner Fachlichkeit. Man fühlt sich unter Druck, das ist der Wahnsinn, ist doch furchtbar. (Interview 12)
Das hat einfach das Thema oft so an sich, dass man da mitgerissen wird, manchmal in eine wahnsinnige Dynamik, man kommt in so eine hilflose Situation [...], das ist das Belastendste für mich, weil man da in diese Hilflosigkeit reinkommt, die Einsicht, dass man manche Dinge auch nicht ändern kann, das lernt man auch da immer wieder. (Interview 5)

Kognitionsfigur: diagnostisch unsichere Bewertung der Verdachtshinweise
Das Besondere und das Schwierige bei Verdachtsfällen ist, dass die Fälle nicht so klar sind, dass es nicht sichtbar ist, es ist nicht so abzugren-

zen und man kann nicht sagen: dieses Symptom hat das Kind und es ist sexuell missbraucht. Das ist ja auch wirklich alles in alle Richtungen zu betrachten. (Interview 13)

Ist ja auch ein Gummibandbegriff [...], wenn man sich den Katalog von Auffälligkeiten bei Kindern anschaut, die für Missbrauch sprechen können, hat man eine nahezu komplette Liste psychosomatischer Auffälligkeiten versammelt [...]. Und die Frage ist immer sozusagen des Spezifischen. Und das ist etwas, was für mich gar nicht so einfach zu fassen ist. (Interview 1)

Ursächliche Bedingungen für die Kernkategorie:[467]
„Aufrechterhaltung des sozialpädagogischen Zweifels"

Emotionsfigur: intuitive Bewertung der Verdachtshinweise

Ich habe mehrere Fälle gehabt, wo ich für mich das Gefühl gehabt habe „Okay, das ist wirklich bedenklich, wie das Kind sich verhält. Und mit dem arbeite ich ganz stark, dass ich von der Intuition her einfach das Gefühl habe, okay, das ist jetzt einleuchtend oder das ist nicht einleuchtend oder ich kann spüren, das stimmt so. (Interview 11)

Das ist eine sehr schwierige Frage: „Was ist Verdacht?". Das ist oft mit einer Intuition verbunden, mit einem Gefühl. Also, wenn ich das Gefühl habe, dadurch definiere ich es, also ein Gefühl, Intuition. Also es ist eher was, was man nicht unbedingt an was ganz Konkretem festmachen kann. Es ist eher so eine Gefühlssache. Ja, ich würde eher schon sagen, überwiegend das Gefühl. (Interview 2)

3.1 Die hilflose Profession

Werden professionelle Fachkräfte im Feld der Kinder- und Jugendhilfe mit einem Verdachtsfall der innerfamiliären sexuellen Kindesmisshandlung konfrontiert, erleben sie eine Art berufliche „Schicksalhaftigkeit", im Charakter eines beruflich negativ konnotierten Zustandes, der den Professionellen sozusagen „widerfährt".[468]

467 Nach dem paradigmatischen Modell von Corbin/Strauss 1996, S. 78ff.

468 Bottenberg 1996, S. 55.

Hier zeichnet sich eine ausgeprägte Tendenz der Professionellen ab, ihre berufliche Position in der Verdachtsabklärung als einen Zustand zu erleben, im fachlichen Modus von „erleiden“, „aushalten müssen“ und diesem ausgesetzt zu sein. Die Professionellen erleben sich nicht aktiv beeinflussend, sie orientieren und positionieren sich nicht fachlich kompetent und beruflich wirksam dem Fallkontext gegenüber: Allen scheinen die Hände gebunden.

Erlebt sich eine professionelle Fachkraft in ihrer Beruflichkeit ausgeliefert und ausgesetzt, sind Angst, Hilflosigkeit, Ohnmacht und Unsicherheit die logische Konsequenz. Wie die folgenden Zitate illustrieren.

> Das Missbrauchsthema ist ein Thema, das eben einen hohen Druck, eine hohe Aufregung und Hilflosigkeit erzeugt, und das macht die Ohnmacht aus [...], die Belastung ist hoch [...], das macht einfach was, das ist so, man hat da auch nicht alles im Griff und häufig passiert ein Riesenzinober [...] und mit einer besonderen Dramatik und Hilflosigkeit kommuniziert wird. (Interview 1)
>
> Ich fühle mich oft unter Druck. Ich fühle mich oft ohnmächtig oder handlungsunfähig, ungeduldig, weil ich würde am liebsten auch gleich dem Kind in irgendeiner Form helfen, aber weiß, das wäre fatal, wenn ich da reinpreschen würde, würde ich ja auch Grenzen überschreiten. Es gibt Fälle, wo ich für mich so klar kriege, ich komme mit einer Verdachtsklärung nicht weiter. (Interview 9)
>
> [...] dass man Angst davor hat, dass man denkt: Oh Gott, was mache ich da und in welchen Teufelskreis komme ich da und was passiert mir? (Interview 12)

Die Diagnostik eines Verdachtsfalls der innerfamiliären sexuellen Kindesmisshandlung kann als eine berufliche Herausforderung[469] erlebt werden, die sicher durch bewährte Professionsmaximen gehandhabt wird, durchaus zeitweise mit beruflichen Ambivalenzen und Unsicherheiten besetzt ist. Für die hier explorierten Professionellen stellt die Verdachtsabklärung bei innerfamiliärer sexueller Kindesmisshandlung keine Herausforderung ihrer Beruflichkeit dar, sondern geht durchgängig mit einer hohen persönlichen wie professionellen Belastung einher. Die professionelle Haltung, die metakommunikativ evoziert wird, ist durch fachliche Hilflosigkeit sowie berufliche Ohnmacht gekennzeichnet.
Bei einer beruflichen Herausforderung geht man von einer Passung der beruflichen Rollenanforderung (Verdachtsverifizierung) und den professionellen Res-

469 Ungeachtet der Tatsache, dass auch eine Herausforderung phasenweise Stress bedeuten kann. Vgl. Germain/Gitterman 1988, S. 1.

sourcen (fachliches Delikt-Wissen und diagnostische Know how) aus. Daher wäre eine berufliche Herausforderung eher durch Kompetenzgefühle und einem handlungsfähigen Selbstwirksamkeitsniveau begleitet.
Jede Fachkraft hat Ansichten und Einstellungen in Bezug auf Gefühl entwickelt, die im Sinne eines „Verhaltensrepertoire[s]“[470] zur Verfügung stehen. Emotionen, die in einem beruflichen Kontext auftreten, lassen Rückschlüsse auf den „Zustand des beruflichen Selbst“[471] zu. Einer Fachkraft der Sozialen Arbeit wird ein beruflicher Umgang mit Gefühlen abverlangt, zumindest in einem gewissen Umfang. Emotionen sind oft selbstverständlich, sodass sie im sozialpädagogischen Berufsalltag weder besonders beachtet noch registriert werden. Zudem werden emotionale Erfahrungen (in der Regel) individuell sehr unterschiedlich erlebt und interpretiert.
Die „duale Konzeption von Emotion“[472] nach Aronson (1994) postuliert, dass hinter nahezu jeder Emotion eine verfestigte Kognition stehe, d.h. jede Emotion setzt sich aus einem Gefühlsinhalt als auch einem Kognitionsinhalt zusammen. Wenn also emotionale Zustände über Kognitionen evoziert werden, ist anzunehmen, dass bestimmte verfestigte Kognitionen vorhanden sind, die das Auftreten dieser Gefühlszustände bewirken,[473] welche wiederum bestimmte Reaktionsmuster auslösen. Es liegt in der Natur einer emotionalen Reaktion, dass die durch sie hervorgerufene Reizkonfiguration generalisiert wird und nicht mehr objektiv einzuordnen und zu reflektieren ist.[474] „Je weniger sich eine Person ihrer Annahmen bewusst ist, um so eher erscheinen die Erfahrungen von außen schicksalhaft kontrolliert, die zu beeinflussen sie nicht in der Lage sind.“[475]

Die professionelle Emotionalisierung (Angst, Hilflosigkeit, Ohnmacht) der Berufsrolle ist somit von (unbewusster) Kognition („Ich bin fachlich handlungsunfähig“) und an daran gekoppelten kognitiven wie emotionalen Fall-Bewertungsmustern gekennzeichnet.
Welches Bild sich nun eine professionelle Fachkraft von einem Verdacht auf innerfamiliäre sexuelle Kindesmisshandlung macht bzw. das Konzeptionalisieren eines Verdachtsfalls ist ein Konglomerat aus beruflichen „Selbstkognitionen und Selbstemotionen“.[476] Im Allgemeinen scheint es besser, irgendeine berufliche Selbsttheorie zu haben als gar keine, „da ohne die Möglichkeit ei-

470 Bottenberg 1996, S. 64.

471 Ebd., S. 64.

472 Aronson 1994, S. 51.

473 Diese Annahme hat zum Aufbau kognitiver Wissenschaften bzw. Therapien geführt, in welchen über die Modifikation von Kognitionen eben diese unangepassten emotionalen Zustände verändert werden können und sollen. Vgl. Mummendey 2003, 2006, Aronson 1994; Gollwitzer/Schmitt 2006, S. 115.

474 Vgl. Fischer/Riedesser 2003, S. 74.

475 Epstein 1993, S. 16.

476 Ebd., S. 16.

ner Einordnung von Beruferfahrungsdaten durch die Anwendung beruflicher Selbsttheorien nur Chaos und Sinnlosigkeit im Beruf erlebt würde".[477] Fillip (1993) und Urban (2004) postulieren, dass vor allem in der Antizipationsphase, also vor einer eigentlichen Handlung, berufliche Selbstkonzepttheorien von Bedeutung sind.

3.2 Die intuitive Diagnostik

> Was nämlich auch das Schwierige an dem Thema ist, dass das kein Thema ist, mit dem man jeden Tag konfrontiert wird und mit dem man mit seinem Alltagswerkzeug arbeiten kann. Beratung und was weiß ich was für Probleme, das haben wir intus, das können wir, aber eine Verdachtsabklärung erfordert ja doch auch noch mal andere Handlungsstrategien. Und wie gesagt ein anderes Arbeiten. (Interview 11)

Die Einschätzung bzw. Bewertung der Verdachtsfallhinweise ist ein „komplexes Ermessens- und Entscheidungsproblem",[478] zu dessen diagnostischer Handhabung professionelle Fachkräfte der öffentlichen und freien Kinder- und Jugendhilfe per institutionellem Auftrag verpflichtet sind (§8a Abs. 1 SGB VIII). Einen innerfamiliären sexuellen Kindesmisshandlungsverdacht abzuklären impliziert anfangs die Frage, inwiefern sich der Verdacht bewahrheitet bzw. sich die Verdachtshinweise verdichten, erhärten und/oder verifizieren lassen. Es müssen Informationen gesammelt, gewichtet, gewertet und eingeordnet werden.

Die Frage nach der Notwendigkeit einer angemessenen psychosozialen Diagnose stellte sich eine Fachkraft wie folgt:

> Da haben wir auch einige, die schon zwei Jahre zu uns regelmäßig kommen. Da kommen wir immer wieder auf die Frage: Was heißt Diagnostik? [...] und haben das Gefühl, es wäre schön, wenn man den Missbrauch auch so nach und nach abhaken könnte. So läuft es halt jetzt nicht unbedingt. (Interview 3)

Professionelle im Interventionsfeld der Kinder- und Jugendhilfe sind aufgefordert, sich ein Bild über die Falllage, Verdachtshinweise (meist in Form kindlicher

477 Ebd., S. 17.

478 Rietmann/Hensen 2007, S. 31–33.

Symptome und Verhaltensauffälligkeiten) und Meldungen oder B
anderer Fachkräfte zu machen. Es ist obligat und selbstverständlic.
Fallkomponenten fachlich Berücksichtigung in der Einschätzung und Diagnost.
finden.[479]
Die Entscheidung, welche diagnostischen Mittel eine professionelle Fachkraft im Feld der Kinder- und Jugendhilfe in der Verdachtsverifizierung wählt, hängt davon ab, ob die gewählten diagnostischen Schritte institutionell standardisiert und akzeptiert sind. In den folgenden professionellen Äußerungen scheint es sich eher um ein variables Spiel zu handeln als um klar definierte und kommunizierbare Diagnostikschritte.

> Ich bin nicht sehr strukturiert in meiner Arbeit, muss ich ehrlich sagen [...], es gibt nicht so ein festes Prozedere. Das entspricht mir einfach auch nicht [...]. Ich habe mir sicher ein Repertoire im Laufe der Jahre angeeignet, aber das variiert. (Interview 6)
>
> Aber das Besondere und das Schwierige bei Verdachtsfällen ist, dass die Fälle nicht so klar sind, dass es nicht sichtbar ist, es ist nicht so abzugrenzen und man kann nicht sagen, dieses Symptom hat das Kind und es ist sexuell missbraucht [...], dass man einfach immer im Hinterkopf haben muss, es könnte auch was anderes sein [...]. Das ist ja auch wirklich alles in alle Richtungen zu betrachten. Und dann noch mal diesen Fokus zu setzen auf: Da könnte vielleicht Missbrauch eine Rolle spielen, ist dann natürlich schwierig, das könnte ja auch alles andere sein. (Interview 13)
>
> Ich lasse mir Zeit [...]. Ich setze mir keine Zeit [...]. Ich bezeichne es immer als Puzzle. Ich hab ein Puzzle von 100 Teilen, wenn ich 5 und wenn ich 90 habe reicht es. So würde ich sagen [...]. Ich recherchiere ja auch in irgendeiner Form und sammle meine Puzzleteilchen, um das klarer zu kriegen, um eben sauber auch für mich sagen zu können: Der Verdacht hat sich erhärtet oder der Verdacht verschwindet. (Interview 9)

Darüber hinaus müssen die vorhandenen oder gemeldeten Informationen möglichst so in ihrer Gesamtheit integriert werden, dass sich eine Art „Fall-Realitätsmodell“[480] ergibt. Die besondere Psychodynamik einer innerfamiliären sexuellen Misshandlung und der kindlichen Symptombildung müsste im Grunde fachlich erkannt und professionell verstanden werden. Die oft unspezifischen

479 Vgl. Ansen 2006, S. 54; Kelle 1994, S. 16.

480 Dörner 2007 S. 65.

Reaktionsmuster der betroffenen Kinder müssen im Abklärungsprozess Berücksichtigung finden und instrumentell fachlich diagnostiziert werden. Professionelle im Feld der Kinder- und Jugendhilfe sollten in der Lage sein, nicht nur den Status quo, also bekannte und sichtbare Informationen zu bewerten, sondern auch mehrdeutige Verhaltensauffälligkeiten von Kindern deliktspezifisch einordnen und zusammenfügen zu können. Hierzu ist professionelles deliktspezifisches „Strukturwissen“[481] nötig, das bedeutet Wissen, wie deliktimmanente Fallmerkmale zusammenhängen und wie sie sich gegenseitig beeinflussen. Der Fallkontext muss an diesem Punkt der Verdachtsabklärung allerdings noch in seiner Ergebnisoffenheit diagnostisch bewertet werden. Trotzdem sollten sich die Professionellen fachlich positionieren, und es bedarf anhand der verfügbaren Verdachtshinweise einer „(Ungefähr-)Lösung“[482] in Form einer vorläufigen Arbeitshypothese, um die Informationssammlung zeitlich nicht bis ins Unendliche zu ziehen.

> Verdacht ist zunächst mal Verdacht, der steht im Raum und zunächst mal muss ich den ernst nehmen [...]. Dann wird sich zeigen, was sich daraus entwickelt [...], ich tendiere dazu, zunächst mal jede Form von Verdacht auch ernst nehmen zu wollen und mach da erst mal keinen Unterschied und deswegen nützt es mir auch nichts, wenn ich das differenziere und sag: vage, begründet, erhärtet oder wie auch immer. Es gibt sicher Kriterien, die klarer dafür sprechen, weil nur wenn jemand schuldig gesprochen ist, dann ist es halt kein Verdacht mehr. Das haben wir in den seltensten Fällen. Also, das wird sich nicht lösen lassen, denke ich, man kann ja vieles interpretieren, muss man ja auch vorsichtig sein. (Interview 7)
>
> Manchmal ist es ganz diffus [...]. Da sind so Fragezeichen, da ist man immerauf so einer Skala, null wäre gar nichts, zehn wäre Volltreffer und da pendelt man halt zwischen fünf und zehn irgendwo. (Interview 5)
>
> Symptome, die können so vielfältig sein, muss ja nicht immer Missbrauch sein [...], es ist fast wie so eine Aufzählliste, wie viele Punkte sprechen dafür und wie viele sprechen dagegen. (Interview 6)

Die Verdachtshinweise werden von den Professionellen ausschließlich in ihrer Offenheit und Intransparenz interpretiert. Das Konglomerat von zunächst undurchschaubaren Fallinformationen ist offensichtlich mit den herkömm-

481 Ebd., S. 64.

482 Ebd., S. 69.

lich „anerkannten Regeln der sozialpädagogischen Kunst“[483] nicht zu entschlüsseln. Die Professionellen sind programmatisch unsicher und hilflos in ihrer beruflichen Fallkomponentenbewertung und scheinen nur bedingt diagnostisch kompetent. Theoretisch sicheres und praxiserprobtes diagnostisches Know how wird nicht angewandt, auch andere professionelle Strategien (z. B. Gutachten anderer Fachdisziplinen) und methodische Konzepte (Familienberatung, Kindgespräch) werden in dieser Abklärungsphase augenscheinlich nicht genutzt.
Eine ungegliederte Anhäufung von Informationen über diese oder jene Fallkomponenten erhöht die Unübersichtlichkeit und stellt keine Entscheidungshilfe dar. Ein gewisser Zeitdruck verlangt auch, dass der Informationssammlung und deren Bewertung nicht beliebig lang nachgegangen werden kann. Das bedeutet, eine subjektiv empfundene Unvollständigkeit von deliktspezifischen Informationen kollidiert mit dem Druck, sich fachlich innerhalb einer vorläufigen Arbeitshypothese zu positionieren.

Im professionellen Bewusstsein bzw. im diagnostischen Know how tauchen rasch intuitive Bewertungen auf: als „eine Art Intelligenz ohne bewusstes (fachliches) Denken“.[484]

Der Großteil dieser Fälle basiert auf Vermutungen, auf Gefühlen, auf Beobachtungen und das sind alles keine Beweise. (Interview 11)

Dass ich von der Intuition her einfach das Gefühl habe, okay, das ist jetzt einleuchtend oder das ist nicht einleuchtend oder ich kann spüren, das stimmt so, und mit dem arbeite ich ganz stark. (Interview 10)

In Fällen von sexuellem Missbrauch sind beide Ebenen, die Gefühlsebene und die Kopfebene miteinander zu verknüpfen [...], dass man selber das nicht nur vom Kopf her, sondern auch vom Gefühl her nachvollziehen kann [...], ich merke es ja selbst, ich bin dann sehr viel schneller in der Gefühlsebene. (Interview 13)

Die sozialpädagogischen Fachkräfte verlassen sich in der Bewertung der Verdachtsfallkomponenten auf ihr „Bauchgefühl“:[485] „Diese Art von Intuition findet man sehr oft bei Fachleuten in ihrem bestimmten Bereich.“[486] Zudem sind „Intuitionen

483 Vgl. Gigerenzer 2007.

484 Gigerenzer 2007 S. 25.

485 Der Begriff „Bauchgefühl“ als umgangssprachlicher Ausdruck wird synonym mit dem Begriff „Intuition“ verwendet, im Folgenden wird Bauchgefühl, Intuition und Ahnung als Begriffe austauschbar benutzt.

486 Dörner 2007, S. 65.

stark genug, um zu deuten“[487] und sind sozusagen „einfache Faustregeln“,[488] deren Charakteristikum ist, „sich auf wenige Informationen zu konzentrieren“.[489]

> Vom Gefühl her war ich mir sicher. Kann ich nicht anders sagen: Ich war mir sicher, ich würde sagen, vom Gefühl her hat das alles gepasst. (Interview 12)

Die Professionellen flüchten sich in ihrer diagnostischen Unsicherheit und beruflichen Hilflosigkeit in den Status einer *„professional of feeling“.*[490] Die weiteren diagnostischen Schritte werden auf die subjektiv evozierte Intuition gelenkt. An dieser zentralen Stelle der Verdachtsverifizierung, der Informationssammlung und deren Bewertung, wird der diagnostische Blick auf die realen Symptomzusammenhänge und der besonderen Psychodynamik dieses Deliktes gänzlich verstellt. Ein fachliches, rationales und diagnostisches Abwägen der Verdachtshinweise wird völlig außer Acht gelassen. Die intuitive Einschätzung dominiert bzw. ist führend für die weitere Einschätzung des Fallkontextes.[491]
Falleinschätzungen und die Bewertung von Verdachtshinweisen, die auf dem Boden der diagnostischen Unbestimmtheit und Unsicherheit, gekoppelt mit professioneller Intuition, gefällt werden, dienen zwar kurzfristig und nur scheinbar der Entscheidungsfindung. Einer fachlichen und angemessenen sozialpädagogischen diagnostischen Verifizierung eines Verdachtsfalls kann dies natürlich nicht dienen. Die intuitive Bewertung erlaubt ein schnelles Entscheiden, Einschätzen bzw. Diagnostizieren, da „ein einziger guter Grund reicht“ (*One-Reason-Decision-making),*[492] um diese Art der Bewertungsfaustregel zu rechtfertigen. Ihre Qualität gewinnt die Intuition aus der Fähigkeit, ohne Nachzudenken zu erkennen, auf welche Regel wir uns in welcher Situation verlassen können, der „eigentliche Beweggrund aber bleibt meist unbewusst“.[493]

Hier handelt es sich offensichtlich um „diagnostische Routinen“,[494] die erst einmal eine zeitnahe und für die Professionellen kohärente Grundlage für den Umgang mit der Fallkomplexität und Mehrfachkontingenz der Verdachtshinweise sichern.

487 Gigerenzer 2007, S. 56.

488 Ebd., S. 26. Der Begriff Faustregel als umgangsprachlicher Ausdruck wird hier synonym mit dem wissenschaftlichen Terminus „Heuristik“ gebraucht.

489 Gigerenzer 2007, S. 27.

490 Gildemeister 1983, S. 51.

491 Vgl. Gigerenzer 2007 S. 48.

492 Ebd. S. 145.

493 Vgl. Gigerenzer 2007, S. 27 und S. 204.

494 Rietmann/Hensen 2008, S. 42.

Sie stellen aber keine umfassende prospektiv orientierte Diagnostik dar. Sie bilden eher eine individuelle und ziellose Diagnostikroutine.[495]

> Und es geht nicht nur darum zu klären: War da was oder war da nichts? Das ist ja nicht unser Ding. Wir möchten, dass es dem Kind gut geht. Das ist für mich jetzt nicht erheblich, ob ein Missbrauch stattgefunden hat. Ich weiß jetzt nur, die und die Symptome hat das Kind und das ist wichtig, dass die nicht mehr da sind, dass es dem Kind dann besser geht [...]. Wir wollen einfach, dass da wieder ein normales Leben einkehren kann. (Interview 5)

Auf Grundlage der intuitiven Generalisierungen, die im Prozess der fachlichen Positionierung und Bewertung der vorhandenen Informationen einen Sinn erhalten, werden weitreichende diagnostische Schlüsse gezogen und das Casemanagement (weiter-)konstruiert.[496] Dieser Prozess läuft weitgehend unbewusst ab und erhärtet einen Eindruck, der mit einem hohen Grad an subjektiv erlebter Hilflosigkeit und professioneller Unsicherheit bezüglich der Falleinschätzung verbunden ist und eine verzerrte professionelle Wahrnehmung des Einzelfallkontextes zur Folge hat.
Man kann auch von einem „Priming“[497] sprechen, wenn Professionelle intuitive Bewertungen bevorzugen und jegliche andere fachliche Klassifikationsdiagnostik außen vor lassen. Ein auf Intuitionen beruhendes, diagnostisches Priming ist fehleranfällig und schafft eine eigene berufliche Realität; diagnostische Routinen laufen unabhängig davon weiter, egal ob diese dem fallgebundenen Zweck oder Ziel dienen.[498]
Wird eine professionelle Fachkraft im Interventionsfeld der Kinder- und Jugendhilfe mit einem Verdachtsfall konfrontiert, dann geht es anscheinend nicht nur um die Identifizierung mit einer Kinderschutzinstitution und professionellen Handlungsaufträgen, „sondern es geht auch um die Fachkraft selbst“.[499]
Es wäre falsch, die geäußerten und erlebten Gefühle von Professionellen zu negieren oder ausschalten zu wollen: Aufdeckung darf auch eine Gefühlssache sein.[500] Alle Facetten der von den Fachkräften geäußerten Gefühlen können und dürfen nicht tabuisiert werden, sollten aber einer fachlichen Auseinandersetzung zugänglich gemacht werden. Soziale Arbeit als Profession muss einerseits tabuloser, aber auch reflektierter mit Emotionen in der Fallarbeit umgehen, als dies andere Professionen tun müssen.

495 Vgl. Rietmann/Hensen 2008, S. 43; Gigerenzer 2007.

496 Vgl. Hartung 2000, S. 36.

497 Fischer/Wiswede 2002, S. 169.

498 Wissenssoziologisch ist hier ein implizites Wissen gemeint, ungeschriebene, nicht bewusste Gesetze, Wissen im Sinne von professionsimmanenten Regeln, die das „Handeln müssen“, also den professionellen Auftrag erfüllen, erzeugen und erfordern, ohne dass sie von den Professionellen selbst explizit gemacht werden können. Dieses implizite Wissen muss als subjektiv handlungsleitend gelten. Vgl. Meuser/Nagel in Friebertshäuser 1997, S. 486.

499 Fegert 2001 S. 172.

500 Ebd. S. 172.

3.3 Die professionelle Non–Diagnostik

Der hier gezeigte „Methodismus“[501] der Diagnostik verstanden als eine Selbstschutztendenz wiegt die Professionellen in Sicherheit, gibt ihnen Kontrolle und das Gefühl, dem Fallkontext „Verdacht“ fachlich gerecht zu werden. Es kommt zu einer vermeintlichen Beruhigung des hilflosen und ängstlichen Selbst und der empfundenen Ohnmacht und Handlungsunfähigkeit. Fehlschläge, Misserfolge oder die schlichte Tatsache, dass einfach nichts passiert und Verdachtsfälle als solche bestehen bleiben, halten sie sich durch ein „ballistisches Entscheiden“[502] fern: Die Fachkräfte registrieren einfach die Konsequenzen ihrer Non-Diagnostik nicht. Es wird schlichtweg unmöglich, eine zielgerichtete Diagnostik im Auge zu behalten, entsprechend fallweiterführend und falladäquat zu intervenieren und dem Kindeswohl dienende zielorientierte beraterische Weichen zu stellen. Dies hat logische Auswirkungen auf die Prioritätensetzung im Casemanagement.

In aktuellen Diskussionen über diagnostische Aufgaben der Sozialarbeit wird die zentrale Funktion einer präzisen sozialpädagogischen Beurteilung und/oder Diagnostik immer wieder betont.[503] In diesem Kontext ist allerdings nicht nur die Entscheidung für oder gegen Standardisierung von Bedeutung, sondern auch die Frage, was genau für welchen Fallkontext als verbindlicher Diagnosestandard vereinbart wird bzw. gelten soll?
Ein Konsens über eine angemessene und allgemeingültige Diagnose eines Interventionsprozesses bei der Abklärung einer Kindeswohlgefährdung ist im Feld der Kinder- und Jugendhilfe (noch) nicht in Sicht.

> Die Erfahrungswelt eines Menschen mit einer
> schweren Psychotrauma – Folgestörung
> entzieht sich den Menschen in der Umgebung,
> die selbst nie an solchen Symptomen gelitten haben.[504]

Im Feld der Kinder- und Jugendhilfe wurden Symptomatiken von Kindern bisher wenig aus einer psychotraumatologischen Perspektive heraus betrachtet.[505] Will man traumakompensatorische Bemühungen eines Kindes nach einer innerfamiliären sexuellen Misshandlung verstehen und abklären, müssen Fachkräfte das subjektive Erleben eines Kindes, die Psychodynamik der Bindungsgewalt, die das Kind erlebt, sein (individuelles) Über- und Erleben verstehen und kennen.[506]

501 Dörner 2007, S. 71.

502 Ebd. 2007, S. 72.

503 Vgl. Heiner 2005, Ader 2006, Urban 2004.

504 Krüger 2007 S. 45.

505 Vgl. Ebd., S. 43.

506 Vgl. Ebd., S. 44.

Es ist zweifellos schwierig, von außen eine eindeutige kausale Verbindung zwischen Symptom und Gewalterfahrung herzustellen, weshalb es sinnvoll ist, die Symptomatiken als eine „Kompromissbildung“[507] aus dem direkten Einfluss der traumatischen Erfahrung und den kompensatorischen Bemühungen des Kindes zu verstehen bzw. verstehen zu lernen.[508]

Bislang haben Symptomlisten und seitenlange Aufzählungen von Verhaltensauffälligkeiten von Kindern zur Aufklärung, Erhärtung und Verifizierung der innerfamiliären sexuellen Kindesmisshandlung wenig beigetragen oder tatsächlich helfen können. Mir erscheint es weitaus bedeutender, wie Fischer/Riedesser (2002) vorschlagen: „Für die psychotraumatologische Rekonstruktion von Syndromen können wir daher annehmen, dass Symptome Manifestationen des kindlichen Traumaschemas und nach der Logik des traumakompensatorischen Schemas funktionieren.“[509]
Werden traumabedingte Symptome über die Analyse von traumakompensatorischen Aktivitäten erschlossen, erscheinen diese nicht länger als unverständliche und nicht einschätzbare Symptome eines „gestörten oder verrückten“ Kindes, sondern als in sich verständliche Antwort auf eine gewalttätige Situation und Erfahrung, die im traumatischen Prozess immer wieder überarbeitet wird und zu einer Lösung führen soll, mit der das betroffene Kind (über-)leben kann.[510]

Es scheint so zu sein, dass für die Professionellen im Feld keine eindeutigen „Erwartungssysteme“[511] in einer Verdachtsfallabklärung existieren, um daraus fachliche Annahmen über zu erwartende, generalisierte und klassifizierende Diagnostikschritte oder erfolgreiche Handlungsentwürfe beziehen zu können, die dann folgend in einem spezifischen Fallkontext verortet werden können. Hier könnte auch der immer noch andauernden und vielleicht auch mittlerweile leeren Professionalisierungsdebatte über Soziale Arbeit entgegengesteuert werden.
Die derzeit akzeptierten und diskutierten Diagnoseinstrumente und sozialpädagogisches Handwerk zur Einschätzung von Kindeswohlgefährdungen selbst sind lediglich als Hilfsmittel zur Strukturierung von Wahrnehmungs- und Bewertungsprozessen zu verstehen. Sie können dazu beitragen, Fakten und Informationen zu sortieren, zu systematisieren, zu vervollständigen und ggf. zu gewichten. Bei der Erstellung von terminalen Beschlüssen und Prognosen ist aber eine beurteilungsorientierte und klassifizierende Herangehensweise sinnvoll, die möglichst multidisziplinäre Einschätzungen und Schlussfolge-

507 Fischer/Riedesser 2002, S. 277.

508 Vgl. Krüger 2007, S. 45.

509 Vgl. Fischer/Riedesser 2002, S. 279.

510 Vgl. Krüger 2007, S. 45.

511 Ebd., S. 115.

rungen vornimmt. Fachliche Entscheidungen bei Kindeswohlgefährdung sollten nicht allein als Ergebnis indikatorengestützter Erfassungssysteme erfolgen bzw. nicht nur im Überschreiten einer vorher festgelegten formalen Schwelle bestehen.
Soziale Arbeit braucht eine stärkere inhaltliche Fundierung von Klassifikationsbemühungen, die auf zentrale und typische Interventionssituationen im Feld der Kinder- und Jugendhilfe bezogen ist.
Vorhandene qualifizierte, diagnostische Konzepte müssen arbeitsfeldübergreifend integriert werden. Die reflexive Orientierung einer Diagnose ist in der Sozialen Arbeit unzureichend formalisiert und institutionalisiert. Für die Praxis sind im Rahmen des Qualitätsmanagements Modelle zu entwickeln und zu erproben, die zur Qualitätssicherung diagnostischer Prozesse beitragen.
Diagnostik ist kein Selbstzweck. Sie soll der fachlichen Fundierung einer Interventionsplanung und Interventionssteuerung dienen. Für die Diagnostik einer innerfamiliären sexuellen Kindesmisshandlung ist es unverzichtbar, dass Professionelle verschiedene theoretische Diagnostikkonzepte kennen, sich über deren Validität und Reliabilität informieren. Soziale Arbeit in ihren vielen Berufsfeldern ist mit anderen Professionen verknüpft, die ihre Diagnostik selbstbewusst vertreten. Hier erscheint es mehr als wichtig, dass sozialpädagogische Fachkräfte die verschiedenen Diagnostikkonzepte aus anderen Bereichen kennen und die Validität und Wichtigkeit der Diagnostikkonzepte auf den sozialpädagogischen Eigenwert hin überprüfen. Nur dann ist man in der Lage, unter den sehr unterschiedlichen Ansätzen diejenigen zu berücksichtigen, die am ehesten relevante Instrumentarien versprechen und zugleich in Abgrenzung oder Ergänzung dazu eigene, spezifisch sozialpädagogische Ansätze und Konzepte der Diagnostik zu entwickeln.

Aktuell lässt sich die Diagnostik einer Kindeswohlgefährdung als ein individuell aufmerksamkeitsorientiertes, intuitives Beobachtungsmodell ohne handlungsleitende Wirkung konstatieren. Hier muss ein arbeitsfeldtypisches Basiskonzept diagnostischen Handelns entworfen werden, in dem die zentralen Aufgaben und das professionelle Selbstverständnis der Sozialarbeit im Feld, ihre spezifischen Arbeits- und Deutungsprinzipien, Maximen und Methoden so fokussiert werden, dass sie mit den wichtigsten arbeitsfeldspezifischen Interventionssituationen in Beziehung gesetzt werden können.[512] Hier besteht auch die Chance, dass die Weiterentwicklung einer eigenständigen psychosozialen Diagnostik im Feld der Kinder- und Jugendhilfe einen wichtigen Beitrag zur Professionalisierung Sozialer Arbeit leisten kann.

512 Vgl. Heiner 2005 S. 264; Ader 2006 S. 27.

3.4 Die Verdichtung des sozialpädagogischen Zweifels im Modus Vivendi

Die Non-Diagnostik und damit die Verdichtung des sozialpädagogischen Zweifels wird zum wesentlichen Dreh- und Angelpunkt im professionellen Casemanagement und in der weiteren Interventionsplanung. Die interviewten Fachkräfte gewinnen m. E. gerade über die Aufrechterhaltung ihres Zweifels an dem Wahrheitsgehalt des Verdachts – durchaus in guter Absicht – an Handlungsspielraum. Den Professionellen ermöglicht dies einen Ausweg aus einem Fallkontext, der in ihnen Gefühle der Angst, der Hilflosigkeit, der Ohnmacht, der Wut, der Verzweiflung u.a. evoziert.

Das Bedürfnis des beruflichen Selbst nach Kohärenz ist die primäre motivierende Kraft der Professionellen, Auswege aus der beruflichen Hilflosigkeit gedanklich zu antizipieren und fehlendes diagnostisches Know-how zu überspielen. Menschliche Wahrnehmung ist nicht passiv, sondern „aktiv auswählend“[513], und gemeint ist hier ein „überlegtes Denken“,[514] das vom beruflichen Werte- und Motivsystem der Professionellen abhängig ist: „Man denkt nicht einfach nur so, das Denken hilft bei der Realisierung von Absichten.“[515] Die Professionellen denken darüber nach, wie der Modus Operandi weiter gestaltet werden kann.
Die reflexiven kognitiven Strategien spielen eine bedeutsame Rolle an der Schwelle der Primärpositionierung im Modus Vivendi und den weiter initiierten Schritten im Casemanagement (Sekundärpositionierung). Dieser „Moment der reflexiven Entscheidungsfindung“[516] ist der Moment, in dem durch kognitive Abwägungen festgelegt wird, was festgelegt werden muss, damit überhaupt weiter gehandelt werden kann. Die Professionellen fällen Entscheidungen und setzen ihre fachlichen Prioritäten. Sie wägen ab, wie antizipierte, weitere diagnostische Schritte zu bewerten sind, welche Folgen sie haben, und danach beurteilen sie, wie weiter verfahren und wie das Casemanagement gestaltet werden kann: „Ein Mensch zeigt nur dann ein bestimmtes Verhalten, wenn er oder sie in irgendeiner Weise dazu motiviert ist. Zwischen Motivation und Handeln findet eine Reihe von Zwischenschritten statt.“[517]

513 Ansen 2006 S. 52.

514 Fischer/Riedesser 2003, S. 76.

515 Ebd. S. 77

516 Kelle 1994, S. 31.

517 Amann/Wipplinger 1998, S. 97.

Die nachfolgenden empirischen Zitate verdeutlichen die reflexiven Entscheidungen der Professionellen.

Die reflexiven Fallweichenstellungen

Ich weiß es als Helfer ja nicht genau, und da ich nicht über hellseherische Fähigkeiten verfüge, muss ich ja auch zu einer Einschätzung kommen, es gibt keinen so ganz einfachen Königsweg. (Interview1)

Das heißt, wenn ich keine Beweise habe, dann komme ich vielleicht tatsächlich in das Dilemma zu sagen, wenn dann die Beratung nicht geglückt ist, dann stehe ich vielleicht manchmal in der Jugendhilfe auch vor dem Punkt der Grenzen meiner Hilfe. Und ich denke, das macht manchmal die Ohnmacht auch aus, vielleicht auch eine Wut oder die Verzweiflung dann auch von Helfern und Helferinnen in der Jugendhilfe, wo man sagt: Da bin ich nicht mit weitergekommen. [...] Nur ist es noch zu keinem Hilfeprozess gekommen, der trägt. Das ist das Dilemma. (Interview 1)

Der Verdacht ist aber bei mir schon geblieben, muss ich sagen [...]. Es ist immer der Zweifel geblieben, es gab immer dann einen Rest, der bei mir fragend und zweifelnd geblieben ist. (Interview 11)

Es bleibt ganz oft im Verdachtsbereich [...], ich habe keinen einzigen Fall, wo ich einen Verdacht gehabt habe, der sich dann bestätigt hat in dem Sinne: Jawohl, hier können wir klar sagen, jetzt hat ein sexueller Missbrauch vorgelegen und können Schutzmaßnahmen ergreifen. Ich habe es nicht erlebt, muss ich ganz ehrlich sagen. (Interview 12)

Wenn ich keine Beweise habe, dann komme ich tatsächlich in das Dilemma, dass ich vor dem Punkt stehe, wo man sagt: Da bin ich nicht weitergekommen. (Interview 2)

Es ist sehr, sehr schwer und die meisten Fälle sind vage Fälle, wir stecken fest in der Recherche. Das bleiben sie, wo es zeitlebens beim vagen Verdacht bleibt [...]. Das ist niederschmetternd, aber das ist so. (Interview 3)

Ich würde sagen, 70 % der Fälle sind weiterhin diffus. (Interview 8)

Das ist ja ambivalent: Möchte ich das aufdecken, will ich das wirklich am Ende da als Tatsache stehen haben und dann müssen alle Beteiligten damit auch weiterleben und das wünsche ich niemandem, finde ich schon schwierig. (Interview 7)

Im Endeffekt ist es ein Verdacht, der bleibt oft [...] also, ich sag jetzt immer, ist ja ein Verdacht. (Interview 5)

Also ich belasse es beim Verdacht und nehme ihn aber sehr ernst. (Interview 10)

Ein Modus Vivendi, der auf intuitiven Faustregeln und professionellen Generalisierungen der beruflichen Hilflosigkeit und einer Non-Diagnostik fußt, kann, wenn überhaupt, nur schleppend und unvollständig revidiert werden. Das Phänomen der menschlichen „Perseveranz",[518] das postuliert, dass „nachdem einmal die berufliche Wirklichkeit auf eine bestimmte Weise konstruiert worden ist, die Prüfung der Richtigkeit dieser (Re-)Konstruktion vernachlässigt wird".[519] Eine intuitive sowie emotionale Wahrnehmungs- und Einschätzungsverzerrung wird einer kognitiven diagnostischen Verifizierung, die auf Fakten (nicht Beweisen) beruht, vorgezogen. Auf diese Weise können die Offenbarung professioneller Schwäche und beruflichen Unvermögens vermieden werden und die eigene Profession bzw. der professionelle Standpunkt wird grundsätzlich nicht in Frage gestellt.
Wenn die Professionellen ihre intuitiven Faustregeln und hilflosen Professionsgeneralisierungen revidieren würden, müssten sie sich eingestehen, dass sie in ihrem Know how weder fachliche Diagnostikkonzepte integrieren noch im Stande sind, einem routinemäßig vorkommenden Fallkontext professionell begegnen zu können.

Man könnte ja sagen, es ist ein Erfolg, wenn man am Ende weiß, da war Missbrauch oder so. Aber das wäre ja auch zu kurz gedacht [...], eine möglichst hohe Bereitschaft zu zeigen, wirklich von verschiedenen Seiten den Zugang zu der Thematik zu ermöglichen und nicht nur so eindimensional etwas zu unterstützen [...], den Rest halte ich für unfachlich. (Interview 1)

Die professionellen Kompetenz- und Effizienzmängel in der Diagnostik regt auf der einen Seite offensichtlich zur „Ökonomisierung"[520] an. Wenn die Fachkräfte eine

518 Vgl. Bierhoff 2006, S. 73.

519 Vgl. Ebd., S. 76.

520 Dörner 2007, S. 307

Bewertung der Fallkomponenten durch intuitive Wahrnehmungsroutinen und strukturlose Diagnostikschritte vornehmen, ist dies in zweierlei Hinsicht ökonomisch zu verstehen: Eine defensive Beruflichkeit, „ich bin hilflos und unsicher", spart Zeit und eine ganze Menge an weiterer aufwändiger Diagnostik. Wenn im Zentrum einer Verdachtsabklärung die professionelle Hilflosigkeit, vornehmlich intuitive Fallbewertungen und eine reduktive Diagnostik stehen, ist dies an Ökonomie kaum zu übertreffen: „[S]ie erlaubt den sparsamsten Umgang mit der kostbarsten professionellen Ressource: »Hinschauen!, Nachdenken!, Wissen anwenden!, Positionieren!«".[521] Es lässt sich so auch einfacher und schneller planen. Für den anvisierten Fokus stehen allgemein anerkannte Regeln des Handelns zur Verfügung, die Professionellen betreten anscheinend sicheres, fachliches Terrain. Strategisches Diagnostizieren wäre hier sehr viel aufwändiger, zeitraubender und unangenehmer, zudem erfordert es ein fachlich fundiertes Deliktstrukturwissen, das keiner der interviewten Professionellen aufweist.

Auf der anderen Seite vollzieht sich das Diagnostizieren bzw. Verifizieren der Verdachtshinweise auf eine defensive Art und Weise: „Man macht es halt so, wie man es schon immer getan hat."

> Dass man die Dinge nicht unbedingt ändern kann, das lernt man da immer wieder. (Interview 10)

Professionelle im Feld der Kinder- und Jugendhilfe müssten sich dann in der Folge die Symptomatik und Befindlichkeit der Kinder als Opfer innerfamiliärer sexueller Übergriffe und deren Auswirkungen nicht wirklich vor Augen führen.
Das hat natürlich seine Vorteile: Würde man anders vorgehen, bräuchte man nicht nur ein methodisches Know how der Diagnostik sowie strukturelles Deliktwissen und ein professionelles Selbstkonzept, das Handlungsfähigkeit und berufliche Selbstwirksamkeit voraussetzt.
Eine genaue Analyse eines Verdachtsfalles würde bedeuten, alle Verhaltensauffälligkeiten, Falldynamiken und Folge- und Nebenwirkungen zu überdenken, zu antizipieren und in die Handlungsplanung und Interventionsmaßnahmen zu integrieren. Die gegenteilige Vorgehensweise erspart den Fachkräften die zeitraubende Überlegung, ob sie es doch noch hätten besser oder anders machen können. Solche Ökonomisierungstendenzen, die es ermöglichen, bestimmte Diagnoseschritte einfach auszulassen oder diese weitgehend zu vereinfachen, scheinen eine große Rolle beim Umgang mit der komplexen Falllage der Verdachtsabklärung bei einer innerfamiliären sexuellen Kindesmisshandlung zu spielen. Die intuitiven Versuche der Professionellen, den Fallkontext einzuschätzen und zu

521 Ebd., S. 307.

beurteilen, sind wohl als ein Zeichen zu werten, dass die diagnostische Erfassung von Verdachtsfällen an die Grenzen sozialpädagogischer Professionskompetenzen stößt.[522]

> Innerlich ist es so, dass ich einen Verdacht auf sexuellen Missbrauch schon immer sehr ernst nehme, also dass ich ihn wirklich ernst nehme [...]. Aber es muss nicht heißen, dass dieser Verdacht stimmt. Das muss es nicht heißen. (Interview 10)
>
> Was man gerade beim Missbrauch häufig hat, ist ja auch ein Stück weit arbeiten in einer Grauzone. Hinweise, die nicht in so einem Maß objektivierbar sind oder objektivierbar gemacht werden könnten, sind aber keine Beweise und die Beweise haben wir in der Regel nicht. (Interview 1)
>
> Und vielleicht ist es doch kein sexueller Missbrauch, auch das hat seine Berechtigung, aus einem bestimmten Eigenschutz heraus, erst mal anzunehmen, da ist nichts dran. (Interview 13)

Die als hilflos ausgelieferte, handlungsunfähige und defensive Primärpositionierung *(Priming)* hat weitreichende Konsequenzen für das weitere Casemanagement. Es bleibt bei einem „sowohl als auch", es bleibt bei einer „ungefähren" und subjektiven Einschätzungsroutine. Hier erscheint dann folgerichtig die Darstellung der eigenen Fachlichkeit und Profession als diffus, chaotisch und diagnostisch ohne Plan und Ziel.
Erleben Professionelle die Konfrontation mit einer vermuteten Kindeswohlgefährdung, dessen Thema innerfamiliäre sexuelle Übergriffe auf ein Kind ist, als eine berufliche Bedrohung und evozieren metakommunikativ professionelle Hilflosigkeit, kommt es mit Sicherheit zu unangemessenen - der Dissonanzreduzierung untergeordneten - Bewältigungsreaktionen.[523] Zwischen dem Ausmaß einer Bedrohungsempfindung und einer Copingreaktion besteht ein „kurvillinearer Zusammenhang",[524] d. h., je größer die Angst und die Bedrohung, desto wahrscheinlicher das Coping. Kognitive Dissonanz entsteht nach nahezu allen Entscheidungen, vor allem dann, wenn die betreffende Person einen Ermessensspielraum für Entscheidungen hat.[525] Jede Alternative des

522 Vgl. Rietmann/Hensen 2007, S. 34.

523 Vgl. Bierhoff 2006, S. 57.

524 Bierhoff 2006, S. 56–57.

525 Wenn man davon ausgeht, dass die Suspendierung einer Norm, also der Anwendungsverzicht, gleichfalls eine Form der Normanwendung ist, ergeben sich in jedem Entscheidungsfall Normkollisionen und Konflikte. Vgl. Ansen 2006, S. 52.

Intervenierens bzw. die Auswahl einer Handlung hat ihre jeweils eigenen Vor- und Nachteile. Die Professionellen entscheiden sich für, aber auch immer gegen etwas. Entscheidungen bzw. Nicht-Entscheidungen, die aufgrund eines „Kontingenzarrangements“,[526] d. h., in gegenständlicher Fallunsicherheit und professioneller Hilflosigkeit gefällt werden, erzeugen die größte Dissonanz.[527]

3.5 Die Stress- and Coping-Approach-Forschung

> Man löst nicht die Probleme, die man lösen soll, sondern die, die man lösen kann.[528]

Die heutige Stress- and Coping-Approach[529] als eine entwickelte Forschung beschreibt, was Menschen unternehmen, um mit unangenehmen wie widersprüchlichen Tatsachen oder Situationen umgehen zu können. Sie verbindet kognitiv-behaviorale Ansätze mit Konzepten der Anpassung und Bewältigung und deren Mechanismen und Konsequenzen.

> Stress entsteht aus tatsächlichen oder vermeintlichen aus der Umwelt herantretenden Anforderungen, Verletzungen, Verlusten oder Konflikten, die die tatsächliche oder vermeintliche Kompetenz des Betroffenen und seine Umweltressourcen übersteigen, mit denen er solche Anforderungen meistern könnte. Diese Art von Stress geht also mit einem Gefühl der persönlich-emotionalen Bedrohung, sprich einer Destabilisierung einher. Der Stress weckt negative, oft lähmende Gefühle von Angst, Schuld, Wut, Verzweiflung oder Hilflosigkeit und führt zur Verminderung der Selbstwirksamkeit und der Handlungsfähigkeit.[530]

526 Bierhoff 2006 S. 62.

527 Vgl. Fischer/Wiswede 2002, S. 243 und S. 256-257; Frey/Gaska 2002, S. 284; Bierhoff 2006, S. 62; Gollwitzer/Schmitt 2006, S. 82–83.

528 Dörner 2000, S. 90.

529 Pionier der Stressforschung war der schwedische Internist Selye. Bereits im Jahr 1936 formulierte er das „Modell der Stressreaktion“, das drei Pole integrierte. Seyle wählte für sein Modell als Bezugspole einen „Reiz“ – den Stressor – und auf der anderen Seite eine „Reaktion“, die auf den Organismus einwirkt, hier, die Stressreaktion, die er in eine Widerstandsreaktion und ein Erschöpfungsstadium aufteilt. Diese drei Phasen analysierte und untersuchte er hauptsächlich auf der medizinisch-körperlichen Ebene, also auf die psychophysiologischen Reaktionen des Menschen auf einen Stressor hin. Weiter unterteilte er die Umweltreize in Stressoren mit positiver und negativer Wirkung auf den Organismus. Die positiven nannte er Eustress (Eu-Stress von eu = wohl, gut), die negativen Disstress. Er ging noch davon aus, dass die negative Stressreaktion sich gleichförmig zur positiven Stressreaktion verhalte. Die Arbeiten von Selye wurden in der nordamerikanischen Psychologie und Medizin über lange Zeit anhand des behavioristischen Reiz-Reaktion-Modells fortgeführt. Hier entstand die Ansicht, dass der Stressor als Reiz unmittelbar die Stressreaktion bewirkt und schließlich die Abwehrreaktion (nach Seyles Widerstandsreaktion) evoziert. In dieses Stress-Modell wurde das ökologische Verständnis der Subjekt-Objekt-Beziehung integriert, um eine Analyse von Umweltfaktoren durchzuführen. Vgl. Fischer/Riedesser 2003, S. 42-43, Fengler 1991, S. 102.

530 Riedesser/Fischer 2003, S. 42.

Unter Coping versteht man heute die individuellen Bewältigungsformen, mit denen Menschen allgemein auf Belastungen reagieren. In der Sozialpsychologie werden dabei die eingesetzten kognitiv reflexiven Entscheidungen als eine Form der Informationsverarbeitung, als vermittelnde Größen zwischen Belastung und Handlung berücksichtigt.[531]
Unter dieser Perspektive wird die Stress- and Coping-Approach-Forschung zu einem Teil der sozial-kognitiven Selbstkonzeptpsychologie, wie sie in den letzten 20 Jahren im Schnittpunkt von Sozial-, Persönlichkeits- und Entwicklungspsychologie entstanden ist.[532]
Wir reagieren mit Coping nur auf das, was wir subjektiv als belastend wahrnehmen.[533] Bewältigungsreaktionen (Coping) beschreiben jede Form der Auseinandersetzung mit Belastungen, die eine Fachkraft faktisch, insbesondere aus ihrem subjektiven Erleben heraus, in ihrer beruflichen Handlungsfähigkeit einschränken, d. h., ihre aktuell verfügbaren fachlichen Ressourcen übersteigen. Anlass und Gegenstand einer Bewältigungsreaktion ist eine subjektiv empfundene Bedrohung, eine akute oder dauerhafte berufliche Belastung mit fehlender Selbstwirksamkeit im Handeln. Die Art der Bewältigungsreaktion auf einen wahrgenommenen Kontrollverlust ist abhängig von der subjektiven Bedeutsamkeit des nicht zu kontrollierenden Ereignisses, von der Sicherheit der Überzeugung, keine Kontrolle ausüben zu können, sowie davon, auf welche Ursachen der Kontrollverlust zurückgeführt werden kann.[534]

Allen Ansätzen der Stress- and Coping-Approach-Forschung ist gemein, dass zwei Prozesskategorien wirksam werden:

- Entweder wird das bedrohliche oder belastende Problem bzw. die Situation selbst gelöst. Das heißt, eine Person versucht, die Situation oder das Problem entsprechend ihren Zielen durch aktive Einflussnahme und einer tatsächlichen Veränderung des Ist-Zustandes (primäre Kontrolle) zu gestalten bzw. zu beeinflussen. Die primäre Kontrolle ist auf die Veränderung der Situation gerichtet.
- Oder aber das Problematische für die Person selbst wird gemildert oder vermieden. Eine Person versucht sich an die (bedrohlichen) Gegebenheiten einer Situation über kognitive Umstrukturierungen und Umdeutungen anzupassen (sekundäre Kontrolle).

Diese „Zwei-Prozess-Perspektive“[535] beschreibt assimilative (primäre Kontrolle) und akkommodative (sekundäre Kontrolle) Bewältigungsformen, die sequenziell

531 Fengler 1991, S. 193.

532 Vgl. Wentura/Greve/Klauer 2002, S. 120.

533 Vgl. Fischer/Riedesser 2003; Fengler 1991.

534 Vgl. Rietmann/Hensen 2007, S. 26; Wentura/Greve/Klauer 2002, S. 101 und S. 119.

535 Vgl. Wentura/Greve/Klauer 2002, S. 104.

auftreten. Nur wenn eine Person überzeugt ist, dass ein bestimmtes Ziel aktiv nicht zu erreichen ist, werden akkommodative Umdeutungen eingesetzt, die in der Regel unbewusst sind und bleiben.
Sekundäre Kontrolle richtet sich auf die Veränderung der Person, ihres Selbstkonzeptes und ihrer Situationsdeutung, um sich an die Situation anzupassen.[536]

Sekundäre Einschätzungen basieren auf situationsspezifischen Selbstwirksamkeits- und Kontrollüberzeugungen.[537] Betont wird von den Autoren und Forschern, dass beide Formen der Bewältigung in konkreten Episoden gleichzeitig zu beobachten sind und keine alternativen Reaktionsmuster darstellen. Sekundäre Kontrollhandlungen laufen ebenfalls nicht bewusst, sondern unbewusst ab.[538]

Der Begriff „kognizierte Kontrolle"[539] avancierte zu einem zentralen theoretischen Konzept sozialpsychologischer Forschung. Kontrolle wird hier als die Überzeugung bzw. das Bestreben einer Person definiert, unangenehme Zustände vermeiden oder zumindest reduzieren zu können.[540] Zudem ist eine Person bestrebt, sich selbst als Verursacher seiner Handlungen zu erleben – ein Verhalten, dass als so genannte „Effizienzmotivation"[541] bezeichnet wird. Dahinter stehen Bedürfnisse nach Autonomie, Selbstwirksamkeit, (Handlungs-) Kompetenz und Selbstbestimmung.[542] Die subjektive Überzeugung einer Person, eine bestimmte Handlung erfolgreich ausführen zu können, also die wahrgenommene „Selbstwirksamkeit" und „Effizienzmotivation"[543], sind wesentliche Bestimmungsgrößen (Anstrengung, Ausdauer, Art der eingesetzten Strategien, Leistungsgüte) für die Ausführung einer Handlung bzw. für die Handlungsfähigkeit.
Die kognitiv-transaktionale Theorie betont, dass Belastung häufig nicht erst im Anschluss an ihre Manifestation, sondern bereits antizipatorisch mit Bewältigungsversuchen begegnet wird. Kognizierte Kontrollattributionen können vor Eintreten eines Ereignisses wirksam werden, aber auch währenddessen oder danach.[544]

Das Copingverhalten der Fachkräfte meint in dem vorliegenden Kontext die Entwicklung eines notwendigen Habitus, um (wieder) handlungsfähig zu werden, der

536 Vgl. Ebd., S. 109.

537 Vgl. Ebd., S. 106.

538 Vgl. Fischer/Riedesser 2003, S. 115.

539 Die meisten Autoren definieren „Kontrolle" als die subjektive Überzeugung oder Ansicht einer Person, über Kontrolle zu verfügen und nicht die tatsächliche bzw. in einer konkreten Situation objektiv vorhandene Kontrolle. Dies wiederum bringt der Begriff kognizierte (gedachte) Kontrolle zum Ausdruck. Vgl. Frey/Jonas 2002, S. 13.

540 Vgl. Frey/Jonas 2002, S. 13.

541 Ebd., S. 13.

542 Vgl. Frey/Jonas 2002, S. 16.

543 Vgl. Becker-Stoll/Grossmann 2002, S. 284.

544 Vgl. Wentura/Greve/Klauer 2002, S. 107.

empfundenen beruflichen Hilflosigkeit und Ohnmacht zu entrinnen und Handlungskontrolle zu erlangen, um das anvisierte Interventionsziel zu erreichen.[545] „Um-Deutungen werden erst dann zu handlungsleitenden Überzeugungen, wenn sie subjektiv Evidenz (Deutlichkeit, Gewissheit, einleuchtende Erkenntnis) besitzen."[546]

Forschungsergebnisse belegen allerdings, dass subjektiv wahrgenommene Kontrollmöglichkeiten weder tatsächlich bestehen (Illusion von Kontrolle) noch tatsächlich ausgeübt werden müssen (potenzielle Kontrolle), um das Erleben und Handeln von Personen positiv und selbstwirksam zu beeinflussen. Selbst wenn keine reale (objektive) Kontrolle besteht, reicht die Überzeugung einer Person, sie sei im Besitz der Kontrolle, bereits aus, um bestimmte Handlungen zu erzeugen und das Antriebsniveau zu einer Intervention zu steigern.[547] Es wird davon ausgegangen, dass die Annahme einer Person, ihr stünde eine Reaktionsmöglichkeit zur Verfügung, genüge, um den gewünschten Effekt zu erzielen.[548]

Kontrolle wird dementsprechend also nicht nur dann erlebt, wenn eine Person ein Ereignis tatsächlich beeinflussen kann (primäre Kontrolle),[549] sondern auch dann, wenn die Person über Strategien verfügt, sich an eine berufliche Situation durch kognitive Uminterpretation anzupassen (sekundäre Kontrolle).[550] Dieser erweiterte Kontrollbegriff der sekundären Kontrolle bezieht sich, wie oben angesprochen, auf Änderungen durch kognitive Umstrukturierung bzw. Umdeutung einer beruflichen Situation, welche das Ziel verfolgt, das berufliche Selbstkonzept den Fallanforderungen in Verdachtsfällen der innerfamiliären sexuellen Kindesmisshandlung anzupassen. Sie dient dazu, die Auswahl der zu verfolgenden Ziele vorzunehmen und den notwendigen selektiven Einsatz primärer Kontrolle zu organisieren. Der sekundären Kontrolle untergeordnete Ziele können so ausgewählt, fokussiert und verfolgt werden.[551]

Ist also eine berufliche Situation unvermeidbar und zugleich negativ bewertet bzw., eine berufliche Handlungssicherheit wie Selbstwirksamkeit nicht impliziert, werden die Professionellen versuchen, das Beste aus dieser beruflichen Situation

545 Vgl. Fischer/Riedesser 2003, S. 82.

546 Vgl. Wentura/Greve/Klauer 2002, S. 117.

547 Vgl. Frey/Jonas 2002, S. 15.

548 Vgl. Ebd., S. 15.

549 „Primäre Kontrolle wird durch aktives Verhalten ausgeübt, welches auf die Veränderung externer Ereignisse zielt. Verfügt eine Person über primäre Kontrolle, kann sie eine Situation beeinflussen und durch ihr Handeln ein positives Ereignis herbeiführen oder ein negatives Ereignis abmildern oder ganz verhindern." Vgl. Frey/Jonas 2002, S. 17.

550 Akkommodative Reaktionen sind daher adaptive Anpassungen des persönlichen Werte- und Präferenzsystems, Umdeutungen von Problemlagen, Perspektivenveränderungen und gezielte Vergleiche als typische Beispiele für akkommodative Kontrollprozesse, um das Belastende nicht länger als solches zu erleben. Akkommodative Prozesse der Bewältigung meint eben die Prozesse, die zu einer partiellen oder vollständig positiven Neudefinition bzw. Umdeutung der Situation führen. Vgl. Wentura/Greve/Klauer 2003, S. 116.

551 Vgl. Wentura/Greve/Klauer 2002, S. 116.

zu machen.[552] Aufgrund dieses unbewussten Copings können auch die „Fern- und Nebenwirkungen professionellen Handelns in Verdachtsfällen nur sehr eingeschränkt (mit-)berücksichtigt werden."[553]
Nachdem die im Folgenden darzulegenden professionellen Kontrollattributionen in jedem Interview evident wurden und nur geringfügig inhaltlich voneinander abweichen, kann davon ausgegangen werden, dass diese Form der Bewältigung – die sekundäre kognitive Fallkontrolle – bei Verdachtsfällen eine Routinekognition darstellt und die gesamte Profession Soziale Arbeit sich diese Inkompetenz der Diagnostik und des weiteren Casemanagements zuschreiben lassen muss.

Im vorliegenden Kontext konzentriert sich die Bewältigung als Begriff zunächst neutral auf die Handhabung des Casemanagements bei Verdacht auf eine innerfamiliäre sexuelle Kindesmisshandlung, das beruflich primär als belastend wahrgenommen wird, und die vorhandenen beruflichen Ressourcen, wie das diagnostische Know how für die Professionellen weder nutz- noch verfügbar sind.[554]

Bewältigungsreaktionen sind im vorliegenden empirischen Rahmen alle professionellen Bemühungen, um das weitere Casemanagement zu meistern. Coping wird hier nach Wentura/Greve/Klauer (2002) als ein Prozess interpretiert und lässt sich als Abfolge von Problemlösungsschritten verstehen, die mit den (kognitiven) Kontroll- und Ressourcenpotenzialen der Fachkraft ausgeführt werden.[555] Dieser Bewältigungsprozess schließt problemzentrierte reaktive Neubewertungen sowie defensive berufliche Bewertungen mit ein.[556]

552 Vgl. Aronson 1994, S. 230.

553 Vgl. Dörner 2007, S. 90.

554 Vgl. Wentura/Greve/Klauer 2002, S. 107.

555 Also weder ein Zustand noch eine Kompetenz oder individuelle Tendenz. Vgl. Wentura/Greve/Klauer 2002, S. 102.

556 Vgl. Wentura/Greve/Klauer 2002, S. 103.

4. Der Modus Operandi oder „Der Zweck heiligt die Mittel“

Der eingenommene zweifelnde Modus Vivendi der Professionellen wirkt sich polyvalent auf die weitere Fallbearbeitung aus. In den folgenden interpretatorischen Ausführungen werden diejenigen Argumente und Schlüsselinterventionen gebündelt und vorgestellt, die im Verlauf der Interviews von den Professionellen bemüht wurden, um die Brisanz des Eingreifens im Sinne des Kinderschutzes abzuschwächen oder um zu verdeutlichen, dass kein dringender Handlungsbedarf und Handlungsdruck bestehe. Die prägnantesten Typen von Argumentationsfiguren werden im Folgenden unter den zwei Konfigurationen „professionelle Handlungsstrategien“ und „professionelle Interaktionen“ subsummiert. Hier werden die professionellen Meinungen, Haltungen bzgl. der im Casemanagement beteiligten Eltern, wie das betroffene Kind, Kooperationspartner (andere soziale Dienste und das Familiengericht) erfasst. Auch die Bewertung der Handlungsaufträge im Feld und erfolgreiches Handeln durch die Professionellen und deren selbstbestimmte Erfolgskriterien stellen eine grundlegende Information aus der Empirie und damit eine Interpretationsdimension dar.

Im Kontext des Modus Operandi haben die Fachkräfte die Aufgabe, eine aus dem Modus Vivendi resultierende Interventionsantwort zu geben, was im Folgenden als Sekundärpositionierung bezeichnet wird. Für die fachliche Prioritätensetzung und das weitere Casemanagement ist dies von großer Bedeutung, um die am Kinderschutz orientierten institutionellen (Kinderschutz-)Handlungsaufträge umsetzen zu können. Das heißt, professionell handlungsleitende Entscheidungen sind zu treffen und dementsprechend eingreifende Interventionen einzuleiten, die im Sinne des sozialpädagogischen Casemanagements, dass Fälle zum Abschluss kommen sollten, zielorientiert erfüllt werden müssen.

Die Legitimation und Logik der im Weiteren dargelegten Handlungs- und Interaktionsstrategien der Professionellen rekurriert aus den dissonanten Kognitionen des Modus Vivendi: „Ich bin hilflos und handlungsunfähig“, „intuitiv weiß ich, dass das Kind sexuell misshandelt wird und im Grunde bin ich zum Handeln verpflichtet und muss das Kind schützen.“[557]

557 Vgl. Urban 2004, S. 128, Bottenberg 1996, S. 58.

Das bestimmende Handlungs- und Interaktionsprinzip im Modus Operandi lautet: „Der Zweck heiligt die Mittel.“ Das berufliche Empfinden und Erleben „lost at sea“[558] ist entsprechend dem Verständnis eines kohärenten beruflichen Selbst keineswegs angenehm. „Kurzum: Wir versuchen, aus dem Unvermeidlichen das Beste zu machen.“[559]

> Und ich sehe mich als Professioneller, der aus der Situation das Beste macht. Und es aushalten muss, dass es kein Happy End gibt [...], wenn ich mit dieser Grundhaltung da bin, dann hab ich schon mal einiges geschafft, [...] einfach klar zu sortieren, dass es keine heile Welt gibt, dass es nicht die Ideallösung gibt, dass es Ungerechtigkeiten gibt und dass es auch keine Rettung oder wenig Rettung und nicht unbedingt immer Erfolge gibt. Und das ist aber ein Prozess, den man wirklich mit sich selbst ausmachen muss von der grundlebensphilosophischen Haltung her, und das ist die schwierigste Arbeit an einem selbst. (Interview 8)

4.1 Der Handlungsauftrag des §8a Abs. 1-3 SGB VIII und dessen professionelle Umsetzung im Casemanagement

Interventionsziele im Sinne der Handlungsaufträge sind notwendig, an diesen orientiert sich das berufliche Agieren. Wie soll man über Interventionen nachdenken oder sich entscheiden, wenn nicht aufgrund von Zielen? Ziele sind gewissermaßen das „Leuchtfeuer des Handelns“[560] und Leuchtfeuer geben bekanntlich die Richtung an. Die hier angewandten kognitiven Kontrollstrategien zur Auswahl der Handlungsalternativen wurden aus den Interviews extrahiert. Hier ist das Gedankenspiel der Professionellen gemeint, die die subjektiv eingeschätzten Wahrscheinlichkeiten von Handlungsergebnissen bzw. Zielpräferenzen spiegeln.

Die im Weiteren verbalisierten Überlegungen und reflexiven Abwägungen bezüglich des Modus Operandi sind eher als Rechtfertigungen zu verstehen und nicht als professionelle Entscheidungen bzw. Fallweichenstellungen, die bewusst ausgeführt werden.[561]

558 Vgl. Dörner 2007.

559 Vgl. Aronson 1994, S. 231.

560 Vgl. Dörner 2007, S. 74.

561 Vgl. Gigerenzer 2007, S. 202–203.

Hab` einen Umweg eingeschlagen [...], in der Familie gab es auch sehr viele andere Probleme. Es gab körperliche Gewalt in der Familie und da hatte ich dann so einen Seiteneingang [...], konnte das ja als Anlass nehmen [...] in dem Bereich haben wir dann gearbeitet in Richtung Erziehungsberatung. (Interview 4)

Also wenn ich nicht denke, ich könnte es aufdecken oder es muss jetzt aber rauskommen, ob's passiert ist oder nicht, dann geht's mir schlecht und dem Kind wahrscheinlich auch, und das ist wenig Erfolg versprechend. Das ist ja ambivalent: Möchte ich das aufdecken, will ich das wirklich am Ende da als Tatsache stehen haben, und dann müssen alle Beteiligten ja damit auch weiterleben, und das wünsche ich niemandem [...], find ich schon schwierig. (Interview 7)

Es gibt schon viele Kinder, wo wir inoffiziell wissen, da ist Verdacht auf sexuelle Gewalt. Und das macht's besonders schwierig, weil ich an dem Thema dann direkt jetzt nicht so arbeiten kann, ehrlich gesagt [...]. Und was mir schon auch wichtig ist, dass man nicht nur auf diesen Bereich sexuelle Gewalt schaut, sondern wirklich auch breiter schaut, nicht gleich da was loszuschlagen, sondern viele Ebenen eigentlich zu klären. (Interview 6)

Hier zeigen sich jene subjektiven Wahrnehmungs- und Reaktionsweisen, mit denen die Professionellen versuchen, Handlungskontrolle bzw. berufliche Sicherheit zu erlangen.[562] Durch solche „forcierten Handlungen",[563] die sich den diagnostischen Verpflichtungen nicht stellen, wird weder etwas gelöst noch beseitigt, geschweige denn fachlich überwunden. Es werden Strategien der Vermeidung bzw. Umdeutung vorgenommen und bequeme Kompromisse gewählt.[564] Impliziert wird die „subjektive Wahrscheinlichkeit",[565] mit der verschiedene antizipierte Handlungsziele eintreten; diese werden von den Professionellen psychohygienisch abgewogen, und es wird das Ziel gewählt, das subjektiv den am höchsten zu erwartenden Nutzen für die hilflose und zweifelnde Fachkraft hat. Der wirkliche Entscheidungsrahmen ist unbewusster und bestenfalls psychohygienischer Natur.

562 Vgl. Fischer/Riedesser 2003, S. 71.

563 Bottenberg 1996, S. 92.

564 Würden keine Routinen eingesetzt oder evoziert, sondern ein sorgfältiges Diagnostizieren, würden sich weitere professionelle Einschätzungen und Bewertungen entfalten, wie z. B. die Suche nach zusätzlichen Informationen, sorgfältige Kalkulation der Folgen, abwägende Selektion einer (neuen) Handlung usw. Vgl. Kelle 1994, S. 97–98.

565 Kelle 1994, S. 96.

Die im Weiteren dargelegten Kontrollkognitionen dieser Art – verstanden als „forcierte Handlungen“[566] – beruhen nur selten auf einer bewussten Abwägung von Entscheidungsalternativen, sondern in weiten Teilen auf habitualisierten Routinen und typischen kognitiven Schemata einer Person. Solche „Habits“[567] sind konditionierte Reaktionsmuster, die als Handlungsroutinen weitgehend das Alltagshandeln bestimmen. Sie basieren auf kognitiven Skripts und stellen implizite Handlungsstrategien dar, die „die Kosten der Informationsbeschaffung und Entscheidungsfindung minimieren“[568] und das notwendige „Rezeptwissen“[569] zum sicheren Handeln zur Verfügung stellen.

> Wo es wirklich immer noch um diesen Verdacht geht, wenn man also jetzt die ganzen Verdachtsmomente und Verhaltensauffälligkeiten, wenn man die gesammelt und protokolliert hat und wenn man die aufgenommen hat, wenn man dann die Einschätzung hat: Ja, das ist so, dieser Verdacht ist da, er lässt sich auch nicht mehr irgendwie ausräumen, dann geht es darum zu sagen: Okay, jetzt kann der Kinderschutz nur sichergestellt werden, wenn man das Kind herausnimmt. Sehr viele andere Möglichkeiten gibt‘s nicht. Kinderschutz bedeutet: Trennung zwischen Opfer und Täter. Und da gibt es kein Dazwischen im Prinzip. Im Vorfeld, wenn es einfach noch am Laufen ist, ohne dass wir da irgendwie weiter kommen in diesem Graufeld, also da geht‘s dauernd so hin und her. Da ist man dauernd zwischen dem Ist-vielleicht-doch-nichts oder Ist-was und genau das ist ja dann die Schwierigkeit, da kann man ein Dazwischen sehen, da kann man ganz viele Sachen machen. (Interview 13)

Empirisch lässt sich beobachten, dass die professionelle Fokussierung auf den originären Handlungsauftrag des §8a Abs.1-3 SGB VIII eklatant abschweift. Hinter der „Milchglasscheibe“[570] des Modus Vivendi werden auch die Kooperationbeziehungen, die Verantwortungsgemeinschaft mit dem Gericht und der Professionellen-Familien-Interaktionen gestaltet. Die „mangelnde Fallkomponentenanalyse und reduktive Diagnostik“[571] führt zu einer Argumentationslogik, die die Professionellen zu Schlussfolgerungen hinreißt und Handlungsziele verfolgen lässt, die in ihrer Konsequenz der Non-Intervention im Folgenden illustriert werden. Das weitere professionelle Casemanagement zeichnet sich durch

566 Bottenberg 1996, S. 92.

567 Vgl. Kelle 1994, S. 9.

568 Ebd., S. 97–98.

569 Ebd., S. 97; Gigerenzer 2007.

570 Dörner 2007, S. 63.

571 Vgl. Dörner 2007, S. 90.

de-professionalisierte Argumentationen und Kontrollattributionen im Sinne der kognitiven Sekundärkontrolle in der Ausbuchstabierung des Handlungsauftrages des §8a SGB VIII aus.[572]

4.1.1 Die subsidiären Kooperationen nach §8a Abs. 1 Satz 1 und Abs. 2 SGB VIII

Ein wichtiges Referenzsystem für den subsidiären Abklärungsprozess bei einer vermuteten Kindeswohlgefährdung sind die Kooperationsbeziehungen mit Fachkräften der eigenen Institution und am Fall beteiligte Professionelle externer psychosozialer Einrichtungen.

> Ich denke, es ist eine ganz grundlegende Bedingung, ich muss da mit anderen zusammenarbeiten. Ich kann das nicht allein durchziehen und alleine managen. Das ist auch zum Untergang verurteilt. (Interview 2)

Die gesetzlich vorgeschriebene subsidiäre Kooperation durch kollegiale Fallberatung nach §8a Abs. 2 SGB VIII zwischen Fachkräften der freien wie öffentlichen Kinder- und Jugendhilfe soll die Perspektivenvielfalt erweitern, das Fallverständnis verbessern und einer Steigerung der Handlungssicherheit dienen. Hier soll ein gemeinsames Handlungskonzept der beteiligten Fachkräfte sichergestellt sowie die federführende Fallverantwortung im Casemanagement geklärt werden.[573] Diesen Kooperationsauftrag durch kollegiale Fallberatung stellen die Fachkräfte auch prinzipiell nicht in Frage, betonen aber eine gewisse „Nähe" oder „Beziehung", die dem Kontakt dienen soll bzw. zunächst als hilfreich erlebt wird.

> Also Kooperation die hängt sehr von den Personen ab, die man da auch vor sich hat [...] hilfreich ist auf jeden Fall, wenn ich zu meinen Partnern, wenn ich zu denen ein gutes Verhältnis hab`, wenn die mich persönlich kennen, wenn die wissen, was ich zu tun hab`, wenn ich weiß, was die tun, wenn man sich einfach gut versteht. Und wenn ich genau weiß, dass ich in so einem Gefüge meinen festen Platz hab`, dass ich dort anerkannt bin und dass ich auch die anderen gut einschätzen kann und die mich einschätzen können, dann ist das viel leichter, man fühlt sich nicht allein. (Interview 5)

572 Vgl. Bohnsack 2000 S. 196; Gigerenzer 2007, S. 214.

573 Vgl. Kindler/Lillig 2005, S. 2.

> Da braucht man einfach eine kollegiale Beratung, wo man sagen kann, da treffe ich mich mit meinem Team und da kann ich das einbringen. Ich hab` immer jemanden gefunden, mit dem ich dann reden konnte [...], es klappt schon, wenn man sich einigermaßen versteht, also wenn man sich gut versteht. Wobei eine kollegiale Beratung, wenn man sich nicht versteht, auch nichts bringt, weil Kollegen, die sich nicht riechen können, weiß ich nicht [...]. Da gehen ja diese Kämpfe weiter. Das ist so. (Interview 12)

Subsidiäre Kooperation in Verdachtsfällen beinhaltet, dass eine Stelle die andere von wahrgenommenen Sachverhalten, Symptomen und Verdachtshinweisen unterrichten muss oder dass die eine Stelle die gesammelten Informationen der anderen Stelle benötigt, um im Casemanagement fortzufahren. Fällt eine differenzierte Selbstbeobachtung der eigenen Einzelfallpraxis weg, sind die Professionellen im Feld auf Fremdmelder und deren Beobachtungen, meist aus den Kindertagesstätten und Schulen, angewiesen. So sind unter Umständen eine Reihe von unterschiedlichen Fallkenntnissen und fachlichen Einschätzungen zu den Verhaltensauffälligkeiten eines Kindes vorhanden. Diese können divergieren und sehr vielfältig ausfallen.

> Viel Rücksprache im Team, das ist ganz wichtig, was diese Verdachtssache betrifft, auch Kooperation mit anderen Fachkräften, Helferkonferenzen eben in dem Sinn, Fallbesprechungen, Fachteams [...], nicht eigenmächtig handeln, sondern sich das ganz gut überlegen, genauso machen wir es auch und das ist auch einfach sinnvoll, also nicht jetzt da im Einzelgang irgendwie sich Gedanken machen. Diese ganzen Teams, wo man Informationen kriegt, sind sehr unterstützend, wenn es die gleiche Basis ist zum Thema „sexuelle Gewalt". Ansonsten können sie eben auch eher aufreibend sein, wenn das Verständnis nicht da ist [...], weil das die Leute unterschiedlich einschätzen, dann ist es schwierig, so eine Basis zu haben, und warum nie was vorwärts geht. (Interview 7)

Hier entstehen jedoch vielfach für die Professionellen im Feld der Kinder- und Jugendhilfe konfliktträchtige Erwartungssysteme, die im Handeln justiert werden müssen. In der Interaktion mit den KollegenInnen der eigenen Einrichtung oder auch KollegenInnen anderer sozialer Institutionen werden unter diesen Bedingungen weitere Zweifel und Geheimhaltungen geschürt.

Die Kooperationen mit psychosozialen Fachkräften nach §8a Abs. 1 Satz 1 und Abs. 2 SGB VIII

Ich rate jedem ab, und das ist meine Grundhaltung: Einzelkämpfertum ist passé, für mich ist wichtig, dass ich mit allen Kooperationspartnern eine Verständigungslinie herkriege, das heißt, die kennen mich, ich kenne sie [...], das ist für mich so das Netzwerk herzustellen, dass ich einfach da eine Ebene habe, wo man sich bekannt ist [...]. (Interview8)

Interaktionale Strategien:

Intransparent und schweigend

Wenn ich mit den Kooperationspartnern darüber rede, welche Symptome ein Kind zeigt, dann hab` ich innen drin so ein Raster, wo ich mal Inspektor Columbo-mäßig meine Fragen stelle: Würde mich mal interessieren, was Ihnen da so aufgefallen ist? Im Grunde hab ich aufgehört, dieses Thema „Verdacht auf sexuelle Kindesmisshandlung" erst mal zu benennen, ich hab` mir angewöhnt, das Wörtchen sexuelle Kindesmisshandlung sehr, sehr rar zu verwenden, wenn ich in Gesprächen mit anderen Kooperationspartnern bin, dann kommt bei denen die ganze Emotionalität mit diesem Thema hoch und alles andere verschiebt sich. Dann geht bei der Person absolut sofort der Film los. Und dann bin ich nicht mehr in der Lage, in Anführungszeichen, die wieder zurückzubringen auf die normale Schilderung von bestimmten Auffälligkeiten, sondern da läuft parallel gleich der Film, hier liegt ein Missbrauch vor. (Interview 4)

Und da müssen wir immer wieder schauen in diesem Fachteams, dass die Leute runtergefahren werden, eher im Sinne die anderen Fachkräfte beruhigen. (Interview 3)

Ich gebe ganz wenigen Menschen diese Information, dass es diesen Verdacht gibt, nur denen, wo ich nicht drum herumkomme. Was kann ich sagen, was kann ich nicht sagen? Also, wenn es möglich ist, das nicht zu benennen, benenne ich es nicht [...], und wenn es möglich war, hab ich das nicht gesagt, aber das geht nicht immer, und das mit dem Verdacht habe ich wirklich nur ausgesprochen, wenn es keinen anderen Weg mehr gab. (Interview 10)

Dies scheint ein „Normalitätsschauspiel"[574] in den Kooperationsgesprächen zu sein: Ungestört in der (geheimen) Non-Kommunikation, die sich aus der zweifelnden Primärpositionierung heraus ergibt, zu verbleiben. Die defensive Regelungsdichte, im Grunde fast schon als Kommunikationsblockaden in den Kooperationen zu bezeichnen, trägt maßgeblich zur weiteren diffusen, geheimen (detektivisch), intransparenten und vermeidenden Strategie im Casemanagement bei; in ein effektives, bereicherndes und klärendes Kooperationsgespräch mit der Aushandlung eines gemeinsamen Handlungskonzeptes mündet dies deshalb mit Sicherheit nicht. Kooperationsbeziehungen verlaufen im Sande, die Professionellen machen sich dabei selbst unsichtbar. In den reaktiven Kooperationsgesprächen kommt es quasi zu blinden Flecken, die die eigenen Entscheidungsmöglichkeiten überlagern und blockieren.

Etwas vereinfacht könnte man sagen, dass die Fachkräfte in einem gewissen Maße betriebsblind geworden sind. Betriebsblindheit wird erst aufgehoben, wenn man versucht, mit den Vertretern anderer „Betriebe" (Gerichte/andere psychosoziale Institutionen) effektiv und offen zu kommunizieren.

Noch mehr als in anderen Fällen gilt in Verdachtsfällen der sexuellen Kindesmisshandlung: Daten, die zur Aufdeckung wichtig und dienlich sind, gehören auf den Tisch. So genau das Kinder- und Jugendhilfegesetz den Schutz der persönlichen Daten von Familien, Kindern und Jugendlichen auch gewährleistet, so anspruchsvoll und zwingend ist die Pflicht zu Offenheit und Transparenz der Professionellen in der Kinder- und Jugendhilfe untereinander. Jede Gelegenheit zur Kooperation mit anderen Fachsystemen sollte aber dazu genutzt werden, die eigenen Beobachtungen, Vermutungen und Annahmen transparent zu machen, zu reflektieren und in eine multidisziplinäre fachliche Bewertung münden zu lassen. Tabus, Unsicherheiten, Fehlverhalten und die konkreten Verdachtsmomente müssen angesprochen und ausgesprochen werden. Die Professionellen und professionellen Teams sind es, in denen zu oft viel gewusst und zu wenig daraus gemacht wird.
Kooperationsgespräche in Bezug auf eine Kindeswohlgefährdung, z. B. in Form von Helferkonferenzen, verlangen voneinander ein hohes Maß an Konsistenz und Transparenz im Gespräch. Effektive organisatorische Informationsverarbeitung bedeutet unter Bedingungen der Kooperation, dass ein kollektives Situationsverständnis hergestellt und ausgehandelt werden muss.[575] Das heißt, die KooperationspartnerInnen müssen sich in Handlungsorientierungen und Sprache einander angleichen, beide Seiten müssen sich fachlich positionieren und ihr Wissen über den Fall darlegen. Transparenzverluste und Vermittlungsschwierigkeiten in Kooperationsgesprächen treten vor allem dann auf, wenn mehrdeutige

574 Gildemeister 1993, S. 113.

575 Rietmann/Hensen 2008, S. 42.

Informationen transportiert werden müssen.[576] So tritt das Problem und gleichzeitig die Erfordernis auf, dass Informationen nicht nur mitgeteilt und von den KooP verstanden werden sollen, sondern die mehrdeutigen Informationen müssen kommunikativ verarbeitet, in ihrer Komplexität und Kontingenz reduziert und kontinuierlich verbalisiert werden.

> In der Kooperation mit den anderen Einrichtungen muss ich feststellen, dass die auch eine sehr unterschiedliche Sichtweise von der haben, die ich hab [...]. Dann hat man einfach einen anderen Zugang. Wenn ich vorher schon weiß, wie arbeitet der, wie ist dieser Mensch und wie komme ich mit dem aus. Ob das jetzt ein Kooperationspartner ist oder ein Arbeitskollege, das spielt gar keine Rolle. Dann weiß ich, wie ich den zu nehmen hab` und auf welche Empfindlichkeiten ich da eingehen muss. Und wenn dann tatsächlich ein Fall von Missbrauch auftaucht, dann kann man ganz anders miteinander reden, als wenn man sich vorher noch nie gesehen hat, und dann über so eine schwierige Problematik reden soll. Wenn die am Fall Beteiligten sich nicht grün sind und sich dann kabbeln und zwar nicht, weil der Missbrauchsfall so schwierig ist, sondern weil die es nicht auf die Reihe kriegen und sich gegenseitig die Fetzen um die Ohren hauen, dann ist diesem Missbrauchsfall nicht gedient. Und da ist schon Fingerspitzengefühl angesagt, dass man dann wieder auf eine Gemeinsamkeit kommt, wenn's dann um das Fachliche geht. (Interview 13)
>
> Hilfreich ist auf jeden Fall, wenn ich zu meinen Kooperationspartnern, wenn ich zu denen ein gutes Verhältnis hab, wenn die mich persönlich kennen, wenn die wissen, was ich zu tun hab`, wenn ich weiß, was die tun, wenn man sich einfach gut versteht. Und wenn ich genau weiß, dass ich in so einem Gefüge meinen festen Platz hab`, dass ich dort anerkannt bin und dass ich auch die anderen gut einschätzen kann und die mich einschätzen können, dann ist das viel leichter. Erstens fühlt man sich nicht allein und zweitens arbeitet man natürlich viel effektiver als sonst, aber das hängt sehr von den Personen ab, die man da auch vor sich hat [...], es klappt schon, wenn man sich einigermaßen versteht, also wenn man sich gut versteht. Wobei eine kollegiale Beratung, wenn man sich nicht versteht, auch nichts bringt, wenn Kollegen, die sich nicht riechen können, weiß ich nicht [...]. Da gehen ja diese Kämpfe weiter. Das ist also auch so. (Interview 12)

576 Vgl. Ebd., S. 42.

4.1.1.1 Die schweigenden Kooperationsbeziehungen nach §8a Abs. 1 Satz 1 und Abs. 2 SGB VIII

Konstitutive Merkmale interdisziplinärer Kooperationsbeziehungen sind Perspektivenunterschiede und verschiedene „Fallinteressen".[577] Diese konstitutiven Merkmale haben die Eigenschaft, dass sie prinzipiell undurchschaubar, nicht in allen Einzelarten instruierbar und selbstreferentiell sind. Insofern sind den Möglichkeiten (rationaler) Steuerbarkeit der Kooperationen ohnehin Grenzen gesetzt. Die Tatsache aber, dass die Professionellen nach einem Prinzip der Überwertigkeit (oder Alleinwertigkeit) des aktuellen Coping-Motivs handeln, kommt es zu vermeiden wollenden Gesprächsverläufen und einer gewissen Geheimhaltung gegenüber den Kooperationspartnern. Die Fachkraft findet sich folglich in einem Dilemma wieder: Wie soll sie sich den anderen präsentieren, wenn sie einerseits auf die unterschiedlichen Kooperationspartner eingehen muss, um mit ihnen kommunizieren und folglich intervenieren zu können, andererseits selbst unsicher und zweifelnd ist. Ebenso sind wir auf die Zustimmung unserer Handlungs- und Gesprächspartner angewiesen, sie entwerfen Vorstellungen über uns, die wir nicht unberücksichtigt lassen können und dürfen.

> Das Individuum muss also teilweise für es selbst zu jemandem werden, dessen Erscheinung die ihm gegenüberstehenden Anderen als kompetent ansehen können.
> Das Bedürfnis als jemand zu erscheinen, der ohne Gefahr unbeobachtet gelassen werden kann, ist tief verwurzelt. Es gibt nichts, was tiefer verankert ist.[578]

Kooperationsgespräche, Helferkonferenzen und das gemeinsame Verfolgen von Handlungsstrategien sind nur möglich, wenn wir uns auf unsere Kooperationspartner einstellen. Jedoch stößt dies dort an eine Grenze, wenn nicht mehr zu erkennen ist, wofür die abklärende Fachkraft denn tatsächlich eintritt.

Das autopoetische System Soziale Arbeit ist zwar nach außen hin offen und oberflächlich betrachtet transparent, auf der anderen Seite allerdings eher verschlossen, bezüglich ihrer inneren Operationsweisen, wie systeminterne Abläufe, deren Informationsflüsse und Kodierungen der Arbeitsaufträge. Solche internen Operationsweisen werden in einem geschlossenen System intern erzeugt und können sozusagen von außen nicht unmittelbar und unbedingt sichtbar und verständlich werden.[579] Vermeintlicher Datenschutz, Unklarheiten hinsichtlich der Arbeitshypothese, verunsicherte Professionalität, entwertende Vorannahmen, Fantasien und

577 Vgl. Ebd., S. 39.

578 Vgl. Gildemeister 1993, S. 114.

579 Vgl. Miller 2005; Rietmann/Hensen 2008, S. 35.

Abwertungen bezüglich der Kooperationspartner führen dazu, dass „aneinander vorbei und ohne Ergebnis geredet wird". Konfusionen im Hinblick auf Fallfederführung und Arbeitsverteilungen usw. entstehen.[580]

Es fehlt an einer transparenten Informationsweitergabe, im Grunde entsteht ein Abbild des Modus Vivendi, die bereits erwähnte „Milchglasscheibe".[581] Für keinen der Professionellen wie für die Kooperationspartner ergibt sich ein scharfes Bild des Fallkontextes, allen sind weiterhin die Hände gebunden, alles bleibt im Bann des professionellen Schweigens. Der eigene Zweifel und die professionelle Hilflosigkeit der fallfederführenden Fachkraft werden den Kooperationspartnern nicht nur zugemutet, sondern letztendlich oktroyiert.

4.1.2 Der Kinderschutzauftrag nach §8a Abs. 3 Satz 2 SGB VIII und §§42-43 SGB VIII

Den Kinderschutz einzuleiten und zu sichern ist in der Kinder- und Jugendschutzarbeit im Verständnis von professionellem Handeln in Kindeswohlgefährdungsfällen selbstverständlich und eine Handlungspflicht[582] der Fachkraft, für das sie im Grunde rechenschaftspflichtig ist. Hier gibt es kein Warten und Aushandeln, es muss beherzt und rigoros eingeschritten werden, wenn sich ein Verdacht auf eine innerfamiliäre sexuelle Kindesmisshandlung erhärtet hat.
Durch die Setzungen des Expertenstatus ist die Fachkraft *per se* berechtigt und regelgeleitet, ohne dass die Berechtigung für ihre Kinderschutzmaßnahmen, auf die sie sich stützt, gesondert benannt werden müssten: Diese erklären sich aus dem Handlungsauftrag des §8a SGB VIII.

Was dies für die Professionellen bedeutet, wird anhand der folgenden Zitate deutlich.

> Bei vagem Verdacht kann ich kein Kind in Obhut nehmen, also so ungefähr aus meiner Panik heraus ein Kind in Obhut zu nehmen [...]. Also, das ist der totale Mist. (Interview 12)
>
> Es stand eben dann über längere Zeit im Raum, das Kind rausnehmen? Das Kind nicht rausnehmen? Das war eben immer so auf der Kippe gestanden. Und es gab keine Entscheidung [...], wir konnten uns nie dazu entschließen. (Interview 4)

580 Vgl. Fegert u.a. 2001.

581 Dörner 2007, S. 94.

582 Vgl. §8a Abs. 3 Satz 2 [...] besteht eine dringende Gefahr und kann die Entscheidung des Gerichts nicht abgewartet werden, so ist das Jugendamt verpflichtet, das Kind [...] in Obhut zu nehmen.

Wenn wir wirklich konkrete Anhaltspunkte haben, dass ein Kind von Missbrauch betroffen ist, dann nehmen wir das Kind in Obhut [...]. Wir verfahren aber mit der Maßnahme „Inobhutnahme“ sehr, sehr vorsichtig. Wir müssen ja auch das Familiengericht von der Notwendigkeit einer Fremdunterbringung überzeugen, dann warte ich einfach noch ein paar Wochen mit Inobhutnahme und recherchiere weiter. (Interview 11)

4.1.2.1 Die Anrufung des Familiengerichts nach §8a Abs. 3 Satz 1 und die Mitwirkung im familiengerichtlichen Verfahren nach §50 Abs. 1 und Abs. 2 SGB VIII

In Bezug auf die Anrufung des Familiengerichtes muss die Profession der Sozialen Arbeit die nächst höhere Instanz akzeptieren, um den Kinderschutz in der Verantwortungsgemeinschaft gewährleisten und einleiten zu können. Im Handlungskonzept der Professionellen wird die Instanz der Gerichtsbarkeit vor allem mit Unsicherheit besetzt, in dem fachlichen Modus von: Man möchte sich nicht blamieren.

Wenn ich selber der Überzeugung bin, da handelt es sich um sexuellen Missbrauch, dann muss ich sagen können, okay, das ist so [...], ich hab die und die Fakten, die Gespräche mit den Kindern, Aussagen der Kinder [...], das sind für mich Fakten. Verhaltensauffälligkeiten, wenn sie sich summieren in bestimmten verschiedenen Bereichen, sind für mich Fakten. Das heißt aber noch nicht, dass das Familiengericht auch findet, dass das ausreicht. Und da kommen wir dann in diesen Bereich, wo man sich überlegen muss, mach` ich das jetzt, was ich für richtig finde und zieh` ich das jetzt durch, egal wie das ausgeht, ob das beim Familiengericht Stand hält oder nicht, oder sammle ich bis zum St. Nimmerleinstag Fakten und Daten, um es dann sozusagen gerichtsverwertbar zu machen. Also meine Einstellung und meine Entscheidung ist eigentlich die: Wenn ich denke, es reicht, dann muss ich dem nachfolgen und dann muss ich dem gerecht werden einfach sagen: So und jetzt ist der Punkt da. Es kann aber sein, dass es wirklich nicht ausreicht und dass es tatsächlich so ist, dass bei der Anhörung bei Gericht, dass das alles nicht mehr Stand hält. Und das ist natürlich ein Schlag ins Gesicht. (Interview 11)

Bereits im Vorfeld der möglichen Anrufung des Gerichts wird von den Professionellen alles Mögliche antizipiert um, der Blamage entgegenzuwirken. In einem geradezu vorauseilenden Gehorsam wird das Gericht gar nicht angerufen. In keiner der Äußerungen oder antizipierten Interventionen war auch nur annähernd eine solche Aussage oder Bemerkung zu erkennen.

Die Verantwortungsgemeinschaft mit dem Familiengericht

Das nächste Belastende ist die rechtliche Situation, weil es einfach ungewiss ist, wie ein Gerichtsprozess ausgeht, oder ob es sich überhaupt rentiert, einen zu machen mit dem ganzen Stress. Wir sagen dann: Es bringt letztendlich auch wenig bei dem Kind, eine Anzeige zu machen, auch wenn wir was rauskriegen. Das ist das Nervenaufreibende, also diese rechtliche Seite. (Interview 2)

Wir können natürlich sagen, wir intervenieren und nehmen gegebenenfalls ein Kind raus, aber wir müssen das immer überprüfbar machen über die Instanz des Familiengerichtes. Und viele Fälle verlaufen dann erst mal da und bleiben erst mal stehen an dem Punkt, weil man nicht genügend Material hat [...], das ist unser Dilemma, dass es erst mal nicht weitergeht und Interventionen nicht ausreichen, um Bestand zu haben vor dem Familiengericht. (Interview 8)

Also einerseits haben wir eine riesige Palette. Das KJHG, ist so eine Grundlage, wo wir die Familienautonomie nachhaltig stören können [...], also Anträge beim Familiengericht zu stellen [...], wobei ich manchmal das als einen zahnlosen Tiger sehe, weil so einfach ist es nicht zu sagen, wir nehmen das Kind in Obhut, da müssen einfach schon ganz gewichtige Gründe vorliegen, die auch einerseits unser Handeln rechtfertigen vor Gericht. (Interview 6)

Über Inobhutnahme redet sich sehr leicht, aber das ist absolut schwierig, das zu tun. Erstens wenn das gerichtsanhängig wird, es nicht nachweisbar ist [...]. Da muss man sich schon ganz genau überlegen, wie man momentan vorgeht, was würde ein Gericht tun oder sagen, wenn wir mit dem Sachverhalt bei Gericht vorsprechen täten. Und ich denke, da muss man die Verdachtsverifizierungen schon sehr weit fortgeschritten haben und umfassend bearbeitet haben, um eine Inobhutnahme oder eine Einschränkung der elterlichen Sorgepflicht durchsetzen zu können. (Interview 7)

Interaktionale Strategie

vorauseilend vermeidend

> Die Gerichte haben keinen Dunst von der Problematik und haben eine naive Meinung, wie die Dynamik des sexuellen Missbrauchs innerhalb von Familien aussieht. Das ist das Eine. Das Andere ist, dass die sich auch nicht von einer kleinen Sozialpädagogin sagen lassen, was sie zu denken oder zu fühlen haben oder dass sie sich vielleicht da mal ein bisschen mehr mit diesem Themenbereich auseinandersetzen müssten und vielleicht sich selber mal Fortbildung holen müssten, denn sie müssen sich ja von niemandem sagen lassen, wo sie sich ihre Informationen und ihre Meinungen herholen. (Interview 3)

Und dann gehe ich zum Gericht und sage: „Ich hab` den Verdacht, das Kind wird sexuell missbraucht." Also wissen Sie, wenn ich handfeste Sachen habe, die dann auch im Familiengerichtsverfahren Chancen haben zu bestehen, dann natürlich, dann muss das sein, aber davor doch nicht. (Interview 12)

Fachkräfte im Feld der Kinder- und Jugendhilfe, die mit dem Familiengericht in einer Verantwortungsgemeinschaft stehen und als Professionelle mit einer exklusiven Handlungsfähigkeit bzw. Handlungspflicht ausgestattet sind, müssen eine Anrufung des Gerichts initiieren, um Kinder erfolgreich schützen zu können.

Fegert u.a. 2001 sprechen in ihrer Untersuchung von einer „gepflegten Feindlichkeit" zwischen dem Familiengericht und Vertretern der Sozialen Arbeit. Das kann hier vorliegend nicht konstatiert werden. Die Professionellen äußern eher Schwierigkeiten, ihre Fachkompetenz gegenüber der Justiz aufrechtzuerhalten und selbstbewusst zu vertreten. Lieber ziehen sie sich zurück, als unliebsame Entscheidungen des Gerichts über sich ergehen zu lassen und mögliche gerichtliche Entscheidungen im Vorfeld offensiv in ihrem sozialpädagogischen Sinne zu beeinflussen, nämlich argumentativ und fachlich strukturiert ihren Teil der Verdachtseinschätzung darzulegen.

Ich würde mir wünschen, dass die Richter, ob Strafrichter oder Familienrichter oder Jugendrichter weniger fortbildungsresistent wären [...], die müssen sich nicht mehr fortbilden, also hat man manchmal schon so den Eindruck, dass Richter irgendwie allwissend sind [...]. Und die haben ja manchmal so eine grässliche Befragungstechnik, wenn man das manchmal liest, so ermittlungsrichterliche Vernehmungen, das ist ja so was von gruselig, was da gefragt wird, nein Schreck lass nach. Die bräuchten Fortbildungen [...], dass ich mir schon denk`, wie die die Frage stellen, die sprechen ja so merkwürdig, nicht so wie ich. (Interview 2)

Die Gerichte haben ja keinen Dunst von sexueller Kindesmisshandlung. (Interview 11)

Es kommt zur Abwertung der nächst höheren Instanz Familiengericht.

4.1.3 Die professionelle Non–Intervention

Während es sich im Verständnis einer Profession – gemäß bestimmter Professionsmaximen – um einen an der jeweiligen Institution gerechtfertigten Expertenstatus mit der Umsetzung von legitimationspflichtigen Handlungsaufträgen handelt, meint Fachlichkeit, im Hinblick auf das Coping, die persönliche, der Psychohygiene untergeordnete Gestaltung des Casemanagements bei Verdacht auf eine innerfamiliäre sexuelle Kindesmisshandlung.

Der zentrale Unterschied zwischen einer Herangehensweise aus Expertensicht und einem dissonanzreduzierenden Fallblick besteht darin, dass das Coping den Willen und die persönlichen Bedürfnisse der professionellen Fachkraft als obersten Maßstab zur Bewertung von Interventionen und deren Auswahl bezeichnet.

Das Casemanagement der Professionellen orientiert sich an der Vermeidung jeglicher eingreifender Kinderschutzmaßnahmen. Der professionelle Blick aus einem vorauseilend vermeidenden Fenster ist nicht auf einen intervenierenden Kinderschutz, sondern vor allem auf die Schonung der Eltern und damit auf die sexuell gewalttätigen Bezugspersonen gerichtet. Der Kinderschutz und seine Anforderung, nämlich das Kind zu schützen und damit die Anrufung des Familiengerichts, fällt gänzlich aus dem Casemanagement der Professionellen: „Der Weg scheint das Ziel zu sein."

Hier fungiert ein Verständnis eines Expertentums, das fachliche Handeln in jedem Einzelfall neu begründet und nicht auf einer allgemeingültigen, übergeordneten Ebene pauschal erfolgt. Das Casemanagement ist demnach persönlich erfahrungsgeleitet,

vorläufig und somit jederzeit zu revidieren. Folgt man der Logik des Copings, so ist das Casemanagement ein persönlicher Prozess, das Resultat eines beruflichen Bewältigungsprozesses, der in den de-professionalisierten Handlungsaufträgen gipfelt. Der Schwerpunkt der Fallbearbeitung liegt in der Abwicklung von unkoordinierten und unreflektierten, der persönlichen Psychohygiene unterordneten Interventionen. Die Verwirklichung des Kontrollgedankens über die Anrufung des Familiengerichts werden nicht ausreichend (oder gar nicht) genutzt und Kinderschutzmaßnahmen nicht eingeleitet. Diese Unzulänglichkeit, ja De-Professionalisierung muss sich die gesamte Organisation Soziale Arbeit zuschreiben und als Vorwurf gefallen lassen. Professionelle sind offensichtlich dieser familiären Gewaltform Kindern gegenüber unzureichend sensibilisiert und zeigen sich fachlich durchgängig fehlgemanagt und unmotiviert, vorhandene Kinderschutzmaßnahmen zu nutzen, anzuwenden oder überhaupt in Erwägung zu ziehen.
Eine professionsadäquate Haltung würde sich an den Prozess der Umsetzung von sozialpädagogischen Handlungsaufträgen zum Kinderschutz, an die Übernahme professioneller (Fall-)Verantwortung richten. Eine nicht weiter hinterfragte Definitions- und Handlungsmacht bzw. -autorität könnte abgeleitet und in interne sowie externe Institutionsroutinen integriert werden. Der professionelle diagnostische Fallblick und das weitere Casemanagement wären strategisch und zielorientiert ausgerichtet, die Ergebnissicherung „Kinderschutz" würde im Mittelpunkt stehen. Das würde bedeuten, Wissen anzuwenden, Kontrollhandeln im Sinne des Wächteramtes zu initiieren, Kinderschutzmaßnahmen zu planen und einzuleiten und objektives Eingreifen in private familiäre Verhältnisse zu initiieren.

4.2 Die professionellen Interaktionen und deren beraterisches Setting

Im nächsten Kapitel wird der Professionellen-Familien-Kontakt vorgestellt. Die professionellen Überlegungen und Zielformulierungen im Beratungskontakt mit der Familie und die Beziehungsgestaltung zwischen den Fachkräften und dem vermutlich von sexuellen Übergriffen betroffenen Kind werden beschrieben und in Zitaten der Empirie illustriert. Im Mittelpunkt steht die Haltung der Professionellen gegenüber dem Kind als mögliches Opfer von innerfamiliärer sexueller Misshandlung.

> Wenn der Missbrauch feststeht, dann muss ich das Kind in Obhut nehmen [...]. In der Phase des Verdachtes kann ich kein Kind in Obhut nehmen. Mit welchem Recht denn? Wie will ich denn das begründen? Nein, also im Verdacht, also im Verdacht kann ich kein Kind in Obhut nehmen. Muss ich doch den Eltern sagen, warum ich das Kind in Obhut nehme. Sage ich: „Weil ich den Verdacht habe, Sie missbrauchen Ihr Kind?", dann lachen die doch. (Interview 12)

Alle öffentlichen wie freien Einrichtungen der Kinder- und Jugendhilfe befinden sich ausgehend von den rechtlichen Arbeitsaufträgen, in einem Spannungsfeld von Elternunterstützung (§8a Abs. 1 Satz 2 und 3) und Kinderschutz (§8a Abs. 3 Satz 2). In der konkreten Falldiagnostik und vor einer Kinderschutzinterventionsentscheidung muss das Verhältnis zwischen offensiv eingreifenden Maßnahmen (§50 Abs. 1 SGB VIII) einerseits und kommunikativ dialogischer Beratungsarbeit (Hilfen zur Erziehung §27ff SGB VIII) andererseits abgewogen werden. Das hat fachliche Konsequenzen für das Beratungssetting und impliziert eine professionelle Gesprächshaltung, die sich in einem reziproken Dialog und einer konfrontierenden „Kontrollsprache" bewegt. Empirisch betrachtet scheinen die Professionellen in den Kindeswohlgefährdungsfällen wie der innerfamiliären sexuellen Kindesmisshandlung zu einem reziproken, ja fast gleichberechtigten Dialog zu tendieren.

4.2.1 Die Professionellen-Eltern-Beratung (§27ff und §50 Abs. 1 SGB VIII)

Das Idealbild eines Helfers, dessen Qualifikation es ist, eine „personenbezogene Dienstleistung"[583] zu erbringen, setzt ein Mindestmaß an Kooperationsbereitschaft und Kooperationsfähigkeit der Familie voraus. Hier beginnen anscheinend die Schwierigkeiten in der Übersetzungsarbeit ins sozialpädagogische Casemanagement einer Kindeswohlgefährdung, die nachfolgend mit Zitaten der Empirie veranschaulicht werden sollen.

> Man muss mit den Eltern in Kontakt bleiben, also man kann nicht sagen, jetzt hat sich die Sache. (Interview 12)
>
> Man kann ganz viel mit den Eltern kooperieren, auch im Vorfeld, ohne diesen Missbrauch in den Raum zu setzen. (Interview 13)
>
> Für uns ist es wichtig, dass wir mit den Klienten auf ein Arbeitsbündnis kommen, ein Arbeitsbündnis, das eine Verbindlichkeit schafft [...], zumindest erst mal eine gelingende Vertrauensbeziehung, man muss die Eltern erreichen [...], letztlich geht es darum, die Leute wesensmäßig dann so zu berühren, dass wirklich Beratung passiert. Das ist für mich das Optimale. (Interview 1)

Die professionelle Fachkraft muss einerseits versuchen, von den Klienten als Gesprächspartner akzeptiert zu werden. Auf der anderen Seite muss die Fachkraft

583 Gildemeister 1993, S. 10.

in ihrem Verhalten und Handeln stets deutlich machen, dass sie zwar als Person und „allgemein menschlicher Bezugspunkt“[584] in Erscheinung tritt, ihr Handeln aber berufliches Handeln und nicht mit einem anderen Interaktionstyp (z. B. Partner, Freundschaft u. a.) zu verwechseln ist. Die Fachkraft darf sich nicht auf ein Laissez-faire-Verhalten einlassen, das Autorität (Wächteramt) ablehnt und eine eindeutige Fallkontextbestimmung (Kindeswohlgefährdung mit einem Kinderschutzauftrag) vermeidet.

Die Professionellen-Eltern-Beratung – das Justieren der Hilfen zur Erziehung, nach §§27 ff SGB VIII und dem §50 Abs. 1 SGB VIII

Aber, man muss immer im Hinterkopf haben, dass die Eltern natürlich das Recht haben, sich Hilfe und Unterstützung zu holen, und wir die Pflicht haben, Eltern zum frühst möglichen Zeitpunkt mit einzubeziehen. (Interview 13)

Interaktionale Strategien

„Die Wanze im System“[585]

Oder man versucht, in die Familie reinzukommen, indem man eine ambulante Erziehungshilfe organisiert, die eine Vertrauensperson für das Kind sein kann, die dann auch mehr Einblicke in die Familie hat. Oder man versucht, über die Lehrerin Kontakte zu knüpfen, damit einfach noch mehr an das Tageslicht kommt über die Familie, damit man weiß, was da abgeht, um Hilfen zu überlegen. (Interview 3)

Die andere Möglichkeit ist, dass wir andere Einrichtungen als Beobachtungsposten für das Kind festlegen und dass wir da die Einrichtungen couchen sozusagen. (Interview 11)

Für mich ist dann das Kriterium der Zugang, weil wir sagen, wir müssen irgendwie immer wieder den Fuß in der Tür drin haben [...], also dass ein Fall zwar nicht in dem Bereich weiter verfolgt werden kann, aber man trotzdem mit einer anderen Komponente im Kontakt bleibt mit dem Familiensystem [...], dann schaue ich, ob ich z. B. eine sozialpädagogische Hausaufgabenhilfe reinkriege, zu der das Kind

584 Vgl. Gildemeister 1993, S. 114.

585 Aus Interview 8.

vielleicht mal zwei-, dreimal die Woche geht, das heißt dann, die Beobachtung zu instrumentalisieren, um näher dran zu sein am Kind, und das die, sage ich mal ganz provokant, Wanze im System ist. In der Hoffnung, dass vielleicht Informationen kommen. Wird nicht selten gemacht und dann heißt die Frage: „Halte ich es aus, das Thema gewusst zu haben und gleichzeitig zu wissen, es kann sein, dass der Missbrauch weitergehen kann?“ (Interview 8)

Die beraterischen Umwege oder der „Verkauf der Hilfen“ [586]

[...] ich kann einfach Hilfen anbieten, verschiedene. Und es kommt halt drauf an, wie ich es verkaufe. Wenn ich es gut verkaufe, komme ich rein. (Interview 11)

Hab\` einen Umweg eingeschlagen [...], in der Familie gab es auch sehr viele andere Probleme. Es gab körperliche Gewalt in der Familie, und da hatte ich dann so einen Seiteneingang [...], konnte das ja als Anlass nehmen [...], in dem Bereich haben wir dann gearbeitet, in Richtung Erziehungsberatung. (Interview 4)

In den Fällen bei sexueller Kindsmisshandlung falle ich nicht mit der Tür ins Haus. Ich bin sonst sehr transparent, weil mir wichtig ist, dass die Klienten wissen, warum ich jetzt da bin, aber manchmal denke ich mir, wenn ich mit einem Einkaufsgutschein hingehe, um die Tür aufzukriegen, dann ist mir jedes Hilfsmittel recht, um reinzukommen. (Interview 8)

Auch mal zu gucken, wie stehen denn die Finanzen in der Familie, eventuell mit einer Spende helfen, um einfach einen anderen Blick für unser Amt zu kriegen. Also, einen anderen Fuß reinkriegen, dass die uns nicht so als Bedrohung erleben. Und dann kann ich dadurch auch erfahren, wie die denn so als Familie leben. Ob die ein großes Familiensystem haben, ob es Großeltern gibt, Tanten, Onkel, ob es Verwandte in irgendeiner Form gibt, die halt mit dabei sind, oder welche Vorstellungen sie für ihre Kinder haben, ob der Sohn regelmäßig in die Schule geht, weil das auch so im Verdacht steht, dass der sehr viel schwänzt. Da einfach gucken. So, das wären so meine weiteren Schritte, die ja schon umfangreich sind. (Interview 9)

586 Aus Interview 4.

Während die sozialpädagogische Familienhilfe, eine Hausaufgabenhilfe oder finanzielle Zuwendungen für Familien durchaus eine angemessene Antwort auf zahlreiche Familienkonflikte sein können, ist bei sexueller Misshandlung eines Kindes davon auszugehen, dass die sexuellen Übergriffe trotz dieser Formen der unterstützenden „Zuwendung“ im Stillen und Unsichtbaren fortgesetzt werden. Im Gegensatz zu anderen Formen der Kindesmisshandlung kennzeichnet das TäterInnenvorgehen bei sexueller Kindesmisshandlung die Wiederholung der Tat, die Verantwortungsabwehr der Täter und ein hoher Geheimhaltungsdruck auf Seiten des Kindes, das heißt, die Vertuschung und Verdeckung der sexuellen Übergriffe auf das Kind.[587] Zudem wird in vielen Fällen die Situation der Kinder dadurch noch auswegloser, zumal sie erkennen müssen, dass offensichtlich auch Außenstehende nicht in der Lage sind, ihnen tatsächlich zu helfen. Aber auch hier setzt sich die Logik des Modus Operandi – „der Zweck heiligt die Mittel“ – unmissverständlich fort.

Das Schweigen der Fachkräfte oder das „Hinterm-Zaun-halten“[588]

> Und grade solche Fälle, die lassen das oft nicht zu, weil ich kann nicht zu den Eltern sagen: „Ich glaube, Sie missbrauchen Ihr Kind sexuell.“ Das geht doch nicht. Und dann ist das so eine Verlogenheit irgendwo, so ein Hintern-Zaun-halten. Und das verunsichert einen ja dann auch. Also, ich hab` mir wirklich jedes Mal auch gedacht, wenn ich zu denen hingegangen bin, also gut, überlege dir, was war, was die Themen waren, was du damit erreichen willst, und verbalisiere das und blende jetzt erst einmal das andere aus, eben nicht die ganz ehrliche Transparenz, zumindest nicht soweit ehrlich, dass ich sage, ich vermute sexuellen Missbrauch. (Interview 4)

Wenn ich in die Familie gegangen bin, habe ich andere Themen besprochen und den Missbrauchsverdacht erst mal ausgeblendet. (Interview 12)

Was ganz schlimm ist, dass man einfach oft nicht offen mit den Eltern zusammenarbeiten kann [...]. Ich konnte den Eltern ja nie klar sagen: „Ich hab` den Verdacht, dass Ihr Mann das Kind sexuell missbraucht.“ Nein, um Gottes Willen. Na, dann hat man doch ver-

587 vgl. Bullens 1995; Deegener 1995.

588 Aus Interview 4.

loren, wenn Sie das machen, dann schmeißt uns doch die Familie entweder raus oder die macht zu. Ja, klar. Also, das fände ich ja das Allerletzte. Also, um Gottes Willen, das kann man doch nicht machen. Ich kann doch nicht, nee, also um Gottes Willen, nein, nein. (Interview 6)

> Also, bei sexueller Kindsmisshandlung ist das eigentlich sehr, sehr knifflig, weil ich wenig rausrücken darf mit dem, was ich weiß. Dann verkauf ich's denen unter anderen Gesichtspunkten, manchmal gelingt es auch nicht. Das ist aber so, weil ich das Thema nicht reinbringen kann oder zumindest zu einem bestimmten Anfangszeitpunkt nicht. Da muss ich mit ganz anderen Methoden und Verhaltensweisen und kreativen Lösungen arbeiten, aber auch von der Bereitschaft flexibel zu sein oder unkonventionelle Dinge auch mal durchzuhalten und zu tun. (Interview 8)

Ich bin eigentlich eine Beraterin, die immer sehr schnell ihre Karten auf den Tisch legt, ich bin direkt in der Beratung und da kann ich nicht immer direkt sein, da muss ich mich zurückhalten und das ist oft anstrengend. (Interview 10)

> Wenn es so ist, dass die Eltern sich ziemlich zurückziehen, dann haben wir auch nicht das umfassende Familienbild, dann fehlt da einfach was und wir können aber letztendlich auch nichts erzwingen. Also, ich wüsste nicht, was ich dann machen soll. Ich kann natürlich noch mal mit den Eltern reden. Es kommt natürlich drauf an, inwieweit die Eltern in diesen Beratungsprozess sich mit einbinden lassen [...]. Aber, wie gesagt, erstens müssen die bereit sein zum Gespräch und dann muss ich auch einen vernünftigen Gesprächsanlass benennen können. (Interview 12)

4.2.1.1 Die schonende Professionellen-Eltern-Beratung

Wenn die Fachkraft die Eltern verstehend anerkennt, ihr Handeln nicht kategorisch, dem Fallkontext angemessen und nicht als generell legitimationspflichtig ansieht, wird die Ausübung von Kontrolle zu einem diffus fragwürdigen Handlungsziel. Der Logik des Copings folgend stellt die Ausübung von Kontrolle durch die Fachkraft hingegen keine Selbstverständlichkeit dar. Sie stellt den Professionellen-Eltern-Kontakt und das couragierte Eingreifen in familiäre sexuelle Gewaltverhältnisse völlig in Frage. Jede gesetzte Handlung wird dadurch mehr denn je legitimations- und rechenschaftspflichtig, und zwar sich selbst und der individuellen Bewertung des Professionellen gegenüber. Die fachliche Auseinandersetzung bezieht sich in einem Copingbestreben auf die Fachkraft, die in ihrem Intervenieren sich selbst kontrolliert und sich in ihrem Handlungsauftrag vermeidend delegitimiert.

> Es darf aber nicht passieren, dass ich zu den Eltern gehe und sage: „Ich hab` den Verdacht, ihr Kind wird sexuell missbraucht. Also, das darf nicht passieren. Das wäre für mich ein grober Fehler, weil die Sturm laufen und sagen: „Das will ich nicht." Und dann stehe ich da. Und die misstrauen mir, die misstrauen jedem, die igeln sich ein, weil sie sich bedroht fühlen [...], und, wenn der Missbrauch nicht ist, dann ist das ein ganz schwerer Vorwurf an die Familie. Von daher kann man das nicht machen. Das ist meine Meinung. (Interview 5)

Professionelle Verstehensleistungen für die Eltern bewirken, dass die Dringlichkeit der zur Disposition stehenden sexuellen Kindesmisshandlung und deren Verifizierung verschleiert werden. Auf der anderen Seite verwischen die Grenzen zwischen einem angemessenen Beratungskontakt und kontrollierenden effektiven Kinderschutzmaßnahmen. Aber auch an diesem Punkt des Professionellen- Eltern-Kontaktes findet das hilflose berufliche Selbstkonzept in der schweigenden und vermeidenden Logik im Umgang mit den familiären Fallbeteiligten seine Begründung.[589]

> Ich meine, das brauchen wir alle im sozialen Bereich, dass wir uns einfach auf Menschen einlassen können, dass man sich auf ihre Sichtweise einlassen kann [...], dass ich mich auch auf ihre Sicht einlasse, auf ihr Erleben, auf das, was sich die Eltern da vorstellen. Das ist ganz wichtig, dass die Eltern das auch spüren, weil sonst bin ich ganz schnell draußen, sonst ist ja auch der Beratungsprozess und alles, was ich mit der Familie mache, ganz schnell am Ende, wenn die das Gefühl haben, die beäugt mich ja bloß skeptisch, mit der wollen wir nichts zu tun haben [...]. Das müssen wir können. Also, wer das nicht kann, der ist fehl am Platz, oder in jedem sozialen Beruf, sage ich mal [...], aber das ist grad bei so einer Verdachtsklärung auch ganz wichtig, dass man schon die Empathie hat für die Eltern. Das ist also ganz wichtig. (Interview 11)

589 Vgl. Ebd., S. 10.

Misshandeln Eltern jedoch ihr Kind sexuell selbst, dann muss gegen den erklärten elterlichen Willen fachlich angemessen entschieden und im Sinne des Kindeswohls eingegriffen werden. Hier muss das handlungsleitende Postulat „Kindeswohl sichern und Kinderschutz einleiten“ dem erklärten Willen der Eltern entgegengesetzt werden und in der Fallbearbeitung federführend sein. Dies fordert eine pädagogisch existenzielle Kernentscheidung, nämlich dem Recht des Kindes den Vorrang gegenüber dem Elternrecht zu geben.

Soziale Arbeit wird zwar in ihrem Kern als „Beziehungsarbeit“ charakterisiert und verstanden. Wichtiges Arbeitswerkzeug ist das Gespräch und die Fähigkeit zur Gestaltung eines Beratungskontaktes zum Klientel. Gleichzeitig darf die professionelle Fachkraft ihren institutionell gebundenen und verpflichtenden Handlungsauftrag nicht verletzen. Die Gestaltung des Casemanagement bei „Verdacht“ beinhaltet auch die Gestaltung eines Beratungskontaktes mit der Familie. Bei dieser speziellen Fallproblematik muss dies aber innerhalb eines sehr eng gesteckten Radius geschehen. Ein Radius, der markiert, wann unterstützende Hilfe aufhört und wann eingreifendes konfrontierendes Kontrollhandeln beginnt.

Der Professionelle muss also als Experte Wissensbestände und Verfahrensstrategien nutzen und darf gleichzeitig die alltagsweltlichen Regeln als Voraussetzungen der Kommunikation nicht verletzen. Es fordert von den einzelnen Fachkräften, einerseits funktionaler Träger einer Berufsrolle und würdiger Repräsentant einer Institution zu sein, als solcher den ethisch normativen Habitus zu spiegeln und andererseits einen ganzheitlich-menschlichen Bezugspunkt für die Klienten darzustellen. Das ist paradox und der einzelnen Fachkraft werden ohne Ausweichmöglichkeiten berufliche Bewältigungssaufgaben aufgebürdet, deren Handhabung erhebliche Anforderungen an die Beruflichkeit und damit an die Möglichkeiten des Handelns des einzelnen Professionellen stellt.

Die Professionellen entgehen diesem Dilemma dahingehend, dass die Zielsetzung des Beratungsprozesses mit der Familie oder einzelnen Familienmitgliedern auf Konsensbildung bzw. Übereinstimmung des Beratungssettings ausgerichtet wird. Das heißt, der Status einer kontrollierenden, eingreifenden Fachlichkeit in die Privatheit der sexuell gewalttätigen Familie wird negiert und abgelehnt. Die Familienmitglieder werden damit im Abklärungsprozess und in der Interventionssetzung als gleichberechtigte Personen gesehen, die einen eigenen wichtigen Beitrag zur Lösung leisten können und leisten müssen. Der Professionellen-Eltern-Kontakt ist nicht hierarchisch angelegt, sondern auf Partnerschaftlichkeit und damit Schonung im Sinne von „nicht mit dem Verdacht konfrontieren“ ausgerichtet. Die Anerkennung der Fachkraft durch die Klienten richtet sich demnach im Idealfall auf die Funktion als hilfreiche BeraterIn, persönliche Bezugsperson und GesprächspartnerIn.

4.2.2 Der Kontakt zum Kind nach §8a Abs. 1 SGB VIII

Die Logik der Non-Interventionsargumentationen setzt sich selbstredend in der reflexiven Auseinandersetzung mit den Kindern als mögliche Opfer innerfamiliärer sexueller Misshandlung fort.

> Im Endeffekt ist ja unser Auftrag laut Jugendhilfegesetz der Kinderschutz. Fokus ist für mich das Kind zunächst [...] trotzdem müssen wir es aushalten, dass die Kinder in ihrem Familiensystem bleiben, in dem missbrauchenden [...], dass einfach das Familiensystem noch nicht so weit ist, dass es sich öffnet, oder sei es, die fehlende Mitarbeit des Kindes oder das Kind sich wieder zurückzieht oder sich mit den Eltern solidarisiert und, und, und. Dass einfach das Familiensystem noch nicht so weit ist, dass es so weit ist zu sagen: „Okay, jetzt stelle ich mich dem ganzen Prozess". Das sind manchmal so halb erfolgreiche Fälle, wo teilweise das System mitarbeitet, aber eher vordergründig mitarbeitet, wo wir genau wissen, es geht trotzdem weiter. (Interview 8)

Zur Rolle der betroffenen Kinder im Abklärungsprozess fällt auf, dass sie in die professionell argumentative Belanglosigkeit fallen. Die Professionellen nehmen eine vermeidende Schonhaltung gegenüber einem Gespräch oder näherem Kontakt mit den Kindern ein. Im Zentrum der professionellen Argumentationen steht nicht die Suche nach der Wahrheit und der damit verbundenen Verifizierung von kindlichem Wissen über die sexuellen Übergriffe in seiner Familie.

> Es macht wenig Sinn, ein Kind mit einer Missbrauchsdiagnostik zu überziehen und das nur am Kind festmachen zu wollen oder dort die Wahrheit finden zu wollen. Damit sind Kinder in der Regel überfordert, und es macht wenig Sinn, die Eltern außen vor zu lassen. (Interview1)
>
> Ein Kind hat einen Grund, warum es nichts erzählt [...]. Da hilft es überhaupt nichts, wenn ich versuche, das Kind zu befragen. (Interview 5)
>
> Die Befragung von Kindern hat meistens keinen Erfolg [...], eine Wahnsinnsprozedur für die Kinder, und gerade wenn es um Familienmitglieder geht [...], dass so ein Kind eigentlich immer überfordert ist, da klare Aussagen zu treffen. (Interview 7)

Nach wie vor geht es in erster Linie um das Coping-Interesse der Fachkräfte an einer möglichst geräuscharmen und sprachlosen Abwicklung des Casemanagements. Dabei ist der Blick auf das Kind als Opfer sexueller Gewalt in der Familie verstellt.

> Die Frage ist, halte ich es aus, überhaupt Gespräche mit Kindern zu führen zu so einem heiklen Thema? Nicht jeder kann mit Kindern reden. Nicht einmal, wenn es um ganz normale Dinge geht, über Trennung und Scheidung oder solche Sachen, weil ich mir sage, ich mute es meinen Mitarbeiterinnen/Mitarbeitern nicht zu, mit Kindern über das Thema reden zu müssen. Das ist sehr diffizil und sehr wachsweich für einen Berater oder für einen Helfer, der Gespräche mit Kindern führt, gerade in dem Bereich. Jetzt mal zur Grundlage unseres sozialpädagogischen Handelns: Ich denke und sage immer: Mutet euch nicht zu, mit Kindern über das Thema zu reden, wenn ihr es nicht im Kreuz habt, darüber zu reden, das ist eine Überforderung eurer eigenen Professionalität [...]. Weil ich denke, nichts ist schlimmer, wenn erstens das Kind merkt, die klappt mir gleich zusammen, die kann das alles gar nicht mehr aushalten zu hören [...], und was mach` ich als Professionelle eigentlich mit dem Ganzen dann? Dann schaue ich lieber, dass ich jemanden finde von der einen oder einer anderen Einrichtung, die das wirklich im Kreuz haben, auch zu reden mit Kindern. Wenn die Kinder oder Jugendlichen merken, da ist jemand, der hält das aus, dann erzählen die schon ganz genau, was passiert ist, sie erzählen dann sehr genau, was ihnen passiert ist. Und das ist natürlich schon absolut hammerhart zu hören. (Interview 8)
>
> Es muss nicht immer so sein, dass wir an das Kind rankommen, weil wir jetzt nicht die Bezugspersonen für das Kind sind [...], wir halten es für besser, das Kind kommt nur mal zu uns, um abzuschalten. (Interview3)
>
> [...] Für uns ist so die Theorie: Man muss nicht drüber reden mit dem Kind. (Interview 2)

Die Professionellen sind zu stark mit sich selbst und ihrem psychohygienischen Bedürfnis der Vermeidung beschäftigt; die Fachkräfte schützen sich selbst und nicht die in ihrer Entwicklung gefährdeten Kinder.

Die folgenden Zitate verdeutlichen auf anschauliche Weise, wie die Professionellen argumentativ gegen ein Gespräch oder gegen den näheren Kontakt mit dem Kind ankämpfen.

Die Vermeidung des Gesprächs mit dem Kind

Für mich ist es vergleichbar mit dem Zahnarztbesuch [...], uns ist schon bewusst, dass viele Kinder, wenn dieses Missbrauchsthema zu stark thematisiert wird, ungern hierher kommen. Die kommen gern her, so lange sie das Gefühl haben, da will keiner was von mir, und das Kind das am liebsten verdrängen würde [...] Und das ist natürlich immer eine Gratwanderung. Da bin ich mir nicht sicher, ob nicht bei allen Kindern das Thema am liebsten weggewischt werden sollte. Das weiß ich nicht [...]. Wenn es jetzt ein Verdachtsfall ist, dann bauen wir in erster Linie Vertrauen auf und dann schaut man, ob sich das Kind anvertraut [...], aber wir befragen das Kind nie direkt dazu [...]. Vereinbart ist zunächst, dass wir abwarten, ob die Kinder von sich aus was erzählen; deshalb haben wir uns in Verdachtsfällen auch vorgenommen, nicht zu fragen. Das kann auch sehr lange dauern. (Interview 4)

Also, wir müssen das immer wieder auf's Neue entscheiden: Wie wichtig ist es, dass wir mit den Kindern aufdeckend arbeiten? Manche Kinder kommen zu uns und wissen gar nicht, wieso sie bei uns sind [...]. Ich gehe davon aus, dass das Kind merkt, dass ich offen bin für dieses Thema. Als Grund, warum die Kinder hier sind, sagen wir einfach, um hier zu spielen [...], das Kind könnte unter Umständen dadurch verschreckt werden, wenn wir jetzt gleich mit dem Missbrauch kommen. Also, sozusagen mit dem Hammer die Tür einschlagen, dann fühlt sich das Kind hier in unseren Räumlichkeiten und auch mit uns als Personen vielleicht nicht mehr wohl, möchte nicht mehr herkommen. Eine Belastung ist, über das Thema mit dem Kind zu sprechen, und wir kommen da manchmal an unsere Grenzen und sagen: Eigentlich müssten wir jetzt weiterkommen. Die Frage ist dann immer, wie weit soll ich beim nächsten Mal gehen, und vor allem auch, wie angenehm ist mir das, wenn ich merke, dem Kind geht es jetzt nicht mehr gut, und ich bohre jetzt aber weiter. Also, das ist, finde ich, nicht besonders toll, das stresst auch. Oder, wenn man sich fragt: Was mache ich denn eigentlich jetzt mit dem Kind? Jetzt spiele ich schon ein halbes Jahr lang das Spiel XY und es kommt immer noch nichts dabei heraus. Eigentlich müssten wir jetzt weiterkommen. (Interview 3)

Unsere Haltung bei dem Ganzen ist, dass wir grundsätzlich die Kinder nicht unter Druck setzen [...], wir machen hier keine Befragungen. Das halten wir nicht für sinnig [...] Und bei uns ist es eher so, dass wir die Erfahrung gemacht haben, dass wir sagen: Hier kann man was erzählen, wenn das Kind möchte [...]. Ich frage jetzt nicht: War da was oder war da nichts. Es geht hier erst mal darum, dass es dem Kind wieder besser geht. Und es geht nicht darum nur zu klären: War da was oder war da nichts? Das ist ja nicht unser Ding. Wir möchten, dass es dem Kind gut geht. Das ist für mich jetzt nicht erheblich, ob ein Missbrauch stattgefunden hat. Ich weiß jetzt nur, die und die Symptome hat das Kind, und das ist wichtig, dass es dem Kind dann besser geht. Und was steckt jetzt eigentlich hinter dem, was wir wollen. Wir wollen einfach, dass da wieder ein normales Leben einkehren kann und wir haben wirklich andere Themen: Ich bin schlecht in der Schule, kann mich nicht konzentrieren. Dass das die Themen sind, so ein paar Stabilisierungsgeschichten. (Interview 5)

Wir müssen es aushalten und wirklich auch drauf hoffen, dass die Kinder sich noch mehr öffnen können und eine Bezugsperson aufbauen oder irgendjemand da hilft: Tante, Kindergärtnerin, Therapeutin, und dann so viel Vertrauen aufgebaut wird, bis die Kinder bereit sind, das zu sagen, ich weiß da keinen anderen Weg [...]. (Interview 6)

Also, was auch noch so belastend ist, ist halt diese zentrale Rolle des Kindes und seiner Aussage und daran hängt halt alles. Also, letztendlich in 95 % der Fälle, sage ich einmal, kreist alles um die Aussage des Kindes, weil andere Beweismittel fehlen. Und das ist ja das Bittere an diesem ganzen Thema, dass alles daran hängt [...]. Und dieses Auf-das-Kind-angewiesen-zu-sein, auf seine Aussage, das ist unberechenbar, weil das Kind kann aus irgendwelchen Gründen dann plötzlich sagen: „Nein, es war nichts." Dann stehen Sie da, verlacht und verhöhnt vom Missbraucher und vielleicht sogar von der Mutter und von Kollegen, ich denke, das ist ganz schwierig. (Interview 5)

Ich kann mich nur als Vertrauensperson anbieten. Kann natürlich allgemein mit dem Kind darüber reden, dass es gute und schlechte Gefühle gibt und Geheimnisse und Zeug. Das kann ich zum Thema machen. Aber ich darf nie den Fokus auf den sexuellen Missbrauch richten, weil damit verbohre ich mich einfach, ich muss ja immer damit rechnen, dass es auch andere Gründe gibt. Und außerdem, wie gesagt, es hilft dem Kind nichts. Wenn das Kind nicht reden will und ich komme mit solchen Sachen, dann verschließt sich das Kind erst recht oder sich nicht reden traut. Damit helfe ich dem Kind nicht, sich zu offenbaren. (Interview 12)

Es dauert oft sehr lange, bis sie sich einlassen, bis sie Vertrauen gewinnen [...]. Und da kann es einem auch mal passieren, dass man sich eine Stunde schweigend gegenübersitzt, weil das Kind nämlich gar keine Lust hat, irgendwas zu reden. Trotzdem ich denke, es nimmt mit, wie es hier aussieht, wie eine Beratung vielleicht laufen kann. Dass die Frauen, die hier sind, auch eigentlich ganz normal aussehen und sich normal benehmen und gut, es kann sich dann entscheiden, ob es vielleicht mal wieder auf das Angebot selbstständig zurückgreift. Das Kind spürt, hier kann man reden, und das ist, in Anführungsstrichen, ja vielleicht auch ein Erfolg. (Interview 5)

Ich bin eher so von diesem nondirektiven Hintergrund her eigentlich, also nicht jemand, der jetzt so ganz gezielt die Dinge da anspricht, sondern deutlich macht, Missbrauch ist ein mögliches Thema, aber es ist die Entscheidung des Kindes, das einzubringen, ja, ich arbeite dann halt so begleitend mit den Kindern [...], in der Therapie hat das Kind das aber nie genutzt und das Thema jetzt von sich aus nie so rausgegriffen, das hat er nie angegeben [...], ich kann's nicht einschätzen. Es war nie klärbar. (Interview 6)

Die hat nie was dazu gesagt zu dem Thema. Nie [...]. Ich hab` das Thema nie direkt angesprochen, sondern darauf gewartet, dass das Kind auch etwas dazu sagt bzw. im Rollenspiel dieses Thema eigentlich einbringt [...], es ist nie wieder zum Thema geworden, auch in der Kindertherapie von der Seite des Mädchens aus auch nicht. Ich kann da genauso wirksam arbeiten, ohne dass die Kinder es sagen. Ich denke, die Kinder haben ihren Schutz verdient und so grenzverletzende Themen sind ja eigentlich in der Therapie zum Tragen gekommen: Das heißt, Stärkung des Mädchens, alle diese ganz üblichen Sachen: Selbstbewusstsein, Wer bin ich?, Gefühle, Abgrenzung zu anderen Personen, Nein sagen und Geheimnis wahren, also gute und schlechte Geheimnisse und all diese Botschaften sozusagen prophylaktisch. (Interview 4)

Professionelles Handeln in Verdachtsfällen erfordert, traumatisierten und verstummten Kindern als kompetente und handlungsfähige Fachkräfte zu begegnen, die die Sprache, die Worte für das, was passiert ist, kennen und auch die Autorität und die Kraft haben, alles auszusprechen und für das Kind die Möglichkeit zu schaffen, die Realität des Erlebten gerade zu rücken.[590] Das sexuell misshandelte Kind, das auf keine Hilfe zählen kann, erstarrt weiterhin in der Geheimhaltung und in seiner Bindungstraumatisierung. Auf der anderen Seite müssen die Fachkräfte eine professionelle Distanz wahren und realisieren, „dass man sich nur empathisch annähern kann, ohne je wirklich zu wissen, wie es war und wie es ist",[591] wenn ein Kind von nahen Bezugspersonen sexuell misshandelt wird.

> Ich bin nicht gezwungen irgendwas zu tun, weil mir irgendwelche Auflagen das vorschreiben. Das finde ich schon auch angenehm [...], das finde ich einen Luxus und man kann viel entscheiden, man kann auch viel, in Anführungsstrichen, lassen, also den Kindern überlassen kann. Nicht, weil ich es nicht will, sondern weil es auch dahingehört.
> (Interview 5)

Durch die professionelle Vermeidung eines angemessenen Kontaktes mit dem betroffenen Kind wird nicht nur nicht aufgedeckt, sondern das Kind wird zudem in der vom Täter/Täterin gesetzten Geheimhaltung bestätigt und bestärkt, was zu einer kindlichen Sekundärtraumatisierung führen kann.

Kinder mit Symptomen befinden sich gegenüber einer professionellen Fachkraft in einer Position, in der sie zu ihrer Befindlichkeit und den sexuellen Gewalterfahrungen in ihrer Familie angemessen und ohne Suggestionen befragt werden müssen. Die Professionellen stellen aus den kindlichen Informationen Zusammenhänge her und demonstrieren damit in ihrem Handeln den Kindern gegenüber, die vermutlich Opfer einer innerfamiliären sexuellen Kindesmisshandlung sind, einen Expertenstatus und eine daraus resultierende Autorität. Während im Verständnis des Expertenstatus eine professionelle Fachkraft ein Gespräch und den Kontakt mit dem Kind automatisch übernimmt und antizipiert, setzt sich auf der anderen Seite der Selbstschutz und das Coping bzw. die Erfordernis der Selbstlegitimation und die vermeidende Rechtfertigung der Fachkraft fort.

590 Vgl. Wirtz 1989, S. 78.

591 Vgl. Ebd., S. 114.

4.2.2.1 Eine „In dubio pro infante"-Orientierung

> Die Probleme, die Kinder haben, die sexuell missbraucht wurden,
> sind unglaublich groß. Entsprechend schwierig ist es, helfend einzugreifen.
> Es gibt keinen Weg, der einfach ist und keine ideale Lösung.
> Die Tatsache, dass weitere Probleme abzusehen sind, gilt für jeden Weg,
> den wir wählen und darf nicht dazu führen,
> dann erst gar nicht tätig zu werden.[592]

Die Erkenntnisse der Bindungsforschung und der Psychotraumatologie sowie die Auswirkungen einer (frühkindlichen) sexuellen Misshandlung durch familiäre Bezugspersonen auf das Kind evozieren Forderungen für die Soziale Arbeit, gerade im Feld der Kinder- und Jugendhilfe. Soziale Arbeit und ihre Professionellen als gesellschaftliche Vertreter von Kinderinteressen und Kinderrechten sind aufgefordert, die sichere Bindung von Kindern in ihren Familien zu fördern und die kindlichen Menschenrechte zu beachten. Die systematische und fachliche Einbettung professioneller Handlungskompetenzen und die methodischen Konzepte in die jeweiligen Institutionen ist erforderlich.[593]

Eine „In dubio pro infante"-Orientierung[594] zu übernehmen würde bedeuten, dass sich das sozialpädagogische nach dem Grundsatz „im Zweifel für das Kind" justiert. Die sexuelle Gewalterfahrung des Kindes würde in den Mittelpunkt aller intervenierenden Bemühungen gestellt werden. Wichtige Voraussetzung hierfür, ist die Geheimhaltung zu beenden. Ausgehend von dem Arbeitsauftrag, den Kinderschutz sicherzustellen, einzuleiten und sich am Wohl des Kindes zu orientieren, gelten folgende grundsätzliche Handlungsleitlinien:

- Das Bindungstrauma und seine Auswirkung auf das Kind müssen in den Mittelpunkt gestellt werden.
- Den Kindern einen psychischen wie gestalterischen Raum und Rahmen geben und schaffen, um über die erlebte sexuelle Gewalt sprechen zu können, um dadurch dem vom Täter/Täterin auferlegten Geheimhaltungsdruck entgegenzuwirken. Hierbei sind die kindlichen Gefühle und Empfindungen, auch ambivalente, täterloyale, ernst zu nehmen und geduldig zu modifizieren.
- Die (Entwicklungs-)Gefährdung des Kindes fokussieren und nicht das Aufrechterhalten der Funktionsfähigkeit der Familie.
- Die alleinige Verantwortung für die Tat und allen daraus entstehenden Folgen eindeutig dem Täter zuzuweisen.

592 Kavemann/Lohstöter 1992 S. 75.

593 Vgl. Fürniss 2005 S. 29-32.

594 Vgl. Kavemann 1992, Heiliger/Engelfried 1995, Bange 1992; 1991, U. Endres 1995; Breitenbach, 1992 u. a.

Für Kinder, die in ihrer Familie sexuell misshandelt werden, ist die Familie zum Gefahrenort geworden und hat als Schutzraum versagt. Um den Schutz der Kinder sicherzustellen und weitere sexuelle Gewalt zu verhindern, ist die Trennung des betroffenen Kindes vom Täter/Täterin zwingend notwendig. Nichtmisshandelnde Mütter müssen unterstützt und beraten werden, um diese in ihrem Auftrag, den langfristigen Kinderschutz zu gewährleisten, zu stärken bzw. zu befähigen.

Der Abklärungsprozess in Verdachtsfällen der innerfamiliären sexuellen Kindesmisshandlung mit dem handlungsleitenden Postulat „in dubio pro infante“ (im Zweifel für das Kind) würde den Fachkräften eine sozialpädagogisch existenzielle Kernentscheidung abverlangen. Sie müssten ihr kindzentriertes Berufsethos verkörpern und sich gegen den Willen und die Verschleierungstaktik und Lügen der Täter/Täterin entscheiden und damit kindzentriert wertend eingreifen und handeln.
Der sozialpädagogische Blick muss demnach auf die Gestaltung kommunikativer Beratungsprozesse gelenkt werden, dessen Interaktions- wie Handlungsfokus auf dem „im Zweifel für das Kind“ – „in dubio pro infante“ – liegt. Soziale Arbeit kann sich weder leisten, das strafrechtliche Postulat „in dubio pro reo“ (im Zweifel für den Angeklagten) zu verfolgen, noch Beratungsinteraktionen nach dem Prinzip „im Zweifel für die Eltern“ zu gestalten und diesen unreflektiert nachzugehen. Dann nämlich schreitet die Professionalisierungsdebatte nicht fort, sondern Soziale Arbeit beginnt erneut, sich zu de-professionalisieren. Dies ist nicht leicht, sondern verlangt anspruchsvolle sozialpädagogische Diagnostikkompetenzen der Professionellen. Es geht hierbei nicht darum, Helfer der Kinder- und Jugendhilfe zu Traumatherapeuten auszubilden, sondern durch Grundkenntnisse existenzielle Fehler für die Kinder zu vermeiden. Dann wäre eine Deliktkompetenz die auf einem Bindungstrauma-Modell aufbaut, Mittelpunkt und Steuerelement des gesamten Casemanagements.

4.2.2.2 Der privilegierte Zugang zur Wahrheit: das (Aufdeckungs-)Gespräch mit dem Kind

> Es gilt vielmehr, betroffene Kinder darin zu unterstützen,
> dass sie ihre Sprache, ihre Ausdrucksmöglichkeiten
> wiederfinden, die sie sowohl durch das Redeverbot
> des Täters als auch durch die Taubheit und
> den Unglauben der Umwelt verloren haben.[595]

Als unbestritten gilt inzwischen, dass erste Äußerungen von Kindern oft nur einen Bruchteil ihrer (sexuellen) Gewalterfahrung widerspiegeln. Betroffene Kinder bagatellisieren die sexuellen Übergriffe oder modifizieren die Umstände der Tat, um

595 Vgl. Enders 1990, S. 126.

die Primärbezugspersonen zu schonen: „Hat der Missbrauch über einen längeren Zeitraum stattgefunden, untertreiben Kinder in den ersten Gesprächen immer das Ausmaß der Missbrauchshandlungen."[596]

Eng verknüpft ist damit die Forderung, den Kindern erst einmal uneingeschränkt zu glauben.

Von Professionellen erfordert das, sich in der Auseinandersetzung mit der Thematik von Vorurteilen frei zu machen und zu verstehen, dass betroffene Kinder, die über sexuelle Gewalterfahrungen berichten, im Kern die Wahrheit sagen: „Wenn Kinder von sexuellen Übergriffen berichten, sind Zweifel an ihren Schilderungen nicht gerechtfertigt."[597]

Nicht nur eine „insoweit erfahrene Fachkraft" (§8a Abs. 2 SGB VIII) sollte mit Kindern sprechen können, sondern für alle Fachkräfte im Feld der Kinder- und Jugendhilfe, die mit Kindeswohlgefährdungsfällen befasst sind, gilt es, sich Kompetenzen anzueignen. Auch hier gilt, dass alle Professionellen im Feld über ein grundlegendes Wissen zu deliktimmanenten Strukturen und Dynamiken verfügen müssen. Das heißt über betroffene Kinder und deren Reaktionsweisen und Umstände der Symptombildung nach erlebter sexueller Kindesmisshandlung in ihrer Familie.

Um Kinder beraten zu können bzw. mit Kindern zu sprechen, muss ein kindgerechter Weg der Kommunikation im Diagnostikprozess gefunden werden. Die Ausdrucksmöglichkeiten eines Kindes müssen berücksichtigt werden und die Erfassung der (Entwicklungs-)Gefährdung und entscheidenden familiären Bindungen des Kindes sollte gelingen. Das Gespräch mit dem Kind ist unabdingbar, um dem Geheimhaltungsdruck des Opfers entgegenzuwirken und einen Ausweg aus der Sprachlosigkeit zu ermöglichen. Wenn die Fachkräfte offen im Erstgespräch signalisieren, dass es sexuelle Misshandlung in der Familie gibt, ist es möglich, die Isolation von betroffenen Kindern aufzubrechen und sich ihnen als Kontakt- und Gesprächsperson anzubieten. Sie vermitteln damit dem Kind, dass sie diese Gewaltrealität von Kindern in ihren Familien kennen, sich mit ihr auseinandergesetzt haben und sexuelle Übergriffe innerhalb der Familie, als mögliche Alltagserfahrung von Kindern antizipieren. Dies impliziert, dass Kinder von der Verantwortung, sich selbst schützen zu müssen oder die Verantwortung für die sexuellen Misshandlungen zu haben,

596 Roth 1996 S. 103–104

597 Fegert 1993 S. 60. Fegert (1993) stellt nach kritischer Analyse verschiedener Studien zusammenfassend fest, dass in Fachkreisen weiterhin die Annahme besteht, dass kindliche Aussagen über sexuellen Missbrauch in den meisten Fällen, d. h., zu 90-97 % glaubwürdig sind. Ebenso liegen den Falschaussagen häufig keine unbegründeten Fantasien, sondern eher Missverständnisse oder Verzerrungen in der Darstellung zugrunde. Zu falschen Anschuldigungen kommt es eher durch Erwachsene als durch Kinder, so dass der Anteil der Falschbeschuldigungen durch Kinder als verschwindend gering einzuschätzen ist. Vgl. Fegert 1993 S. 60.

entlastet werden. Professionelle im Feld haben die Aufgabe, jegliche Verschiebung von Verantwortlichkeiten durch eine eindeutige Parteinahme und Zuweisung von Verantwortung entgegenzutreten, auf diese Weise die Kinder von ihren Schuld- und Schamgefühlen zu entlasten und ihnen damit Orientierung und Halt zu geben.
Die möglichen und altersadäquaten Mitteilungsformen des Kindes sind zu eruieren, ein kindgerechter Weg der Kommunikation im Beratungsprozess muss gefunden werden. Hier bedarf es einer ausführlichen fachlichen Auseinandersetzung mit der individuellen kindlichen Persönlichkeit, seiner Entwicklung, zu seinem Lebensumfeld, seinen Verletzungen und Traumata.[598] Hierzu gehört neben dem konkreten Fachwissen die Fähigkeit, ein Gespräch mit dem Kind im Sinne des Kinderschutzes in die Kultur der Gesamteinrichtung zu implementieren und zu integrieren. Dies kann auf vielfältige Art und Weise geschehen und sollte unter dem Aspekt der arbeitsrechtlichen Konsequenzen (Tonbandaufnahme des Gesprächs mit dem Kind) im Feld der Kinder- und Jugendhilfe nachhaltig und ergebnisorientiert diskutiert und als standardisierter Schritt im Casemanagement bei Verdacht auf eine innerfamiliäre sexuelle Kindesmisshandlung festgelegt werden.

Anzumerken bleibt, dass jedes Gespräch mit einem Kind tendenziell die Gefahr einer Retraumatisierung in sich birgt, da das betroffene Kind notwendigerweise mit der früheren oder aktuellen sexuellen Bindungstraumatisierung in Kontakt kommt. Dagegen wird sich unter Umständen kindlicher Widerstand regen. Dieser Widerstand ist durch die langjährigen Anpassungsprozesse an das Trauma der sequenziellen sexuellen Misshandlungen verständlich und unvermeidbar. Eine der wichtigsten Konsequenzen aus den neurobiologischen Untersuchungen ist die Würdigung der Zeit, die jede kindliche Entwicklung braucht. Die wichtigste Tugend des Professionellen ist mithin die zielgerichtete Geduld. Traumakompensatorische Bemühungen des Kindes, die vor allem die Beziehungsgestaltung traumatisierter Kinder kennzeichnen und sich in manchmal störenden, diffusen und unverständlichen Verhaltensmustern zeigen, werden logischerweise auch in den Kontakt und Gesprächsprozess mit dem Kind eindringen.

Muss ein Kind in Obhut genommen werden (§ 42 SGB VIII), ist dem Kind eindeutig zu vermitteln, dass es weder die Verantwortung für den Zusammenhalt der Familie noch für die Folgen, die die Offenlegung der sexuellen Übergriffe für die einzelnen Familienmitglieder hat, trägt. Kinder von der Verantwortung zu entlasten heißt auch, seine sexuellen Gewalterfahrungen als Grund für die „Fremdplatzierung" zu benennen.

598 Vgl. Ansen 2006 S. 54.

Nur durch die Sicherstellung eines Lebens- und Wohnraumes, in dem der Täter keine Zugriffsmöglichkeiten mehr hat, können Kinder sicher geschützt werden.[599]

Betrachtet man die Kinderschutzmaßnahme „Fremdunterbringung" unter bindungsrelevanten Gesichtspunkten, dann stellen sich erhebliche Zweifel ein, ob und inwieweit dies eine geeignete kindgerechte und sinnvolle Maßnahme darstellt. So verweist schon der Begriff „Fremdunterbringung", „Inobhutnahme" oder „Heimunterbringung" auf ein durchaus angsteinflößendes Potenzial dieser Maßnahme. Das Kind wird in der Fremde, außerhalb seiner Familie, auch wenn diese desolat und traumatisierend für das Kindeswohl war und ist, untergebracht. In der Fremde fühlt man sich für gewöhnlich schwerlich wohl und geborgen, sondern eher beziehungs- und bindungslos. Zudem ist die Fremdunterbringung eines Kindes ein Eingriff und eine Entscheidung erwachsener Professioneller, die veranlasst wird. Es besteht typischerweise keine Reziprozität zwischen Professionellen im Feld und den betroffenen Kindern oder Familien. Eine Fremdunterbringung ist als organisatorische Kommunikationsform auch anders konfiguriert: Es wird über die Kinder und Jugendlichen gesprochen und nicht mit ihnen.
Betroffen sind aber nun mal von dieser Maßnahme genau die Kinder, die in ihrer Herkunftsfamilie sexuell misshandelt wurden und die auf der einen Seite ein Sprechverbot auferlegt bekommen haben, auf der anderen Seite sowieso schon objektiviert wurden.[600]

Als Fazit der bisherigen Überlegungen und Darstellungen lässt sich demnach feststellen, dass eine Fremdunterbringung als Maßnahme im Feld der Kinder- und Jugendhilfe bei „Verdacht auf sexuelle Kindesmisshandlung" unter traumatologischen und bindungstheoretischen Aspekten eine ungeeignete Maßnahme ist. Im Moment stellt die Inobhutnahme das Mittel zur Wahl, wenn sich ein Verdacht erhärtet und eine Kindeswohlgefährdung diagnostiziert wurde.[601]

599 Roth 1996, S. 99.

600 Eine repräsentative Evaluationsstudie zu stationären und teilstationären Erziehungshilfen erfasste folgende Problemlagen zu Beginn der ersten stationären Erziehungshilfemaßnahme bei Kindern und Jugendlichen. Bei 2/3 von ihnen war die Eltern-Kind-Beziehung massiv gestört, in 54 % der Fälle waren die Kinder/Jugendlichen das Opfer familiärer Kämpfe, und in 43 % erleben sie Gewalt– und/oder machten sexuelle Missbrauchserfahrungen. Bei den Familien dieser Kinder und Jugendlichen stand zudem ein regelrechtes Netzwerk aus psychosozialen Problemlagefaktoren. Die Fremdunterbringung ist insofern nicht als Maßnahme in Bezug auf ein singuläres Trauma, sondern weit eher als eine Reaktion auf ein kumulativ wirksames traumatisches Bedingungsgefüge anzusehen. Das heißt, diese Kinder und Jugendlichen sind in einem hohen Ausmaß psychopathologisch belastet. Unter bindungstheoretischer Perspektive ist davon auszugehen, dass diese Notlage beim Kind zu einer Aktivierung seines Bindungssystems führt, dessen Funktion darin besteht, die Nähe zu mindestens einem Menschen herzustellen, der in seiner Rolle, als Bindungsfigur Sicherheit zu gewähren in der Lage ist. Da das Bindungssystem den biologisch angelegten Verhaltenssystemen zuzurechnen ist, lässt sich folgern, dass Kinder oder Jugendliche, bei denen eine Heimunterbringung ansteht, geradezu von Natur aus die Befriedigung von Bindungsbedürfnissen und damit eine Deaktivierung des Bindungssystems erwarten. Solche Erwartungen hat auch das KJHG, heißt es doch dort, dass Jugendhilfe dazu beitragen soll, „positive Lebensbedingungen für junge Menschen und ihre Familien sowie eine Kinder- und familienfreundliche Umwelt zu erhalten oder zu schaffen". (§1 KJHG Abs. 3), vgl. Schleifer 2003, S.164.

601 Vgl. Schleiffer 2003, S. 165.

4.3 Die Kultivierung des sozialpädagogischen Zweifels im Modus Operandi

Aus gewachsenen kultivierten sozialpädagogischen Routinen des Deutens und Handelns auszubrechen, diese zu verändern und dem Kinderschutz verpflichtende Wege einzuschlagen wird nicht leicht sein, denn „[z]entrales Merkmal einer Kultivierung ist ihre implizite Struktur".[602]

> Ich habe keinen einzigen Fall, wo ich einen Verdacht gehabt habe, der sich dann bestätigt hat in dem Sinne: „Jawohl, hier können wir klar sagen, jetzt hat ein sexueller Missbrauch vorgelegen und können wir Schutzmaßnahmen ergreifen. Ich habe es nicht erlebt, muss ich ganz ehrlich sagen [...]. Ich weiß es nicht, an was es liegt [...]. Ich weiß nicht, entweder habe ich alles falsch gemacht oder es war wirklich nichts [...]. Man ist ja auch sehr unterschiedlichen Meinungen oder irgendwie Reaktionen von der Umwelt ausgesetzt, also auch vom Kollegenkreis oder vom Kindergarten oder von der Schule [...], jeder meint was anderes. Also, welchem immensen Druck man da auch so ausgesetzt wird, das ist der Wahnsinn [...], ist doch furchtbar, es bleibt ganz oft im Verdachtsbereich [...], furchtbar, wenn man sich überlegt, dass ein Kind sieben Jahre lang so was Schreckliches ertragen muss. Aber auf der anderen Seite gibt es keine schnelle Lösung bei Verdachtsklärung. Und dessen müssen wir uns immer wieder bewusst sein. Man kann ja auch bloß einen gewissen Zeitraum immer an dem Kind bleiben. Da können schon mal Fälle dabei sein, die man ein paar Jahre lang beobachtet immer wieder, das würde ich jetzt nicht ausschließen [...], es sind oft Jahre, wo das dauert. (Interview 12)

Rekonstruktive Sozialarbeitsforschung erkundet das Kollektive im Einzelnen. Die Kausalzusammenhänge eines ineffektiven, ergebnislosen Casemanagements bei einer vermuteten innerfamiliären sexuellen Kindesmisshandlung zu erkennen und Erklärungen zu finden, waren das Ziel der vorliegenden Arbeit.

Kollektive Sinnzusammenhänge und Bedeutungen im Handeln einer Profession wie der Sozialen Arbeit sind nicht einer Fachkraft alleine zuzuschreiben.[603] Es herrschen Kollektivvorstellungen, die „ihrem Wesen nach, nicht durch ein Individuum realisiert werden können".[604] Durch die Ordnung und den Vergleich kognitiver Bedeutungs- und Handlungsstrukturen und ihrer Merkmale kann über das darin enthaltene professionelle Wertesystem auf kultivierte wie fachlich etablierte

602 Kaufmann 1999, S. 35.

603 Vgl. Glaser/Strauss, S. 46.

604 Bohnsack 2000, S. 196.

Deutungs- und Handlungsroutinen der Professionellen geschlossen werden.[605] Das aus der Einbindung in eine Handlungspraxis resultierende, kultivierte Berufserfahrungswissen ist kein theoretisches, sondern ein atheoretisches Wissen – ein so genanntes *tacid knowledge*.[606] Als atheoretisches Wissen können die professionellen Muster in ihrer Gesamtheit im Berufsalltag nicht bewusst gemacht und reflektiert werden. Die Erkenntnis bzw. das implizite professionelle Wissen ist wesentliches Element einer professionellen Kultur. Wissenschaftliche Entdeckungen beruhen immer auch auf der Explikation von impliziten Wissensbeständen und Denkstrukturen, wie sie in der kollektiven Geschichte, über die Professionsgenerationen hinweg tradiert worden sind. Im Wesentlichen können sie als professionsspezifische Ausdifferenzierungen innerhalb der scientific *community*[607] bezeichnet werden.

> Der Mensch ist bis in sein Inneres hinein von der Gesellschaft seiner Zeit geprägt ist, und zwar nicht nur durch das, was von außen auf ihn einwirkt, sondern auch durch das, was tief in ihm selbst angesiedelt ist. Es kann ihm passieren, dass er Fragmente des Gesellschaftlichen (Vorstellungen, Bilder, Verhaltensmodell) verinnerlicht, ohne sie zu verdauen, und sie dann später im Rohzustand, also genau so, wie er sie sich einverleibt hat, in seinen Äußerungen enthalten sind.[608]

Diese personalisierten Fragmente, die kein Zufall sind, verweisen auf unterschwellige, aber wesentliche Prozesse, die als ein „Potpourri disparater Inhalte auf dem *common-sense-System*“[609] zum Vorschein kommen. Im Prozess der Konstruktion von beruflicher Wirklichkeit spielen sie eine zentrale Rolle, denn je stärker dies im Impliziten verhaftet und gleichzeitig sozialisiert ist, desto größer ist der strukturierende Einfluss auf die sozialpädagogische Handlungspraxis. Wie Professionelle handeln, ist nicht nur Resultat subjektiver Überlegungen oder Handlungsplanungen, sondern in einen „kommunikativen Prozess der Vergesellschaftung“[610] als ein kollektiv geformter Horizont aus Relevanzstrukturen einer Profession integriert. Die Perspektive einzelner Professioneller ist folglich nur der Ausgangspunkt für die Rekonstruktion kultivierter Interventionen einer Profession. Die professionellen Reproduktionsmechanismen und die in allen Interviews vorherrschende Argumentationslogik und Handlungsroutine offenbaren das kultivierte System am deutlichsten.[611]

605 Vgl. Kaufmann 1999 S. 72; Bohnsack 2000 S. 197–199.

606 Vgl. Bohnsack 2000, S. 196.

607 Ebd., S. 197.

608 Kaufmann 1999, S. 34.

609 Ebd., S. 285.

610 Froschauer/Lueger 2003, S. 17.

611 Vgl. Ebd., S. 18.

Jede Handlungserklärung unterstellt dem Handelnden eine zugrunde liegende allgemeine Rationalitätsannahme, nämlich dass auf professionelles Wissen in der richtigen, d. h. in seiner Kultur allgemein akzeptierten Weise zurückgegriffen wird.[612]
Die Bemühung, eine Handlung oder Nichthandlung zu verstehen, impliziert, dass die in dem speziellen Fallkontext geltende Handlungsmaxime allgemein bekannt ist. Demzufolge sind Professionelle in sich widersprüchlich, weil sie, zumindest potenziell, die ganzen Widersprüche einer Profession wie der Sozialen Arbeit und deren Richtlinien in sich tragen und beruflich sozialisiert haben.[613]

Der Professionelle konstruiert sich selbst als eine in sich stimmige, ausgeglichene Person. Im dialektischen Prozess der Konstruktion von beruflicher Wirklichkeit wird das inkorporierte Gesellschaftliche sortiert und amalgamiert, um eine bestimmte Handlung auszulösen und damit darüber zu entscheiden, was konkretisiert wird und sich dadurch seinerseits wieder in das Gesellschaftliche einschreibt. Das Subjektive bildet keinen Gegensatz zum Objektiven, zum Realen, sondern stellt einen bestimmten Moment in der Konstruktion von Wirklichkeit dar, den einzigen, in dem der Professionelle über eine Interventionsmöglichkeit verfügt, einen Moment, der gekennzeichnet ist von der Notwendigkeit des Auswählens und dem Streben nach subjektiver beruflicher Einheit und Kohärenz.[614] Die Obsession, ihrer beruflichen Identität Kohärenz zu verleihen, und ihre Neigung, in die Rolle des wohl meinenden und kompetenten Professionellen zu schlüpfen, bewegt die Professionellen schließlich dazu, sich zu rechtfertigen.

„Professionelle Werte und Normen fallen nicht vom Himmel",[615] sondern werden über berufliche Erfahrungen rekurriert, die sich aus vielen Erinnerungen ein und derselben Sache ergeben, eine sozusagen „erinnerte Praxis".[616] Hier spielten die häufig verwendeten Argumentationen, Erklärungen und Sichtweisen eine ausschlaggebende Rolle, denn sie weisen auf eine „kulturelle Markierung" [617] hin.

Aus beruflichen Erfahrungen in Einzelfällen werden generelle professionelle Einsichten gewonnen und etikettiert. Der berufliche Prozess der „Gewinnung von Einsicht"[618] beschreibt die Kultivierung als bereits verarbeitetes Erleben und Wissen in der Handlungspraxis, im Grunde also als die Interpretation der beruflichen Realität.

Kultivierung führt über die vordergründig erlebte Realität hinaus und fragt nach einer impliziten Ordnung, dem Sinn, den Werten und den professionellen Haltungen,

612 Vgl. Kelle 1994, S. 90–91.

613 Vgl. Kaufmann 1999, S. 88.

614 Vgl. Ebd., S. 88.

615 Gruber 2005, S. 33.

616 Ebd., S. 35.

617 Kaufmann 1999 S. 102–103.

618 Vgl. Gruber 2005, S. 36.

die hinter dem Erlebten stehen. Schon Adorno (1972) war der Überzeugung, dass gesellschaftliche Prozesse dem Menschen im Handeln und zu echter Individuation nur wenig Freiheit lassen.
Es etablieren sich Deutungs- und Handlungsheuristiken, die unter einem unausweichlichen Copingbestreben immer wieder ausgeführt werden (müssen). Für diese Heuristiken existiert eine professionelle Logik, die nicht beeinfllussbar erscheint und von den Professionellen nicht als selbst evoziert erlebt wird. Diese objektiven Strukturen, die mit der Subjektivität des einzelnen Professionellen in scheinbar keinem Zusammenhang stehen, erscheinen als kultivierte Handlungszwänge.
Es gibt immer auch rationale Begründungen für die Existenz und Notwendigkeit solcher kultivierter Handlungen. Je nachdem, wie weit diese verdinglichende Objektivierung schon fortgeschritten ist, und je nachdem, in welchem Maße die von ihnen betroffenen Personen noch fähig sind, einen subjektiven Bezug zu ihnen herzustellen, ist es schwierig, diese zu verändern. Fast nie sind solche Strukturen in einem Schritt auflösbar, es geht immer um schwierige Veränderungsprozesse, in deren Verlauf sowohl das Kollektive wie auch der Einzelne das zu Verändernde selbst mitverändert.

Bleiben widersprüchliche Handlungsaufträge unbewusst, werden sie im Verlauf beruflicher Sozialisation nicht verarbeitet; unreflektierte Handlungsstrategien werden in das berufliche Selbst implantiert und ohne reflexive Fehleranalyse kultiviert.
„Die individuelle professionelle Überzeugung muss daraufhin überprüft werden, ob sie trügerisch ist oder ob und inwieweit sie der beruflichen Wirklichkeit entspricht.“[619]
Damit kommt der fachlichen Vernunft – neben der beruflichen Erfahrung – eine zentrale Bedeutung im Casemanagement zu. Während die Berufserfahrung in ihren verschiedenen Erscheinungsformen die Quelle einer Kultivierung darstellt, ist die Vernunft die maßgeblich wertende und normgebende Instanz. Die praktische (Handlungs-)Vernunft ist für diese Aufgabe prädestiniert und folgt einer logischen Annahme: Es ist unmöglich, denselben Fallkontext unter Heranziehung derselben Gründe zugleich emotional und rational zu bewerten. Aufgrund dieses Kontradiktionsprinzips vollzieht sich die Handlungsvernunft nicht willkürlich, sondern bleibt auf das Rationale hin ausgerichtet und bewegt sich immer in einer von Angemessenheit und Unangemessenheit bestimmten Strukturlogik. Aus dieser inneren Strukturgesetzlichkeit der Vernunft ergibt sich nicht nur die Unbeliebigkeit ihrer Wertungen und Normierungen, sondern auch ihre grundsätzliche Offenheit gegenüber neuen Erfahrungen und Einsichten und kann somit über verpflichtende Handlungsaufträge einer Profession hinausführen.
Wo auch immer Werte und Normen Gültigkeit und Verbindlichkeit beanspruchen, müssen sie sich auf ihre innere Vernunft und Logik, auf die innere Stimmigkeit ihrer verfügbaren Gründe und Einsichten hinterfragen lassen können.

619 Vgl. Gruber 2005, S. 36.

Ändern sich diese, dann bedürfen auch die betreffenden Werte und Normen einer Aktualisierung und Weiterentwicklung. Arbeitsaufträge und Handlungsmaxime Sozialer Arbeit erhalten ihre Verbindlichkeit durch ihre Plausibilität und Kommunikabilität. In dem Moment, in dem begründet dargelegt und aufgezeigt werden kann, weshalb ein bestimmter Wert zum Gelingen und zur Optimierung der Fallbearbeitung bei innerfamiliärer sexueller Kindesmisshandlung beitragen kann, wird diesem Wert in der Praxis auch Gültigkeit zugesprochen.

Die Non-Diagnostik und die darauffolgende Non-Intervention, die von den Professionellen als psychohygienisch erfolgreich erlebt und anscheinend ohne institutionelle Sanktionen durchgeführt werden kann, wird zur unreflektierten Methode der Abklärung bzw. Diagnostik der sozialpädagogischen Kinderschutzarbeit im Feld der Kinder- und Jugendhilfe. Die Profession Soziale Arbeit muss sich zuschreiben lassen, dass das professionelle Handeln ihrer Fachkräfte in Verdachtsfällen der innerfamiliären sexuellen Kindesmisshandlung degeneriert ist und „gewachsene Kulturen“[620], was Vermeidung, Intransparenz, das professionelle Schweigen usw. anbelangt, das Feld beherrschen. Es werden Primäreinschätzungen marginal vereinfacht und die ökonomische Relation – der Zweck heiligt die Mittel – ist eine der fatalen Vereinfachungen und Vermeidungen. Die Entwicklung dieses ritualisierten „Methodismus“[621] scheint keine institutionellen Sanktionen oder persönlichen Folgen für die Professionellen nach sich zu ziehen.

Eine sichere und handlungsfähige wie optimistische Berufsrolleneinstellung und eine Identifikation der Fachkräfte mit den institutionellen Handlungsaufträgen fehlt und stellt sich somit de-professionalisiert dar. Das Casemanagement wird über eine innere Logik der De-Professionaliserung konstruiert und der Interventionsprozess selbst bleibt fachlich unanalysiert.[622]

> Die Verdachtsfälle bleiben unter Umständen auch zwei Jahre am Laufen oder ich hatte auch schon welche, die sind zwar niedergelegt worden von mir, und dann kam aber im nächsten Jahr wieder was Neues auf in der Familie. Dann hatte ich also die Akte zu früh niedergelegt. Also dann war klar, wir haben sie halt weggelegt, weil keine Info mehr kam, aber das heißt nicht, dass nichts ist. (Interview 10)

Die Folgen einer inkompetenten Fallbearbeitung zeigen sich nicht sofort und unmittelbar; dies ist auf eine mehr oder minder lange „Totzeit“[623] eines sozialpäda-

620 Dörner 2007, S. 259.

621 Ebd., S. 259.

622 Vgl. Gildemeister 1983, S. 66.

623 Dörner 2007, S. 291.

gogischen Casemanagement zurückzuführen. Ist dann Kritik oder eine korrigierende Fallrückmeldung nicht in Sicht, so kann man sich mit den bewährten Methoden der „immunisierenden Marginalkonditionalisierung“[624] durch schlichtes kognitives Umdeuten der Arbeitsaufträge und Diagnostikanforderungen lange Zeit in der Illusion wiegen, dass doch alles bestens ist und es dem Kind gut geht.
Wenn die Rückmeldungen über das Intervenieren in Verdachtsfällen selten geschehen und Fehleranalysen nicht ausreichend (oder gar nicht) vorgenommen werden, werden kultivierte Methoden der Fallbearbeitung angewandt.

4.3.1 Eine hilflose Profession ist eine desillusionierte Profession

> Im Helfer-Leben lauern zahlreiche Fußangeln, Gefährdungen und Fehlentwicklungen.[625]

Gefordert wird von den Professionellen die Beherrschung der Methodik der Diagnostik und das Umsetzen der Kinderschutzaufträge in Verbindung mit einem lebendigen menschlichen wie fachlichen Interesse an Familien, Kindern und Jugendlichen und deren Problematiken im Allgemeinen, aber auch deren Gewalterfahrungen.[626] Hier eine angemessene Form des Klientenkontaktes zu finden, eine realistische Einschätzung und das Justieren des professionellen Helfen-Könnens und eines wirksamen Kontrollhandelns gelingt in Verdachtsfällen nicht.
Professionelle Realitätsausgrenzungen in Verdachtsfällen nach dem Prinzip: „Was ich nicht hundertprozentig weiß, kann ich fachlich nicht diagnostizieren, also schlage ich Umwege ein“, wird zur Grundlage des professionellen Casemanagement bei Verdacht auf eine innerfamiliäre sexuelle Kindesmisshandlung. Die fachliche, dem Kinderschutz verpflichtete Reflexion: Was ist meine professionelle Aufgabe, mein originärer Handlungsauftrag?, bleibt aus. Hilflosigkeit, sich nicht handlungsfähig zu fühlen, führt zu einer Desillusionierung der Professionellen und nach Gildemeister (1983) einem Prozess des *cooling out*.[627]

Fengler (1991) hat in diesem Zusammenhang den Begriff der „beruflichen Deformation”[628] geprägt. Er subsummiert darunter „Verbiegungen im individuellen Erleben und Handeln eines Professionellen“.[629] Für ihn zählt auch die Art und Weise, wie Professionelle sich Theorien und Techniken ihres Fachs aneignen und diese umsetzen zu den beruflichen Deformationen.

---

624 Ebd., S. 274.

625 Fengler 1991, S. 31.

626 Vgl. Ebd., S. 31.

627 Gildemeister 1993, S. 11.

628 Ebd., S. 103.

629 Vgl. Ebd., S. 127.

Berufliche Deformation soll alle Schädigungen, Verformungen, Fehlentwicklungen, Fehlorientierungen, Entfremdungen, Realitäts- und Wahrheitsverluste und Verkennungen im Erleben, Verhalten und Denken bezeichnen, die im Laufe der Berufstätigkeit bedingt auftreten.[630]

Eine Folge, insbesondere in so genannten *Helping Professions*[631], kann ein vermehrtes Erleben von Belastung sein, das sich in einer empfundenen beruflichen Unwirksamkeit und Hilflosigkeit ausdrückt.

In den Forschungen zu Burnout[632] in einzelnen Berufssparten wurden vor allem drei Burnout-Dimensionen diskutiert:

- Eine (emotionale) Erschöpfung,
- die De-Personalisierung (distanzierter, herablassender Umgang mit Klienten) und
- ein reduziertes Wirksamkeitserleben.

Von den oben genannten untersuchten Burnout-Komponenten zeigte ein reduziertes berufliches Wirksamkeitserleben die höchste Ausprägung in seinen Auswirkungen, vor allem in Bezug auf berufliche Tätigkeiten mit beruflichen Kernaufträgen, die eine Quelle höheren beruflichen Engagements darstellen.[633] Hering/Beerlage (2007) verorten Burnout nach aktuelleren Forschungsarbeiten in einem theoretischen Rahmen, der der stresstheoretischen Forschungstradition treu bleibt und die „negative Ressourcenbilanz“[634] von Beruflichkeit voraussetzt. Ressourcenverbrauchende Belastungen bei zugleich inadäquatem Ausgleich von Ressourcenverlusten können sich dabei zunächst in Burnout niederschlagen und langfristig Beeinträchtigungen im beruflich wirksamen Handeln erklären. Eine negative berufliche Ressourcenbilanz (fehlendes fachliches Know how) bei der Konfrontation mit einem Verdachtsfall auf innerfamiliäre sexuelle Kindesmisshandlung spielt demzufolge die große Rolle in den resignierenden Professionshaltungen.

630 Vgl. Ebd., S. 32.

631 Ebd., S. 39.

632 Der Burnout-Begriff wurde in den Humanwissenschaften maßgeblich durch den US-amerikanischen Psychiater Freudenberger (1975) geprägt und als Folge emotional belastender, hoch engagierter Arbeit in helfenden Berufen diskutiert. Erste qualitative Untersuchungen und folgende quantitative Studien bezogen sich zunächst auf Beschäftigte im Humandienstleistungssektor: Sozialarbeiter, Krankenschwestern, Ärzte, Psychologen im direkten Patienten-Klientenkontakt. Die Bedeutung von Burnout in der Arbeitswelt westlicher Industrienationen wurde in zahlreichen Untersuchungen herausgestellt. Vgl. Hering/Beerlage 2007, S. 282. Zunehmend verlagert sich das Forschungsinteresse auf Burnout-Symptome als Folge der Arbeit (Bedingungen) und damit auf potenzielle Burnout- Folgen für die Gesundheit und Erfolge von Menschen und Organisationen. Burnout beschreibt einen Zustand körperlicher, emotionaler und geistiger Erschöpfung, der durch langfristiges Verweilen in emotional belastenden Situationen entsteht. Jüngere Veröffentlichungen diskutieren Burnout darüber hinaus als generelles Problem in unterschiedlichen Berufssparten. Burnout könnte demnach aus einer andauernden, ressourcenaufwändigen Beanspruchung von Menschen im Rahmen ihrer Arbeit resultieren, bei ungenügenden Möglichkeiten Energie aufzutanken. Vgl. Hering/Beerlage 2007, S. 276.

633 Vgl. Hering/Beerlage 2007, S. 283.

634 Hering/Beerlage 2007,. S. 282.

Die Ergebnisse von Hering/Beerlage (2007) weisen darauf hin, dass die Konfrontation mit Verdachtsfällen, die eine hilflose berufliche Reaktion bei den abklärenden Fachkräften hervorruft, die Ressourcenausstattung – wie beispielsweise ein diagnostisches Know how – von Fachkräften im Feld der Kinder- und Jugendhilfe nachhaltig beeinträchtigen kann.
Dies hat letztendlich eine hohe Brisanz für die Weiterentwicklung der Programmatik einer Verdachtsabklärung bei innerfamiliärer sexueller Kindesmisshandlung, da ressourcenstarke Professionelle vermutlich im Stande sind, Verdachtsfälle besser, konzentrierter, strukturierter, reflektierter und adäquater managen zu können.[635]

Tatsache ist wohl, dass die Fachkräfte lieber an die Aussichtslosigkeit, dem Kinderschutz und dem Kindeswohl dienender, diagnostischer und intervenierender Bemühungen glauben, als ihre Beruflichkeit und ihr professionelles Handeln in Frage zu stellen und Fehleranalysen zu initiieren. Der Schutz vor psychischer Überforderung ist die eine Seite des de-professionalisierten Casemanagements. Auf der anderen Seite wird anhand der Ergebnisse dieser Arbeit die fehlende Theorie Sozialer Arbeit für die Vorgehensweise bei innerfamiliären Formen der Kindesmisshandlung mehr als deutlich.

Sozialpädagogische Fachkräfte sind weiterhin mit der Frage der Verdachtseinschätzung beauftragt und nicht mit der Erhebung von Beweisen. Strafverfolgungsinstitutionen erheben Beweise, Soziale Arbeit erschließt faktische Symptomzusammenhänge und schafft ein erhärtetes und klares Bild der Gewalterfahrungen von Kindern in ihren Familien. Hier braucht es andere Methoden der Erhebung von Informationen und Fakten und damit der Einschätzung eines mehrdeutigen Einzelfallkontextes, als das im Strafverfahren notwendig oder angesagt ist.

Die Desillusionierung der Fachkräfte ebenso wie deren Selbstberuhigungstendenzen zeigen sich eindringlich in deren nachfolgenden Äußerungen zur Bewertung erfolgreichen Handelns.

4.3.2 Eine desillusionierte Profession und ihre Erfolgsmeldungen

Wenn Professionelle effektiv und zielorientiert handeln sollen, so werden sie dies nur tun, wenn die Erwartung, dass ihr Handeln letztlich erfolgreich ist, erfüllt werden kann.

635 Ebd., S. 282–283.

Ich hänge meinen Erfolg schon niedriger [...]. Für mich muss ein Kind nicht unbedingt aus der Familie draußen sein [...], für mich ist ein Erfolg, wenn ich davon überzeugt bin, dem Kind geht es in irgendeiner Form gut. (Interview 9)

Förderlich ist, wenn ich in der Lage bin, meine Erwartungen möglichst niedrig zu halten [...], es läuft dann gut, wenn ich nicht nach den Sternen greife, also wenn ich nicht denke, ich könnte es aufdecken [...]. Wenn ich den Anspruch habe, es muss jetzt aber rauskommen, ob's passiert ist oder nicht, dann geht's mir schlecht und dem Kind wahrscheinlich auch. Und das ist wenig Erfolg versprechend. (Interview 7)

Ich finde, ein Erfolg ist tatsächlich, wenn ein Leben ein bisschen ruhiger laufen kann. Und da kann man schon einiges erreichen [...], ich finde, ein Erfolg ist, wenn was stabilisiert wird. Was Positives natürlich. Wenn die Befindlichkeit sich positiv verändert, dann fände ich das schon einen Erfolg, das ist das, was die Familie ja auch will, wenn sich da was zum Positiven verändert. Wir haben eine Abbruchrate so 20 Prozent. Und die anderen, denke ich mal, in 80 Prozent der Fälle da läuft ein Prozess, auch wenn es nur ein kleiner ist. (Interview 5)

Furchtbar, wenn man sich überlegt, dass ein Kind sieben Jahre lang so was Schreckliches ertragen muss. Aber auf der anderen Seite [...], es gibt keine schnelle Lösung bei Verdachtsklärung. Und dessen müssen wir uns immer wieder bewusst sein. Also, ich denke, wenn nur das Kind sozusagen aus der Familie kommt, man nur das als Erfolg bezeichnet, dann hätten wir in unserer Arbeit kaum Erfolg und das kann es nicht sein. Also, ich sage einmal, in der Regel machen wir gute Arbeit oder ich gehe mal davon aus, dass ich einigermaßen gute Arbeit mache. Ich kann nicht alles erfolglos machen. So stolz bin ich jetzt einmal, dass ich das sage. Und da stehe ich auch dazu. Und ich denke, das hab ich auch in all den Besuchsjahren gelernt und auch erfahren, so mickrig das erst einmal ausschaut, so wirksam ist es doch oft auch für die Kinder [...], so prägend oder so hilfreich für einen nächsten Schritt, für ein einfaches Weitergehen. (Interview 10)

Die hilflose Einengung des professionellen Selbstkonzepts führt zu einer defensiven Regelungsdichte des weiteren Casemanagements.

Dieser „depressive Realismus“[636] – Desillusionierung – dämpft die professionelle Motivation im Hinblick auf ein zielgerichtetes, berufliches Handeln. Die Tendenz, das eigene berufliche Erleben zentraler wahrzunehmen als den zu bearbeitenden Fallkontext, ist hier obligat.[637] Die eigene berufliche Selbstbefindlichkeit (Psychohygiene) wird zum Dreh- und Angelpunkt der beruflichen Realität und nicht mehr die legitimierte Autorität und institutionalisierte Handlungsmacht einer Profession und ihrer Vertreter.

> Ich neige eher dazu, sehr parteilich für die Opfer zu sein, ist ja auch grundsätzlich richtig [...], aber oft denke ich, kann man nichts machen an dem Missbrauch an sich [...], ich kann den Schaden nicht wieder gut machen. Ich kann eigentlich jetzt nur abwarten, wie das Kind sich weiter entwickelt und dann später irgendwie damit umgehen. (Interview 7)

Sehen die Professionellen die Möglichkeit, ein positiveres berufliches Selbstbild zu entwickeln bzw. zu fühlen, dann werden sie das im Sinne des Copings auch tun: Das Vorzeige-Selbst ist in der Regel zu gut, um wahr zu ein; und doch ist es oft das (allzu gute) Selbst, an das man aufrichtig glaubt.[638]

> Ich bin nicht der Rächer der Opfer, das ist nicht meine professionelle Haltung zum Erfolg einer Maßnahme. Nein, nein, dann würde ich wahrscheinlich durchdrehen und würde wahrscheinlich an mir selbst und an der Welt verzweifeln, wenn ich in diese Lebenshaltung reingehe, jedes Kind retten zu müssen. Und retten ist so was, wie soll ich sagen, [...] Caritatives [...]. Und die Psychohygiene heißt, einfach klar zu sortieren, dass es keine heile Welt gibt, dass es nicht die Ideallösung gibt, dass es Ungerechtigkeiten gibt und dass es auch keine Rettung oder wenig Rettung und nicht unbedingt immer Erfolge gibt. Ich sehe me nen Auftrag da drin, so weit wie möglich Hilfestellungen und Unte stützungsleistungen zu bringen, so gut es mit meinem Vermögen geht und so gut es von der Dynamik des Falles geht [...]. Und ich sehe mich als Professioneller, der mit der Situation, mit der er zu tun hat, das Beste daraus macht. Und es aushalten muss, dass es kein Happy End gibt, wenn ich mit dieser Grundhaltung da bin, dann hab ich schon mal einiges geschafft, weil ich mir sage, das mit den Happy Ends, das läuft in Filmen, das ist eine Welt, die ist einfach schön. (Interview 8)

636 Aronson 1994, S. 180.

637 Ebd., S. 175–176.

638 Aronson 1996, S. 179.

Zumeist fehlt ein Kriterium, und zwar das Kriterium, aufgrund dessen sicher entschieden werden kann, ob das professionelle Ziel erreicht ist oder nicht.[639] Die Angabe eines Zieles, versehen mit einem Komparativ (besser, harmonischer usw.) weist oft genug drauf hin, dass man gar nicht genau weiß, was man eigentlich anstrebt und wie der angestrebte Zustand aussehen soll; dies ist jedoch recht pauschal definiert: „Irgendwie soll es anders werden."[640]

> Also grundsätzlich, denke ich, dass ich in 90 Prozent der Fälle etwas bewirken konnte, wo es ein Stück harmonischer weitergeht. Das kommt auf das Ziel an, was man sich setzt, und von daher sehe ich schon oft, dass ich ein Stück dazu beitragen kann, das Kind besser zu schützen oder mehr Harmonie da herzustellen und eine Situation vielleicht harmonischer gestalten kann. (Interview 6)
>
> Erfolge im Kinderschutz sind die Erfolge von der Diagnostik, da wurde die richtige Schule gefunden oder die richtige Therapie für das Kind und es hat sich gut entwickelt. Also bestimmte Dinge und Verhaltensweisen, Störungen wurden abgebaut, so dass das Kind eine harmonische Entwicklung haben kann, seinen Fähigkeiten entsprechend. Das wäre eigentlich so ein tiefer Wunsch und Ziel, wenn man das so hinkriegt. Oder zumindest ein Stück in diese Richtung dann auch wieder hinkriegen kann. (Interview 6)

„Wohlergehen" oder dem „Kind soll es gut gehen" ist ein unklar definiertes Handlungsziel. Ehe man aber daran gehen kann, z. B. für „Wohlergehen" zu sorgen, muss man die Komponenten des „Wohlergehens" so gut wie möglich identifizieren. Und genau hierin liegt für viele offensichtlich die erste Schwierigkeit. Sie führen keine Dekomposition des Komplexzieles durch! Sie machen sich nicht klar, dass „Wohlergehen" ein Komplexbegriff ist, der viele verschiedene Komponenten und deren Bezüge zueinander zusammenfasst.
Die professionellen Handlungsmotivationen werden eigennützig erklärt und so justiert, dass ein Gefühl der beruflichen Kompetenz bestehen bleibt. Dies lässt sich als ein Akt des professionellen Selbstschutzes verstehen, denn eigennützige Erklärungen treten meist dann auf, wenn das berufliche Selbst nicht nur herausgefordert wird, sondern wenn das Selbst sich hilflos und in Folge desillusioniert fühlt. Solch eine „Selbstwert-dienende-Verzerrung"[641] bezeichnet die Tendenz einer handelnden Person, sich die eigenen Erfolge im Stil eines desillusionären Charakters anzueignen.

639 Vgl. Ebd., S. 75.

640 Vgl. Dörner 2007, S. 71–75.

641 Aronson 1996, S. 179.

> Ich könnte jetzt sagen, ich hab` keinen Erfolg gehabt, weil das Kind ist dort geblieben - wenn es ein sexueller Missbrauch war, ist es weiter gegangen - also, ich hab` keinen Erfolg gehabt. Stimmt. Muss ich jetzt schon mal sagen. Und trotzdem denke ich, war mein Agieren ganz, ganz wichtig. Das Kind hat, also erst einmal, wenn es kein Missbrauch war, hat es erlebt, dass es einfach als Mensch, sage ich einmal, anerkannt gefühlt hat, Zuwendung gekriegt hat, Aufmerksamkeit gekriegt hat, ein gewisses Zutrauen gekriegt hat, durch mich und durch den Hort. Wir haben uns da wirklich intensiv bemüht, und ich denke, das hat das Kind auch gespürt. Deswegen haben wir seine Entwicklung nicht rumreißen können. Das ist klar. Es war nicht der Erfolg, aber es war ein wichtiger Baustein für das Kind. Und ich möchte es nicht unterschätzen [...]. Und ich glaube, sie hat gelernt, man kann Menschen einfach auch was Positives zutrauen. Man kann auf andere positiv zugehen, man muss nicht immer Angst haben und es ist nicht alles unberechenbar, wie es daheim ist. Es gibt was Anderes. (Interview 12)

Die Disziplin Soziale Arbeit im Feld der Kinder- und Jugendhilfe muss sich zuschreiben lassen, dass sie ihre Professionellen nicht nur unzureichend ausbildet und nicht mit dem nötigen fachlichen Know how ausstattet, um die feldspezifischen Handlungsaufträge umsetzen zu können. Die vorgefundenen Ergebnisse und weiteren (potenziellen) Ergebnisse lassen sich wie folgt zusammenfassen: Verdachtsfälle der innerfamiliären sexuellen Kindesmisshandlung werden im Zweifel kultiviert und verwaltet. Der Schwerpunkt der Fallbearbeitung liegt in einem, der Psychohygiene untergeordneten Routinedenken und -handeln und einer professionellen Abwicklung dissonanzreduzierender, kognitiver Strategien und damit de-professionalisierter Interventionen. Das sozialpädagogische Selbstverständnis in Bezug auf „Verdachtsfälle“ ist hilflos und in letzter Konsequenz desillusioniert, ein wirksames Handeln wird weder antizipiert noch in Erwägung gezogen. Psychosoziale Diagnose- und Beratungskompetenzen in multidisziplinärer Zusammenarbeit und die Nutzung einer Kontrollfunktion im Mantel des Wächteramtes werden dagegen vernachlässigt bzw. nicht ausreichend ausgeschöpft. Hier wird sich die Professionalisierungsdebatte der Sozialen Arbeit um angemessene Kinderschutzmaßnahmen im Feld der Kinder- und Jugendhilfe institutionell und gesellschaftlich ausweiten müssen, um einer folgenschweren Alternativlosigkeit der sozialpädagogischen Intervention und damit der Non-Intervention entgegenzuwirken. Dies erfordert, dass die Professionellen ihr Berufsethos nicht nur irgendwie besitzen, sondern es verkörpern, dass die Fachkraft um ihre professionelle Verantwortung im Umgang mit Kinderschutzaspekten und einer Kindeswohlgefährdung nicht nur weiß, sondern diese auch angemessen fachlich anwenden kann. Hinsichtlich der Kinderschutzfälle setzt dies mehr denn je voraus, dass sich die Professionellen „Veränderliches nicht als Unveränderliches“ aufzwingen lassen oder gar stillschweigend Symptome und Auffälligkeiten von Kindern als gegeben hinnehmen und für nicht abklärbar halten.

> Und dann ist es etwas, wo ich denke, dann ist eine ganz gute Arbeit in der Beratungsarbeit gelaufen, wenn sowohl ich als auch die Leute das Gefühl haben, ja, an der Stelle sind wir klarer geworden, das hat zwar die eingangs gestellte sozusagen Konfliktsituation (Verdacht) vielleicht nicht immer behoben, aber man etwas dazu erarbeitet hat, dass die Leute damit leben können. Wir hatten hier auch Missbrauchsfälle, wo man am Ende dann sagen konnte, ja, die sprachen dann wieder gut miteinander und das, was als Erstthema (Verdacht) war, hatte andere Kanäle noch gefunden, also, das finde ich, ist dann erfolgreiche Arbeit in dem Bereich [...]. Das sind einfach Sachen, die ich persönlich als erfolgreich beurteile, weil ich dann sehe, dass ein niedrigschwelliger, sozusagen auf Vertrauen und auf Transparenz basierender Zugang es den Leuten erleichtert, sich Unterstützung zu holen: vielleicht früher unter dem Motto gefasst hat, Hilfen aus einer Hand. Also, dass man den Leuten wirklich lange Hilfeodysseen erspart. (Interview 1)

Schlussbemerkung

Kinderschutz ist im Kern ein Risikogeschäft.[642]

Jeder muss sich darauf einstellen, dass diese Arbeit aus vielen Gründen sehr schwierig ist.[643]

Der im Feld der Kinder- und Jugendhilfe häufige Umgang mit Verdacht auf eine innerfamiliäre sexuelle Kindesmisshandlung bedeutet nicht zwangsläufig, dass sich professionelle Fachkräfte hier auf sicheren beruflichen Terrain bewegen.
Es zeigte sich, wie hilflos und unsicher die Verdachtseinschätzung der Professionellen und wie de-professionalisiert die Umsetzung der Handlungsaufträge im gesamten Casemanagement im Interventionsfeld der Kinder- und Jugendhilfe sind. Festzuhalten ist, dass das Casemanagement Verdacht auf innerfamiliäre sexuelle Kindesmisshandlung die Professionsmaximen Sozialer Arbeit nachhaltig fordert und eine zentrale Herausforderung an die sozialpädagogischen Diagnostikmethoden und Handlungskonzepte darstellt. Die rechtlichen und beraterischen Anforderungen sowie die Handlungsaufforderungen sind vielfältig und diese fachlich zu meistern und rechtlich zu justieren ist eine komplexe sozialpädagogische Aufgabe.
Ebenso ist zu konstatieren, dass die sozialpädagogische Einschätzung eines Verdachtsfalles der sexuellen Kindesmisshandlung immer mit einer gewissen beruflichen Unsicherheit verbunden ist, denn das professionelle Risiko „Unrecht zu tun“, ist einem Verdachtsfall immanent. Dieses Risiko ist durch kein noch so fachlich ausgestaltetes und standardisiertes Casemanagement gen Null zu reduzieren. Zudem sind sozialpädagogische Leitlinien und rechtliche Verpflichtungen des SGB VIII (KJHG) keine Maximalvorschriften oder Optimalvorgaben; vielmehr repräsentieren sie lediglich minimale Richtlinien eines fachlichen Konsenses im Umgang mit Verdachtsfällen der innerfamiliären sexuellen Kindesmisshandlung.

642 Wolff 2007.

643 Brückner 2005, S. 727.

Selbst wenn es gelingen würde, z. B. im Rahmen eines qualifizierteren Studiengangs Soziale Arbeit, in Fortbildungen, Schulungen, Supervisionen usw. ausreichend Diagnostik- und Handlungskompetenzen zu diesem Gewaltphänomen gegen Kinder in Familien zu vermitteln, ist das sozialpädagogische Casemanagement individualisiert und damit wenig standardisierbar und vorhersagbar, vor allem was die Ergebnisse betrifft. Es bleibt die Anforderung, Beratungs- und Handlungskompetenzen auf die je konkrete Familie, das konkrete Kind zu gewichten und zu bewerten und davon ausgehend eine angemessene Handlungsoption zu wählen. Dieses Dilemma zu bewältigen obliegt der Bewertung und dem Engagement der jeweiligen Fachkraft – auch das wird sich nicht ändern lassen. Ein Handlungsfeld, das in seinen Interaktionen auf persönlicher Kommunikation beruht, verfügt hauptsächlich über standardisierte rationale Entscheidungsmechanismen und Diagnostikkonzepte und damit nicht wirklich über Stabilität.[644]

Die innerfamiliäre sexuelle Kindesmisshandlung als Beziehungsdelikt – mit sexuell ausbeutenden Tatmomenten – unter Ausnutzung von innerfamiliären Macht- und Abhängigkeitsstrukturen rührt augenscheinlich an nicht zu definierenden Ängsten der abklärenden Fachkräfte und führt zu einer Vermeidung des staatlichen Eingriffs in die Privatheit „Familie“. Staatliches Eingreifen in familiäre sexuelle Gewalt gegen Kinder ist tatsächlich schwierig. Das Thema schockiert, regt auf und lässt auch professionelle Fachkräfte im Feld der Kinder- und Jugendhilfe nicht kalt und darf sie auch nicht kalt lassen. Letztendlich ist niemand vor einer Mobilisierung von Emotionen in Fällen einer Kindeswohlgefährdung gefeit.

Es geht hier nicht um die Forderung nach sozialen Helden und Heldinnen. Professionell Stellung beziehen kann ja auch bedeuten institutionelle Regelungen, Konzepte und diagnostische Instrumente zu entwickeln und voranzutreiben, die etwas zur Veränderung von dem, was man ein Klima der „Begünstigung“[645] nennen kann, beitragen. Denn gleich neben der Frage, warum, von wem und wie oft Kinder in ihren Familien sexuell misshandelt werden, muss die Frage stehen, warum dieses Delikt im Feld der Kinder- und Jugendhilfe nicht adäquat verifiziert und ergebnisorientiert gehandhabt werden kann.
Von der bedenklichen Situation im Feld der Kinder- und Jugendhilfe, dass Verdachtsfälle kultiviert verwaltet werden, profitieren letztlich die potenziellen wie faktischen Täter/Täterinnen, die sich in relativer Sicherheit wähnen können.

644 Zwei Begriffe sind hier zu unterscheiden: Risiko und Gefahr. Die Unterscheidung dieser Begriffe setzt voraus, dass in Bezug auf zukünftige Fern- und Nebenwirkungen Unsicherheit besteht. Ein Risiko besteht, wenn der mögliche Schaden als Folge von Entscheidungen angesehen wird, also einer bestimmten individuellen Entscheidung zugerechnet werden kann, „das Risiko der individuellen Entscheidung“. Gefahr würde wiederum bedeuten, dass der Schaden als extern verursacht gesehen, also der Umwelt zugerechnet wird. Vgl. Wolff 2007.

645 Wenn Täter ohne Intervention fortgesetzt Gewalt ausüben können, vermögen sie dieses Handeln immer besser zu rechtfertigen. Beim ersten Mal mag er ein Erschrecken darüber erleben, was er getan hat; beim zehnten Mal schleift sich das ab und irgendwann hat er daran eine eigenständige Lust entwickelt, die das Rechtfertigungsschema wiederum stützt. So verwundert es nicht, dass misshandelnde Männer notorisch unzugänglich sind für eine Beratung, die ihr Gewalthandeln verändern will. Vgl. Hagemann-White 1995.

Denn angesichts professioneller Verunsicherung und Hilflosigkeit im Interventionsfeld der Kinder- und Jugendhilfe ist kaum damit zu rechnen, dass ihr sexuelles Gewaltverhalten aufgedeckt und sanktioniert wird. Durch eine professionelle Vogel-Strauß-Politik im Feld wird das Problem mit Sicherheit nicht aus der Welt geschafft. Es ist kaum zu leugnen, dass die sozialpädagogischen Diagnostikdefizite, die theoretischen wie praktischen Unklarheiten und Ambivalenzen im Feld der Kinder- und Jugendhilfe immer noch vorherrschen und eine gelingende Auflösung derer noch nicht in Sicht ist: Soziale Arbeit verharrt immer noch in einer Selbstunsicherheit.

Die Ruhe tötet, nur wer handelt, lebt. (Theodor Körner)

Unsachliche Vorwürfe allein helfen nicht weiter. Wenn konstruktive Kritik an einer sozialpädagogischen Non-Diagnostik und Non-Intervention möglich werden soll, müssen zunächst jene Praxisbedingungen und Professionsmaximen der Sozialen Arbeit betrachtet werden, die es ermöglichen, dass ein Verdacht ein solcher bleibt.

Professionelle im Feld sind aufgefordert, eine gewisse Souveränität und Mut im Umgang mit Verdachtsfällen zu entwickeln und hierzu zählt nicht nur das reine Fachwissen. Professionelle müssen auch in familiäre Gewaltverhältnisse eingreifen und hineinwirken (wollen), um das Kindeswohl zu sichern. Diese Problemsicht hat auch zur Novellierung der rechtlichen Grundlagen der Kinderschutzarbeit und deren rechtlichen Grundlagen in Deutschland – insbesondere §8a Abs. 1–3 SGB VIII – eine Rolle gespielt. Die Verantwortung wurde präzisiert, die „insoweit erfahrenen Fachkräfte“ (§8a Abs.2 SGB VIII) werden angehalten, in der Sprache der Kindeswohlgefährdung zu denken und sie kompetent zu managen.[646] Obwohl es im Kinderschutz zentral um Kindeswohlgefährdungen geht – also um Risiken und Gefahren in der Entwicklung von Kindern –, sind Kinderschutzrisiken und dabei systembedingt auftauchende Fehler und Schwierigkeiten bisher nur am Rande ernst genommen und kritisch untersucht worden. Der Kinderschutzarbeit mangelt es immer noch, insbesondere bei innerfamiliärer sexueller Kindesmisshandlung, an einer reflexiven Selbstbeobachtung.

Eine Integration angemessener Handlungskonzepte und Methoden der Fallbearbeitung kann nur dann hinreichend gelingen, wenn auch die sozialpädagogischen Kompetenzmängel, blinde Flecke und Vermeidungsstrategien der einzelnen Professionellen, aber auch dissonante und widersprüchliche institutionelle Interventionsaufträge durch eine Fehleranalyse erkannt werden.[647]

646 Vgl. Wolff 2007.

647 Vgl. Ammann/Wipplinger 1998, S. 420; Fürniss 2005, S. 27.

In der sozialpädagogischen Fallarbeit in Fällen einer Kindeswohlgefährdung wie der innerfamiliären sexuellen Kindesmisshandlung sind Fehler aufgrund der Komplexität des Arbeitsauftrags nicht immer zu vermeiden. Soziale Arbeit im Feld der Kinder- und Jugendhilfe sollte fehlerfreundlicher werden. Das programmatisch starr routinierte und erfolglose Casemanagement de-professionalisert sich noch mehr, in dem Maße, in dem Fehleranalysen ausbleiben. Das Casemanagement kann sich dann re-professionalisieren, wenn es Professionelle in ihrer Alltagspraxis wagen, zu fragen: Wie und wodurch das Casemanagement von den Professionellen selbst mit aufrechterhalten wird. Wer viel Zeit damit verbringt, sein berufliches Selbst zu schützen, kann nicht eingreifend handeln. Wenn Professionelle darauf aus sind, ihre subjektiv empfundene Belastung zu minimieren und dissonante Handlungsaufträge zu balancieren, gestehen sie sich Fehler nicht ein".[648]

Wer Kindesgefährdungsentscheidungen überlegt justieren und managen will, muss sich auf eine ständige Reflexion kontextueller Gegebenheiten in Einzelfällen und der grundlegenden sozialpädagogischen Kommunikationsprozesse und Interaktionen einlassen, auf eine, wie Wolff (2007) bemerkt, „reflexive Verwissenschaftlichung".[649]
Solch konstruktive und reflexive Fehleranalysen sollten in die institutionelle Kultur implantiert und nicht dem einzelnen Professionellen aufgebürdet werden. Es kann die Alltagspraxis mit individuellen Beurteilungsschwierigkeiten, falschen Entscheidungen und strukturellen Problemen sowohl einzelfallbezogen als auch unter Aspekten von Organisation und Funktionalität des Feldes an sich kontinuierlich reflektiert werden. Fehleinschätzungen oder das Scheitern, die Eskalation oder die Erfolglosigkeit eines Casemanagements sollte ohne individuelle Schuldzuweisungen analysiert werden. Aufgrund der so gewonnenen Erkenntnisse können konstruktive Veränderungs- und Verbesserungsvorschläge für die Fachkräfte und das Feld der Kinder- und Jugendhilfe erarbeitet und umgesetzt werden. Eine Fehleranalyse und deren Reflexion können konstruktive Bewältigungsstrategien eines professionellen Casemanagements dauerhaft zur Verfügung stellen und konkretisieren.[650]
Das Entwickeln einer Fehlerreflexionsfähigkeit bezieht sich nicht nur auf die Profession Soziale Arbeit und ihre Fachkräfte, sondern ebenso auf die differierenden Erwartungssysteme der verschiedenen Kooperationsbeziehungen. Die unterschiedlichen Handlungs- und Orientierungssysteme der Kooperationen evozieren verschiedene Erwartungen und damit Handlungsprobleme. Der implizite Selbstverweis auf die unterschiedlichen Erwartungshaltungen und Handlungsimperative erfordert letztendlich die Notwendigkeit der Distanzierung und Abstraktion des eigenen unmittelbaren Handlungsbereichs bzw. des Interaktionskontextes und die Entwicklung eines „Differenzbewusstseins".[651]

648 Vgl. Aronson 1994, S. 247.

649 Wolff 2007.

650 Vgl. Gildemeister 1993, S. 12.

651 Ebd., S. 115.

Dies wird kaum auf Begeisterung im Feld stoßen, da man der Sozialen Arbeit folglich eher feindlich gegenübersteht, sie muss sich Kritik gefallen lassen und vielleicht macht sie sich unbeliebt, da die Mängel der Sozialen Arbeit auch allgemein gesellschaftliche Defizite zu Tage fördert.

Unter der Berücksichtigung der dissonanten Handlungsaufforderung „Hilfe und Kontrolle“ im Feld der Kinder- und Jugendhilfe, mit der alle Professionellen im Feld der Kinder- und Jugendhilfe konfrontiert sind, sollte dies nachhaltig diskutiert werden.[652] Vielleicht wäre es eine Lösung zu konstatieren, dass bei Verdacht auf eine sexuelle Kindesmisshandlung Hilfe oder Kontrolle zur Disposition steht, denn dann könnte das unsichere und wenig Erfolg versprechende „sowohl als auch“ der sozialpädagogischen Diagnostik durch ein „entweder oder“ abgelöst werden. „Solange der Mensch selbstbezogene Informationen verarbeitet, kann auch eine Veränderung des beruflichen Selbst erfolgen.“[653]

Der Fallkontext Verdacht auf eine innerfamiliäre sexuelle Kindesmisshandlung kann vielleicht etwas frei übersetzt werden: „Welchen die Theorie leer ließ“[654] und für den es noch keine allgemeingültigen Handlungsrezepte oder „Regeln der Kunst“ gibt. Bei der Verifizierung einer innerfamiliären sexuellen Kindesmisshandlung kann die sozialpädagogische Beratungsregel „Hilfe zur Selbsthilfe“ oder „Hilfe und Kontrolle“ nicht gelten oder eben nur sehr eingeschränkt. Diese beiden sozialpädagogischen Handlungsmaximen schließen sich bei Verdacht auf sexuelle Kindesmisshandlung aus. Ein sowohl als auch ist hier nicht gerechtfertigt, vielmehr ist hier von einem „entweder oder“ die Rede.

Die widersprüchlichen Arbeitsaufträge könnten präzisiert werden, indem Ausnahmeklauseln eingefügt werden, die Anwendung also schlicht differenziert wird. Die Handlungsaufforderung gilt dennoch, sie erfasst eben nur auch die genau festgelegte Ausnahme, die somit eigentlich keine Ausnahme mehr ist, sondern durch die Umformulierung der Regel zum Fall der Regel wird.[655] Diese Ambivalenz könnte gelöst werden, indem eine der sich widersprechenden Regeln für ungültig erklärt würde.

Im Falle einer vermuteten Kindeswohlgefährdung muss die Anwendung des einen Prinzips (Hilfe) hinter der Anwendung des anderen (Kontrolle) zurückstehen, ohne dass das zurücktretende Prinzip für ungültig erklärt werden muss und ohne dass in das zurücktretende Prinzip eine Ausnahmeklausel aufgenommen wird. Den Handlungsprinzipien „Hilfe und Kontrolle“ werden folglich in einem bestimmten Fallkontext wie Verdacht auf eine innerfamiliäre sexuelle Kindsmisshandlung unterschiedliches Gewicht beigemessen. Die Lösung dieser Handlungsprinzipien-Kollision

652 Vgl. Fegert/Wolff 2002, S. 163.

653 Fillip 1993, S. 148.

654 Niemeyer 2002, S. 1026 zitiert Herbat (1802).

655 Vgl. Ansen 2006, S. 55; Rietmann/Hensen 2008, S. 36–43.

besteht letzten Endes darin, „dass einem der kollidierenden Prinzipien nach Abwägung der Folgen, der Charakter einer Regel gegeben wird, die dann – wie jede Regel – verlangt, genau das zu tun, was durch sie geboten wird".[656]
Es wäre darüber zu streiten, ob die Sozialpädagogik mittels der von ihr hervorgebrachten oder adaptierten Theorien sowie der von ihr verantworteten Ausbildung sicherstellt, dass sie theoriefähig bleibt und gegebenenfalls die Verdachtsabklärung der innerfamiliären sexuellen Kindesmisshandlung als ein „Forschungsfeld" begreift oder begreifen lernt.[657]
Schon Herbats (1802) damalige Antwort rückte ebenfalls dieses „Selbst" ins Zentrum: „[N]icht [...] seine künftigen Handlungen in einzelnen Fällen", so schrieb er damals, habe der Praktiker vorzubereiten, sondern „sich selbst, sein Gemüth, seinen Kopf und sein Herz, zum richtigen Aufnehmen, Auffassen, Empfinden und Beurteilen der Erscheinungen, die seiner warten, und der Lage, in die er gerathen wird."[658]
Dies sollte in der Sozialpädagogik zur Kenntnis genommen und verstanden werden, dass sozialpädagogisches Alltagshandeln notwendig und unaufhebbar immer fallabhängig bleibt oder gegenteilig formuliert: „Konkrete Einzelfallsituationen [...] nicht aus Reflexionen und Forschungsergebnissen einfach deduziert werden [können]."[659] Im Prinzip wird damit nichts anderes ausgedrückt, als dass entsprechend der Bedeutung, die einem Fallkontext gerade von der Sozialpädagogik als Profession zugesprochen wird, auch basierend darauf fachlich reagiert wird.

So gesehen müsste ein Professionalisierungskonzept zukünftig dazu beitragen, die Tendenz des schlecht ausgebildeten, überforderten und hilflosen Professionellen zu unterlaufen, denn ein Professioneller, der sein Heil in der Flucht und in der Vermeidung sucht, wie anhand dieser Arbeit evident wurde, handelt ineffektiv und de-professionalisiert. Dazu gehört zweifellos auch die Beihilfe zum Schutz vor unangemessenem *Coping* und der Verwendung von untauglichen Diagnosekonzepten und einem erfolglosen Casemanagement bei Verdacht auf eine innerfamiliäre sexuelle Kindesmisshandlung.

Der sicherste Weg zu einem solchen Konzept dürfte darin bestehen, Soziale Arbeit neu zu fordern und ihr abzuverlangen, das Professionelle (theorie-)bildungsfähig und als verantwortlich Handelnde agieren. Es sollten berufliche Bedingungen geschaffen werden, die dem sozialpädagogischen Professionellen das Denken des „Neuen" ebenso ermöglichen wie ein Handeln gemäß dieses Denkens. Anwendungsfähiges Wissen und eine reflexive Grundhaltung wie Fehleranalysen sind angesagt und dringend notwendig. Vielleicht könnten Professionelle dann ihre Hilflosigkeit und Unsicherheit im Casemanagement

656 Alexy 1992, S. 79.

657 Vgl. Merten/Olk 1996, S. 577; Niemeyer 2002, S. 1026.

658 Herbart 1802, S. 286 in Niemeyer 2002, S. 1026.

659 Niemeyer 2002, S. 1027

„Verdacht“ ablegen und kompetentere und professionellere Beiträge zur Durchsetzung der Kinderschutz-Programmatik im Feld der Kinder- und Jugendhilfe leisten.[660]

Wenn soziale Institutionen keine systematische Rückmeldungen und/oder Fehleranalysen über Risiken im Kinderschutz liefern, fördern sie den persönlichen Selbsterhaltungstrieb bzw. Selbstschutz ihrer Professionellen, statt deren berufliche Auftragserfüllung im Interventionsfeld: Kinder vor Gewalt in ihren Familien zu schützen. Damit wird der professionellen Selbsttäuschung Vorschub geleistet. Die Fachkräfte bemühen sich zu viel um ihren Selbstschutz und zu wenig um den Schutz der von Gewalt betroffenen Kinder und das ist nur mit einem gewissen Grad an beruflicher Selbsttäuschung zu ertragen.[661]

Theoretisches Wissen rekurriert in der Sozialarbeit in der Regel nicht von innen – aus dem praktischen Berufsfeld heraus –, sondern von außen durch Anleihen verschiedenster Fachbereiche (Psychologie, Pädagogik, Soziologie, Rechtswissenschaften, Medizin), die nur peripher mit Sozialarbeit in Verbindung stehen. Angehörige dieser Fachdisziplinen kontrollieren nun das Maß an Akademisierung der Sozialarbeit, die jedoch ihr Wissen weniger von den Problemen, die in der Praxis festzustellen sind, herleiten, sondern dieses vielmehr an den theoretischen Normen ihrer jeweiligen Fachdisziplin justieren.[662]
Ackermann (2000) spricht hier von einer „Qualifizierungsfalle“[663], wenn das erlernte Wissen in Studium oder Ausbildung als solches keinen eigentlichen Gebrauchswert besitzt, die berufliche Qualifikation vielmehr erst *on the job* erworben werden muss und das oft in jahrelangen Zusatzqualifikationen und Fortbildungen.

Mit Blick auf die Soziale Arbeit am Beispiel der Verdachtsabklärung der innerfamiliären sexuellen Kindesmisshandlung wird deutlich, dass hier noch ein erheblicher methodischer wie theoretischer Handlungs- und Nachholbedarf besteht. Zukunftsorientiert heißt das, dass berufliches Handeln einer Profession wie der Sozialpädagogik kontrolliert und transparent gesteuert werden muss und zwar durch anerkannte Regeln und Methoden beruflichen Handelns. Die Regeln beruflichen Handelns sollten den erreichten Stand wissenschaftlicher Erkenntnis und berufspraktischer Professionalität spiegeln. Die Methoden müssen sich speziell an den Besonderheiten eines innerfamiliären sexuellen Kindesmisshandlungsfalles richten und nicht umgekehrt.
Jeder weiß, öffentliche oder freie Institutionen im Feld der Kinder- und Jugendhilfe sind keine Strafverfolgungsorgane und die Themenpalette sozialpädagogischer Beratung, Interaktion und Intervention ist selten gerichtlich verhandelbar – auch nicht in Kinderschutzfällen.

660 Vgl. Ebd., S. 1029.

661 Vgl. Gigerenzer 2007, S. 211–212.

662 Vgl. Thiersch 2005.

663 Ackermann 2000, S. 167.

Soll sozialpädagogischer Kinderschutz nicht nur eine leere Worthülse sein oder der berühmte *way of talking* bleiben, muss eine sorgfältige Reflexion darüber stattfinden, ob und wann das gesetzlich vorgegebene sozialarbeiterische Engagement zur Stärkung der Elternverantwortung den Interessen der Kinder widerspricht. Auf einer derartigen Grundlage kann Kinderschutz hilfreich und wirksam sein, und beide Seiten wissen sozusagen, „was Sache ist" und wie die weiteren Schritte aussehen. Es herrschen keine unausgesprochenen Formulierungsverstrickungen, es gibt keine lähmenden Nebenschauplätze, sondern eine klare professionelle Vorgehensweise und Positionierung.[664]
Pädagogisch verantwortungsvolle Arbeit zum Wohle der Kinder vernachlässigt also weder den Schutz von Kindern noch das Hilfsangebot für Eltern, sondern mversucht an der Stelle potenzieller Kollisionen eine konstruktive, kindzentrierte Intervention anzubieten. Die immer unterlegene Position des Kindes muss bei Kindeswohlgefährdung ins Gegenteil verkehrt werden. In der Konfrontation mit einem Verdachtsfall innerfamiliärer sexueller Kindesmisshandlung muss eindeutig und unmissverständlich Stellung bezogen werden. Es muss deutlich werden – bei allem Verständnis und Unterstützungsangebot – dass sexuelle Kindesmisshandlung inakzeptabel ist und durch die Gesellschaft bzw. deren psychosoziale Institutionen mit ihren Professionellen im tatsächlichen Wortsinn mit „Recht" sanktioniert werden muss. Mit dieser ausgesprochen klaren sozialpädagogischen Haltung könnte sich eine psychosoziale Kinderschutzarbeit mit seinen Hilfs- und Unterstützungsangeboten etablieren.

Eine gelingende Kinderschutzarbeit mit positiven Auswirkungen kann sich nur entfalten, wenn professionelle Verbalisierungen bewusst und kontrolliert erfolgen und ein professioneller Habitus eingenommen wird, der authentisch und mit Fakten untermauert ist. Mit einem Dauerverständnis für gewalttätige Eltern gelingt keine fachlich eingreifende Sozialarbeit im Feld der Kinder- und Jugendhilfe. Wird der Verdacht auf sexuelle Kindesmisshandlung den Eltern gegenüber nicht konkret angesprochen, ist auch kein deutlicher Kinderschutz möglich. Wird auf der anderen Seite die Problematik thematisiert, besteht Sorge, sie könne unter Beziehungsabbruch erst recht virulent und unkontrollierbar werden. Solche Fragestellungen tauchen immer wieder im psychosozialen Beratungsalltag auf und erscheinen hier wie die Wahl zwischen dem kleineren oder größeren Übel.

So ist zum Beispiel der Grundsatz „Hilfe statt Strafe" in Einrichtungen der freien Trägerschaft systemimmanent latent dahingehend gefährdet, eine sexuelle Kindesmisshandlung in der Familie hinzunehmen, um im Interesse des Kindes keinen Bindungsabbruch zu provozieren. In einer speziellen Form des Beratungs- und Diagnostikvakuums kann sich dann ein ganzes Helfersystem einer subtilen Erpressung ausliefern und bis zur Handlungsunfähigkeit verstrickt sein.

664 Vgl. Neumann 2006.

Wenn notwenige Interventionen aus Sorge vor Beziehungsabbruch und Vertrauensverlust seitens der Eltern unterbleiben, dann ist sozialpädagogische Beratung manipulierbar geworden und hat ihre Handlungsfreiheit verloren.

Gerade in Deutschland bleibt es notwendig, den öffentlichen Diskurs einer verantwortlichen Haltung gegenüber Kinderschutzfragen am Leben zu halten und nicht für jedes auftretende Handlungsproblem ein neues Gesetz zu fordern. Durch die Präzisierung des §8a SGB VIII ist weder das Maximum noch ein Optimum für den Kinderschutz bei einer Kindeswohlgefährdung wie der innerfamiliären sexuellen Kindesmisshandlung erreicht.[665] Der Versuch, hier durch weitere rechtliche Normierungen mehr Sicherheit für professionelle Fachkräfte im Feld der Kinder- und Jugendhilfe zu erlangen, kann nur misslingen.

„Deutschland ist aus der Perspektive seiner Kinderrechte ein Entwicklungsland. Zwar hat die Bundesrepublik Deutschland die UN-Kinderrechtskonvention ratifiziert – allerdings bis zum heutigen Tag nicht vollständig."[666] Einer Gesellschaft, der es selbst bei innerfamiliärer Gewalt gegen Kinder an einer eindeutigen Positionierung fehlt, wird sich schwer tun, die eingreifenden, sozialpolitisch argumentierenden Diagnostiker und Casemanager auszubilden, diese weiter zu fördern und erfolgreich anzuleiten.

665 Vgl. Merten 2008, S. 48.

666 Merten 2008, S. 47.

„Der Zweifel gehört zur echten Fruchtbarkeit,
man muss durch ihn hindurch, es geht kein anderer Weg in die Gewissheit.“
(Martin Buber)

Literaturliste

Ackermann, Friedhelm: *Handlungskompetenz und generative Deutungsmuster in der sozialen Arbeit,* Universität Oldenburg 2000, Dissertation Bibliothek IT-Dienste (ausgedruckt).

Ader, Sabine: *Was leitet den Blick? Wahrnehmung, Deutung und Intervention in der Jugendhilfe*, Koblenzer Schriften zur Pädagogik 2006, Juventa Verlag.

Alexy, Robert: *Begriff und Geltung des Rechts,* Alber Studienausgabe1992.

Alexy, Robert: *Theorie der Grundrechte,* Suhrkamp Taschenbuch Wissenschaft 1985.

Allert, Tilman/Bieback-Diel, Liselotte/Oberle, Helmut/Seyfarth, Elisabeth: *Familie, Milieu und sozialpädagogische Intervention,* Votum Verlag, 1994.

Amann, Gabriele/Wipplinger, Rudolf (Hrsg.): *Sexueller Missbrauch – Überblick zu Forschung, Beratung und Therapie. Ein Handbuch,* dvgt Verlag 1998.

Ammon, Günter: *Kindesmisshandlung*, Kindler Verlag 1979.

Amyna e.V. Projekt zur Prävention von sexuellem Missbrauch (Hrsg.): *„Die leg ich flach" – Bausteine zur Täterprävention,* Zusammenfassung der Münchner Tagung im November 1999.

Andresen, Sabine: „Kindheit", S. 15 ff, in: **Schröer/Struck/Wolff (Hrsg.):** *Handbuch der Kinder- und Jugendhilfe,* Juventa Verlag 2002.

Anhorn, Roland/Bettinger, Frank (Hrsg.): *Kritische Kriminologie und Soziale Arbeit – Impulse für professionelles Selbstverständnis und kritisch-reflexive Handlungskompetenz,* Juventa Verlag 2002.

Ansen, Reiner: Probleme der Normanwendung in der sozialen Arbeit, S. 39, in: Zeitschrift: „Sozialpädagogik" Nummer 1, 2006.

Arbeitsgemeinschaft Kinder- und Jugendschutz, Landesstelle NRW: *Sexueller Missbrauch an Mädchen und Jungen – Sichtweisen und Standpunkte zur Prävention,* Drei-W-Verlag 1998.

Armstrong, Louise: *Der doppelte Missbrauch,* rororo Sachbuch,1994.

Aronson, Elliot: *Sozialpsychologie – Menschliches Verhalten und gesellschaftlicher Einfluss,* Spektrum Akademischer Verlag, deutsche Übersetzung 1994.

Badawia, Tarek: *„Der dritte Stuhl": Eine Grounded Theory – Studie zum kreativen Umgang bildungserfolgreicher Immigranten – Jugendlicher mit kultureller Differenz,* IKO Verlag 2002.

Baldenius, Ingeborg: *Gelogene Liebe – Diskursanalyse des sexuellen Missbrauchs*, S. Roderer Verlag Regensburg 1998.

Balzer, Beate: *Gradwanderung zwischen Skandal und Tabu – Beiträge zur gesellschafts-wissenschaftlichen Forschung,* Band 19, Centaurus-Verlagsgesellschaft, 1998.

Bange, Dirk: „Gewalt gegen Kinder in der Geschichte“, S. 13ff, in: **Deegener, Günther/Körner, Wilhelm:** *Kindesmisshandlung und Vernachlässigung. Ein Handbuch,* Hogrefe Verlag 2005.

Bange, Dirk/Körner Wilhelm (Hrsg.): *Handwörterbuch sexueller Missbrauch,* Hogrefe Verlag, 2002.

Barabas, Friedrich K.: *Beratungsrecht – ein Leitfaden für Beratung, Therapie und Krisenintervention,* Frankfurt/Main 1999.

Bartscher, Mathias/Kriener, Martina: „Rechte von Kindern und Jugendlichen“, S. 1051 ff, in: **Schröer/Struck/Wolff (Hrsg.):** *Handbuch der Kinder- und Jugendhilfe,* Juventa Verlag 2002.

Bass, Ellen/Davis, Laura: *Trotz allem. Wege zur Selbstheilung für sexuell missbrauchte Frauen*, Berlin 1992 (1990).

Bauriedl, Thea: *Wege aus der Gewalt-Analyse von Beziehungen,* Herder Spektrum Verlag 1992.

BauSteinerMänner (Hrsg). *Kritische Männerforschung – Neue Ansätze in der Geschlechtertheorie,* Argument Sonderband, 2001.

Becker, Howard S.: *Die Kunst des professionellen Schreibens – Ein Leitfaden für die Geistes- und Sozialwissenschaften,* Campus Verlag 2000.

Becker-Stoll, Fabienne/Grossmann, K.: „Bindungstheorie und Bindungsforschung“, S. 247–274, in: **Frey, Dieter/Irle, Martin (Hrsg.):** *Theorien der Sozialpsychologie,* Band 2: *Gruppen-, Interaktions- und Lerntheorien,* Hans Huber Verlag 2002, 2. erweiterte Auflage.

Bender, Doris/Lösel, Friedrich: „Misshandlung von Kindern: Risikofaktoren und Schutzfaktoren“, S. 317 ff; in: **Deegener G./Körner W.:** *Kindesmisshandlung und Vernachlässigung. Ein Handbuch,* Hogrefe Verlag 2005.

Benedetti, Gaetano: *Todeslandschaften der Seele,* Vandenhoeck & Ruprecht, 6. Auflage 2003.

Bensel, Robert W. Ten/Rheinberger, Marguerite M./Radbill, Samuel X.: „Kinder in einer Welt der Gewalt: Misshandlung im geschichtlichen Rückblick“, S. 10–48, in: **Helfer, Mary E./Kempe, Ruth S./Krugmann, Richard D.:** *Das misshandelte Kind,* Suhrkamp Verlag 2002.

Berger, Peter L./Luckmann, Thomas: *Die gesellschaftliche Konstruktion der Wirklichkeit,* Fischer Taschenbuch 10. Auflage 2004.

Bernard, Cheryl/Schlaffer Edit: *Sagt uns wo die Väter sind,* Rowohlt 1991.

Bierhoff, Hans W.: *Einführung in die Sozialpsychologie,* Beltz Verlag 2002.

Bimbulut, Sorina/Kavemann, Barbara u.a./Wildwasser Berlin (Hrsg.): Input 2 – Aktuell zum Thema sexuelle Gewalt, Mebes & Noack 2000.

Bittenbinder, Elise: „Traumatisierte Helfer im Hilfesystem. Burnout oder stellvertretende Traumatisierung“ in: **Kinderschutzforum 2003 (Hrsg.):** *Plötzlich ist nichts mehr wie es war – Trauma und posttraumatische Stressbelastung bei Kindern und Jugendlichen,* Dezember 2003, Stuttgart Eigenverlag.

Blasius, Dirk: *Einfache Seelenstörung – Geschichte der deutschen Psychiatrie 1800–1945,* Fischer Verlag 1994.

Blum–Maurice, Renate: „Breites System unterschiedlicher Maßnahmen zum Schutz von Kindern“, S. 52-72, in: **Heitmeyer, Wilhelm/Schröttle, Monika (Hrsg.):** *Gewalt – Beschreibungen, Analysen, Prävention,* Bundeszentrale für politische Bildung Band 563, 2006.

Blumenstein, Hans-Alfred: „Das Kind im Strafverfahren – Grundsätzliches und Praktisches“, in: **DGgKV,** *Kindesmisshandlung und Vernachlässigung,* Juli 2000, Jahrgang 3,Heft 1.

Bock, Karin/Seelmeyer, Udo: „Kinder- und Jugendhilfe“, S. 985–1000, in: **Otto, Hans-Uwe/Thiersch, Hans (Hrsg.):** *Handbuch der Sozialarbeit und Sozialpädagogik,* Reinhardt Verlag 3. Auflage, 2005.

Boeßenecker, Karl-Heinz u.a. (Hrsg.): *Qualitätskonzepte in der sozialen Arbeit – eine Orientierung für Ausbildung, Studium und Praxis,* Beltz Verlag 2003.

Böhnisch, Lothar: *Abweichendes Verhalten – Eine pädagogisch-soziologische Einführung,* Grundlagentexte Pädagogik, Juventa Verlag 2001.

Böhnisch, Lothar/ Schröer, Wolfgang/ Thiersch, Hans: *Sozialpädagogisches Denken – Wege zu einer Neubestimmung,* Juventa Verlag 2005.

Bohnsack, Ralf: *Rekonstruktive Sozialforschung – Einführung in Methodologie und Praxis qualitativer Forschung,* Leske und Budrich, Opladen 2000.

Botens, Vienna/Stanzel, Gabriele: „Narben aus der Kindheit. Wildwasser: Auf der Seite von Mädchen und Frauen gegen sexuelle Gewalt“, S. 7–15, in: **SOZIAL EXTRA,** September 1987.

Bottenberg, Ernst Heinrich: *Eine Einführung in die Sozialpsychologie,* S. Roderer Verlag, Regensburg 1996.

Braecker, Solveig/Wirtz-Weinrich, Wilma: *Sexueller Missbrauch an Mädchen und Jungen – Handbuch für Interventions- und Präventionsmöglichkeiten,* Beltz Verlag 1992.

Brand, Ingelid/Breitenbach, Erwin/Maisel, Vera: *Integrationsstörungen,* edition Bentheim Würzburg 1995.

Brandes, Holger/Bullinger, Hermann (Hrsg.): *Handbuch Männerarbeit,* Beltz Verlag, Psychologie Verlags Union 1996.

Braun, Gisela/Hasebrink, Marianne/Huxoll, Martina (Hrsg.): *Pädosexualität ist Gewalt,* Beltz Votum 2003.

Breitenbach, Eva: *Mütter missbrauchter Mädchen – Eine Studie über sexuelle Verletzung und weibliche Identität,* Centaurus Verlag, 1998.

Breitenbach, Gaby/Requardt, Harald: „Erkenntnisse aus Traumatherapie und Traumaforschung – Folgerungen für die Jugendhilfepraxis“, in: **Kinderschutzforum 2003 (Hrsg.):** *Plötzlich ist nichts mehr wie es war – Trauma und posttraumatische Stressbelastung bei Kindern und Jugendlichen,* Dezember 2003, Stuttgart Eigenverlag.

Bringewat, Peter: *Tod eines Kindes – Soziale Arbeit und strafrechtliche Risiken,* Nomos Verlagsgesellschaften 1997.

Brisch, Karl-Heinz/Hellbrügge, Theodor (Hrsg.): *Bindung und Trauma, Risiken und Schutzfaktoren für die Entwicklung von Kindern,* Klett-Cotta Verlag Stuttgart 2003.

Brisch, Karl-Heinz/Hellbrügge, Theodor (Hrsg.): *Kinder ohne Bindung – Deprivation, Adoption und Psychotherapie,* Klett Cotta, Stuttgart 2006.

Bruder, Klaus-Jürgen/Richter-Unger, Sigrid: *Monster oder liebe Eltern? Sexueller Missbrauch in der Familie,* Vandenhoeck & Ruprecht 1997.

Brückner, Margrit: „Gewalt gegen Kinder, Frauen und in Familien“, S. 723–729, in: **Otto, Hans-Uwe/Thiersch, Hans (Hrsg.):** *Handbuch der Sozialarbeit und Sozialpädagogik,* Reinhardt Verlag 3. Auflage, 2005.

Bullens, Ruud: „Der Grooming.Prozeß – oder das Planen des Missbrauchs“, S. 65–67, in: **Marquardt-Mau, B. (Hrsg.),** *Schulische Prävention gegen sexuelle Kindesmisshandlung. Grundlagen, Rahmenbedingungen, Bausteine und Modelle,* München 1995.

Bundschuh, Claudia: *Pädosexualität – Entstehungsbedingungen und Erscheinungsformen,* Leske und Budrich 2001.

Burgsmüller, Claudia/Godenzi, Alberto/Hagemann-White, Carol/Wildwasser Berlin (Hrsg.): Input – Aktuell zum Thema sexualisierter Gewalt, Donna Vita 1998.

Bussmann Kai-D.: „Rechtliche Konsequenzen des neuen Rechts auf gewaltfreie Erziehung“, S. 256 ff; in: **Deegener G./Körner W.:** *Kindesmisshandlung und Vernachlässigung. Ein Handbuch,* Hogrefe Verlag 2005.

Butollo, Willi/Krüsmann, Marion/Hagl, Maria: *Leben nach dem Trauma – Über den therapeutischen Umgang mit dem Entsetzen,* Pfeiffer Verlag, 1998.

Butollo, Willi: *Die Angst ist eine Kraft – über die konstruktive Bewältigung von Alltagsängsten,* Piper 1984.

Combe, Arno/Helsper, Werner (Hrsg.): *Pädagogische Professionalität – Untersuchungen zum Typus pädagogischen Handelns,* Suhrkamp Taschenbuch Wissenschaft 1996.

Combe, Arno: „Pädagogische Professionalität, Hermeneutik und Lehrerbildung“, in: **Combe, Arno/Helsper, Werner (Hrsg.):** *Pädagogische Professionalität – Untersuchungen zum Typus pädagogischen Handelns,* Suhrkamp Taschenbuch Wissenschaft 1996.

Damrov, Miriam K.: *Sexueller Kindesmissbrauch – Eine Studie zu Präventionskonzepten, Resilienz und erfolgreicher Intervention,* Juventa Verlag 2006.

Daßler, Henning: *„Emotion und pädagogische Professionalität: Die Bedeutung des Umgangs mit Gefühlen für sozialpädagogische Berufe“,* Universität Braunschweig 2005, Dissertation Digitale Bibliothek Braunschweig.

Deegener, Günther/Körner, Wilhelm: *Kindesmisshandlung und Vernachlässigung. Ein Handbuch,* Hogrefe Verlag 2005.

Deegener, Günther: *Sexuelle und körperliche Gewalt – Therapie jugendlicher und erwachsener Täter,* Beltz Verlag 1999.

Deegener, Günther: *Sexueller Missbrauch: Die Täter,* Beltz Verlag 1995.

Deegener, Günther: „Kindesmisshandlung“ (2006), S. 23–44, in: **Heitmeyer, Wilhelm/Schröttle, Monika (Hrsg.):** *Gewalt – Beschreibungen, Analysen, Prävention,* Bundeszentrale für politische Bildung Band 563, 2006.

Deegener, Günther: *Kindesmissbrauch – erkennen, helfen, vorbeugen,* Beltz Verlag 2005.

Delfos, Martine F.: *Sag mir mal – Gesprächsführung mit Kindern,* Beltz Taschenbuch 2004.

DeMause, Lloyd: *Das emotionale Leben der Nationen,* Drava Verlag 2005.

Deutsches Jugendinstitut (Hrsg.): *„Sexueller Missbrauch von Kindern“ – Dokumentation der Nationalen Nachfolgekonferenz zur konventionellen sexuellen Ausbeutung von Kindern,* Leske und Budrich Verlag 2002.

Dewe, Bernd/Otto, Hans-Uwe: „Profession“, S. 1399–1423, in: **Otto, Hans-Uwe/Thiersch, Hans (Hrsg.):** *Handbuch der Sozialarbeit und Sozialpädagogik,* Reinhardt Verlag 3. Auflage, 2001.

Dörner, Dietrich: *Die Logik des Misslingens – Strategisches Denken in komplexen Situationen,* rororo science 2007.

Ecarius, Jutta: „Generationen“, S. 393ff, in: **Schröer/Struck/Wolff (Hrsg.):** *Handbuch der Kinder- und Jugendhilfe,* Juventa Verlag 2002.

Eco, Umberto: *Wie man eine wissenschaftliche Abschlussarbeit schreibt,* UTB – für die Wissenschaft 2000.

Egle, Ulrich Tiber/Hoffmann, Sven Olaf/Joraschky, Peter: *Sexueller Missbrauch, Misshandlung, Vernachlässigung – Erkennung und Therapie psychischer und psychosomatischer Folgen früher Traumatisierungen,* Schattauer Verlag 2000.

Elliott, Michele (Hrsg.): *Frauen als Täterinnen – Sexueller Missbrauch an Mädchen und Jungen,* Donna Vita Verlag 1993.

Elsner, Constanze: *Lasst Euch nicht benutzen! – Sexuellen Missbrauch erkennen, verhindern, beenden,* Fischer Taschenbuch Verlag 1999.

Enders, Ursula (Hrsg.): *Zart war ich, bitter war`s,* Kiepernheuer & Witsch 2006.

Engelke, Ernst: *Soziale Arbeit als Wissenschaft – eine Orientierung,* Lambertus Verlag 1999.

Engels, Gerd: „Kinder- und Jugendschutz“, S. 789 ff, in: **Schröer/Struck/Wolff (Hrsg.):** *Handbuch der Kinder- und Jugendhilfe,* Juventa Verlag 2002.

Epstein, Seymor: „Entwurf einer integrativen Persönlichkeitstheorie“, in: **Filipp, Sigrum-Heide (Hrsg.):** *Selbstkonzept – Forschung. Probleme, Befunde, Perspektiven,* Stuttgart: Klett-Cotta Verlag 1993.

Ernst, Cecile: „Zu den Problemen der epidemiologischen Erforschung des sexuellen Missbrauchs“ (1998), S. 55–71, in: **Amann, Gabriele/Wipplinger, Rudolf (Hrsg.):** *Sexueller Missbrauch – Überblick zu Forschung, Beratung und Therapie. Ein Handbuch*, dvgt Verlag 1998.

Falardeau, Waltraud: *Das Schweigen der Kinder,* Quell Paperback 1998.

Fastie, Friesa (Hrsg.): *Opferschutz im Strafverfahren – Sozialpädagogische Prozessbegleitung bei Sexualdelikten. Ein interdisziplinäres Handbuch,* Leske und Budrich Verlag 2002.

Fegert, M. Jörg/Wolff M. (Hrsg.): *Sexueller Missbrauch durch Professionelle in Institutionen, Prävention und Intervention. Ein Werkbuch,* Votum Verlag 2002.

Fegert, M. Jörg u.a.: *Umgang mit sexuellem Missbrauch – institutionelle und individuelle Reaktionen, Forschungsbericht,* Votum Verlag 2001.

Fengler, Jörg: *Helfen macht müde – Zur Analyse und Bewältigung von Burnout und beruflicher Deformation,* Pfeifer Verlag 1991.

Filipp, Sigrum-Heide (Hrsg.): *Selbstkonzept – Forschung. Probleme, Befunde, Perspektiven,* Stuttgart Klett-Cotta Verlag 1993.

Filipp, Sigrum-Heide: „Entwurf eines heuristischen Bezugsrahmens für Selbstkonzepte – Forschung: Menschliche Informationsverarbeitung und naive Handlungstheorie“, in: **Filipp, Sigrum-Heide (Hrsg.):** *Selbstkonzept – Forschung. Probleme, Befunde, Perspektiven,* Stuttgart Klett-Cotta Verlag 1993.

Finger-Trescher, Urte/Krebs, Heinz (Hrsg.): *Misshandlung, Vernachlässigung und sexuelle Gewalt in Erziehungsverhältnissen,* Psychosozial-Verlag 2000.

Fischer, Gottfried/Riedesser, Peter: *Lehrbuch der Psychotraumatologie,* 3. Auflage, Reinhardt UTB Verlag 2003.

Fischer, Gottfried: „Psychotraumatologie und Psychohygiene bei Kindern und Jugendlichen“, S. 33–49- in: **Kinderschutzforum 2002 (Hrsg.):** *Trauma und Traumafolgen – ein Thema für die Jugendhilfe,* Eigenverlag Dezember 2003.

Fischer, Lorenz (Dr.)/Wiswede, Günter (Dr.): *Grundlagen der Sozialpsychologie,* 2002 2. Auflage, R. Oldenbourg Verlag.

Flick, Uwe/von Kardorff, Ernst/Steinke, Ines (Hrsg.): *Qualitative Forschung. Ein Handbuch,* Rowohlts Enzyklopädie 2007.

Fonagy, Peter/Gergely, György/Jurist, Elliot/Target, Mary (Hrsg.): *Affektregulierung, Mentalisierung und die Entwicklung des Selbst,* Klett-Cotta Verlag 2002.

Frei, Karin: *Sexueller Missbrauch – Schutz durch Aufklärung,* Ravensburger 1993.

Frey, Dieter/Irle, Martin (Hrsg.): *Theorien der Sozialpsychologie,* Band 1: *Kognitive Theorien,* Hans Huber Verlag 2001 – 2. Nachdruck der Ausgabe 1993.

Frey, Dieter/Irle, Martin (Hrsg.): *Theorien der Sozialpsychologie,* Band 2: *Gruppen-, Interaktions- und Lerntheorien,* Hans Huber Verlag 2002, 2. erweiterte Auflage.

Frey, Dieter/Irle, Martin (Hrsg.): *Theorien der Sozialpsychologie,* Band 3: *Motivations-, Selbst- und Infromationsverarbeitungstheorien,* Hans Huber Verlag 2002, 2. erweiterte Auflage.

Frey, Dieter/Jonas, Eva: „Theorien der kognizierten Kontrolle", S. 13–51, in: **Frey, Dieter/Irle, Martin (Hrsg.):** *Theorien der Sozialpsychologie,* Band 3: *Motivations-, Selbst- und Informationsverarbeitungstheorien,* Hans Huber Verlag 2002, 2. erweiterte Auflage.

Frey, Dieter/Gaska, Anne: „Die Theorie der kognitiven Dissonanz", S. 275–324, in: **Frey, Dieter/Irle, Martin (Hrsg.):** *Theorien der Sozialpsychologie,* Band 1: *Kognitive Theorien,* Hans Huber Verlag 2001, 2. Nachdruck der Ausgabe 1993.

Friebertshäuser, Barbara/Prengel, Annedore (Hrsg.): *Handbuch Qualitative Forschungsmethoden in der Erziehungswissenschaft,* Juventa Verlag 1997.

Froschauer, Ulrike/Lueger, Manfred: *Das qualitative Interview,* UTB Verlag 2003.

Furman, Ben/Ahola, Tapani: *Die Kunst, Nackten in die Tasche zu greifen – Systemische Therapie: Vom Problem zur Lösung,* Borgmann Verlag 1996.

Fürniss, Tilman: „Geschichtlicher Abriss zur Kindesmisshandlung und Kinderschutzarbeit von C. H. Kempe bis heute", S. 19 ff; in: **Deegener G./Körner W.:** *Kindesmisshandlung und Vernachlässigung. Ein Handbuch,* 2005 Hogrefe Verlag.

Fürniss, Tilman: „Sexuelle Misshandlungsdynamik und Therapie bei jugendlichen Misshandlern", in: **DGgKV,** *Kindesmisshandlung und Vernachlässigung,* Juli 2000, Jahrgang 3, Heft 1.

Gallwitz, Adolf/Paulus, Manfred: *Die Kinder-Sex-Mafia in Deutschland – Täterprofile, Pädophilenszene, Rechtslage,* Ullstein Verlag, 1998.

Galuske, Michael: *Methoden der sozialen Arbeit,* Juventa Verlag 2000.

Gastiger, Sigmund: *Gesetzestexte für Sozialarbeit und Sozialpädagogik,* 2. Band 2004, Lambertus Verlag.

Gerber, Hilke: *Frauen, die Kinder sexuell missbrauchen – eine explorative Studie,* Inaugural-Dissertation, Pro Business 2004.

Germain, Carel B./Gitterman, Alex: *Praktische Sozialarbeit,* Enke Verlag 1988.

Gerwert, Ute/Thurn, Claudia/Fegert, Jörg: „Wie erleben und bewältigen Mütter den sexuellen Missbrauch an ihren Töchtern?", S. 273–278, Forschungsergebnisse in: *Praxis Kinderpsychologie und Kinderpsychiatrie 42,* Vandenhoeck & Ruprecht 1993.

Giesers, Peter: „ ... alles ist viel komplizierter ... und das ist eine Chance." Die Bedeutung der Bindungsforschung und Neurobiologie für die Psychotraumatologie und die professionelle Hilfe bei sexuellem Missbrauch, in: **Kinderschutzforum 2003 (Hrsg.):** *Plötzlich ist nichts mehr wie es war – Trauma und posttraumatische Stressbelastung bei Kindern und Jugendlichen,* Stuttgart Eigenverlag, Dezember 2003.

Gigerenzer, Gerd: *Bauchentscheidungen – die Intelligenz des Unbewussten und die Macht der Intuition,* 2. Auflage, Bertelsmann Verlag 2007.

Gildemeister, Regine: *Als Helfer überleben – Beruf und Identität in der Sozialarbeit/Sozialpädagogik,* Luchterhand Verlag, 1983.

Gläser, Jochen/Laudel, Grit: *Experteninterviews und qualitative Inhaltanalyse,* UTB Beltz 2004.

Glöer, Nele/Schmiedeskamp-Böhler: *Verlorene Kindheit – Jungen als Opfer sexueller Gewalt,* Kunstmann Verlag 1990.

Gloger-Tippelt, Gabriele/König, Lilith: „Bindungsentwicklung bei Kindern und Jugendlichen mit Misshandlungs- und Missbrauchserfahrung", S. 347ff; in: **Deegener G./Körner W.:** *Kindesmisshandlung und Vernachlässigung. Ein Handbuch,* Hogrefe Verlag 2005.

Gloor, Regula/Pfister, Thomas: *Kindheit im Schatten, Ausmaß, Hintergründe und Abgrenzung sexueller Ausbeutung,* Peter Lang Verlag 1996.

Godenzi, Alberto: *Gewalt im sozialen Nahraum,* Helbing & Lichtenhahn,1996.

Gollwitzer, Mario/Schmitt, Manfred: *Sozialpsychologie, Workbook,* Beltz Verlag 2006.

Greve, Werner: „Handlungstheorien", S. 300–325, in: **Frey, Dieter/Irle, Martin (Hrsg.):** *Theorien der Sozialpsychologie,* Band 2: *Gruppen-, Interaktions- und Lerntheorien,* Hans Huber Verlag 2002, 2. erweiterte Auflage.

Gröll, Johannes: „Das erzieherische Gewaltverhältnis und Kindesmisshandlung", S. 237 ff; in: **Deegener G./Körner W.:** *Kindesmisshandlung und Vernachlässigung. Ein Handbuch,* Hogrefe Verlag 2005.

Groys, Boris: *Unter Verdacht, eine Phänomenologie der Medien,* Hanser Verlag 2000.

Gruber, Hans-Günter: *Ethisch denken und handeln,* Lucius Verlag 2005.

Hagemann-White, Carol/Kavemann, Barbara/Ohl, Dagmar: *Parteilichkeit und Solidarität – Praxiserfahrungen und Streitfragen zur Gewalt im Geschlechterverhältnis,* Kleine Verlag 1997.

Hagemann-White, Carol u. a: *Strategien gegen Gewalt im Geschlechterverhältnis, Bestandsanalyse und Perspektiven.* Pfaffenweiler 1992.

Hardt, Jochen: Forschungsstand zur Intervention, S. 369ff; in: **Deegener G./ Körner W.:** *Kindesmisshandlung und Vernachlässigung. Ein Handbuch,* Hogrefe Verlag 2005.

Hartung, Johanna: *Sozialpsychologie,* Kohlhammer Verlag 2000.

Hartwig, Luise/Hensen, Gregor: *Sexueller Missbrauch und Jugendhilfe – Möglichkeiten und Grenzen sozialpädagogischen Handelns im Kinderschutz,* Juventa Verlag 2003.

Hassebrauck M./Küpper B.: „Theorien interpersonaler Attraktion", in: **Frey, Dieter/Irle, Martin (Hrsg.):** *Theorien der Sozialpsychologie,* Band 2: *Gruppen-, Interaktions- und Lerntheorien,* Hans Huber Verlag 2002, 2. erweiterte Auflage.

Häßler/Rebernig/Schnoor/Schläfke/Fegert: *Forensische Kinder-, Jugend- und Erwachsenenpsychiatrie – Aspekte der forensischen Begutachtung,* Schattauer Verlag 2003.

Heiliger, Anita/Engelfried, Constance: *Sexuelle Gewalt – männliche Sozialisation und potentielle Täterschaft,* Campus Verlag 1995.

Heiliger, Anita/Wischnewski, Traudl (Hrsg.): *Verrat am Kindeswohl – Erfahrungen von Müttern mit dem Sorge- und Umgangsrecht in hochstreitigen Fällen,* Frauenoffensive 2003.

Heiliger, Anita: *Mädchenarbeit im Gendermainstream,* Frauenoffensive 2002.

Heiliger, Anita: *Täterstrategien und Prävention – Sexueller Missbrauch an Mädchen innerhalb familialer und familienähnlicher Strukturen,* Frauenoffensive, 2000.

Heiliger, Anita: „Zur Therapie von Sexualstraftätern – eine kritische Perspektive", in: Kofra, Zeitschrift für Feminismus und Arbeit 18, Febr./März 2000.

Heilmann, Stefan/Salgo, Ludwig: „Der Schutz des Kindes durch das Recht – eine Betrachtung der deutschen Gesetzeslage", S. 955–989, in: **Helfer, Mary E./Kempe, Ruth S./Krugmann, Richard D.:** *Das misshandelte Kind,* Suhrkamp Verlag 2002.

Heiner, Maja: „Psychosoziale Diagnose" (2005), S. 253–274, in: **Otto, Hans-Uwe/Thiersch, Hans (Hrsg.):** *Handbuch der Sozialarbeit und Sozialpädagogik,* Reinhardt Verlag 3. Auflage, 2005.

Heinz-Hermann, Werner in: Kindler/Lillig/Blüml/Meysen/Werner (Hrsg.): *Handbuch Kindeswohlgefährdung nach §1666 und Allgemeiner Sozialer Dienst (ASD),* München: Verlag Deutsches Jugendinstitut 2006.

Heitmeyer, Wilhelm/Schröttle, Monika (Hrsg.): *Gewalt – Beschreibungen, Analysen, Prävention,* Bundeszentrale für politische Bildung Band 563, 2006.

Helfer, Mary E./Kempe, Ruth S./Krugmann, Richard D.: *Das misshandelte Kind,* Suhrkamp Verlag 2002

Helsper, Werner: „Antinomien des Lehrerhandelns in modernisierten pädagogischen Kulturen", in: **Combe, Arno/Helsper, Werner (Hrsg.):** *Pädagogische Professionalität – Untersuchungen zum Typus pädagogischen Handelns,* Suhrkamp Taschenbuch Wissenschaft 1996.

Hensen, Gregor: „Inobhutnahme als sozialpädagogische Krisenintervention", S. 533ff; in: **Deegener G./Körner W.:** *Kindesmisshandlung und Vernachlässigung. Ein Handbuch,* Hogrefe Verlag 2005.

Herman, Judith Lewis: *Die Narben der Gewalt – Traumatische Erfahrungen verstehen und überwinden,* Kindler Verlag 1993.

Hering, Thomas/Beerlage, Irmtraud: „Arbeitsbelastungen und Gesundheit im Rettungsdienst", S. 274–285, in: *Trauma & Gewalt – Forschungs- und Praxisfelder,* Heft 4 November 2007, Klett-Cotta Verlag.

Heusohn, Lothar/Klemm, Ulrich (Hrsg.): *Sexuelle Gewalt gegen Kinder,* Verlag Klemm & Oelschläger 1998.

Hildenbrand, Bruno: *Fallrekonstruktive Familienforschung,* Leske und Budrich 1999.

Hildenbrand, Bruno: „Anselm Strauss", S. 32–42, in: **Flick, Uwe/von Kardorff, Ernst/Steinke, Ines (Hrsg.):** *Qualitative Forschung. Ein Handbuch,* Rowohlts Enzyklopädie 2007.

Hinckeldey v., Sabine/Fischer, Gottfried: *Psychotraumatologie der Gedächtnisleistung,* UTB Reinhardt Verlag 2002.

Hirsch, Mathias: *Schuld und Schuldgefühl,* Vandenhoeck und Ruprecht Sammlung 2002.

Höfling, Siegfried/Drewes, Detlef/Epple-Waigel, Irene (Hrsg.): *Auftrag Prävention – Offensive gegen sexuellen Kindesmissbrauch,* Sonderausgabe *Politische Studien,* Hanns Seidel Stiftung, 1999.

Hörster, Reinhard/Müller, Burkhard: „Zur Struktur sozialpädagogischer Kompetenz", S. 614–648, in: **Combe, Arno/Helsper, Werner (Hrsg.):** *Pädagogische Professionalität – Untersuchungen zum Typus pädagogischen Handelns,* Suhrkamp Taschenbuch Wissenschaft 1996.

Homes, Alexander Markus: *Von der Mutter missbraucht,* Scheffler Verlag 2003.

Huber, Michaela (Hrsg.)/Frei, Pauline C.: *Leiden hängt von der Entscheidung ab,* Junfermann Verlag 2006.

Huber, Michaela: *Trauma und die Folgen,* Teil 1, Junfermann Verlag 2003.

Huber, Michaela: *Wege der Traumabehandlung,* Teil 2, Junfermann Verlag 2006.

Jäckel, Karin: *Wer sind die Täter? Die andere Seite des Kindesmissbrauchs,* dtv Verlag 1996.

Jordan, Erwin (Hrsg.): *Kindeswohlgefährdung – Rechtliche Neureglungen und Konsequenzen für den Schutzauftrag der Kinder- und Jugendhilfe,* Juventa Verlag 2006.

Jugendrecht: 25 Auflage, Beck Texte bei dtv 2003.

Julius, Henri/Boehme, Ulfert: *Sexuelle Gewalt gegen Jungen,* Verlag für angewandte Psychologie Göttingen 1997.

Kappeler, Manfred: *Rückblicke auf ein sozialpädagogisches Jahrhundert,* IKO-Verlag 1999.

Katzenstein, A./ Sitte, E.: *Angst – Wesen Entstehung Bewältigung,* VEB 1989.

Kaufmann, Jean-Claude: *Das verstehende Interview – Theorie und Praxis,* UVK Konstanz 1999.

Kaufmann, Jean-Claude: *Schmutzige Wäsche – zur ehelichen Konstruktion von Alltag,* UVK Soziologie 1995.

Kavemann, Barbara/Lohstöter, Ingrid: *Väter als Täter,* rororo Frauen aktuell 1984.

Kavemann, Barbara/Bundesverein zur Prävention (Hrsg.): *Prävention – eine Investition in die Zukunft,* Donna Vita 1997.

Kavemann, Barbara: „Kinder misshandelter Mütter", S 203ff, in: **Heiliger/Wischnewski (Hrsg.)** *Verrat am Kindeswohl – Erfahrungen von Müttern mit dem Sorge- und Umgangsrecht in hochstreitigen Fällen,* Frauenoffensive 2003.

Kavemann, Barbara: „Kinder häuslicher Gewalt – Kinder misshandelter Mütter", in: DGgKV, Kindesmisshandlung und Vernachlässigung, Dezember 2000, Jahrgang 3, Heft 2.

Keilson, Hans: *Sequentielle Traumatisierung bei Kindern,* Forum der Psychiatrie, Enke Verlag 1979.

Kelle, Udo: *Empirisch begründete Theoriebildung,* Weinheim 1994.

Kernberg, Otto: *Borderline – Störungen und pathologischer Narzissmus,* Suhrkamp Taschenbuch Wissenschaft 1983.

Kerner, Hans-Jürgen Prof. Dr.: *Opferrechte/Opferpflichten – ein Überblick über die Stellung der durch Straftaten Verletzten im Strafverfahren seit Inkrafttreten des Zeugenschutzgesetzes,* Weiser Ring e. V. 1999.

Kind im Zentrum – Evangelisches Jugend- und Fürsorgewerk: *Wege aus dem Labyrinth – Erfahrungen mit familienorientierter Arbeit zu sexuellem Missbrauch,* Eigenverlag 1999.

Kinderschutz-Zentrum Berlin (Hrsg.): *Kindesmisshandlung: Erkennen und Helfen,* 2000.

Kinderschutzforum 2002 (Hrsg.): *Trauma und Traumafolgen – ein Thema für die Jugendhilfe,* Eigenverlag Dezember 2003.

Kinderschutzforum 2003 (Hrsg.): *Plötzlich ist nichts mehr wie es war – Trauma und posttraumatische Stressbelastung bei Kindern und Jugendlichen,* Stuttgart Eigenverlag, Dezember 2003.

Kinderschutzforum 2004 (Hrsg.): *Diagnose Kindeswohlgefährdung – Helfen unter Erfolgsdruck,* Mainz Eigenverlag, Juni 2004.

Kinderschutzforum 2006 (Hrsg.): *Entmutigte Familien bewegen (sich) – Konzepte für den Alltag der Jugendhilfe bei Kindeswohlgefährdung,* April 2007.

Kindler, Heinz/Lillig, Susanna: *Der Schutzauftrag der Jugendhilfe unter besonderer Berücksichtigung von Gegenstand und Verfahren zur Risikoeinschätzung: Bedeutung für die Ausgestaltung und Inhalt von Vereinbarungen mit Trägern der freien Jugendhilfe nach §8a Abs. 2 SGB VIII – eine Expertise,* Dezember 2005.

Kindler, Heinz: „Verfahren zur Einschätzung der Gefahr zukünftiger Misshandlung bzw. Vernachlässigung: ein Forschungsüberblick“, S. 385ff; in: **Deegener G./Körner W.:** *Kindesmisshandlung und Vernachlässigung. Ein Handbuch,* Hogrefe Verlag 2005.

Kindler/Lillig/Blüml/Meysen/Werner (Hrsg.): *Handbuch Kindeswohlgefährdung nach §1666 und Allgemeiner Sozialer Dienst (ASD),* München: Verlag Deutsches Jugendinstitut 2006.

Kirchhoff, Sabine: *Sexueller Missbrauch vor Gericht,* Band 1: *Beobachtung und Analyse,* Leske und Budrich, Opladen 1994.

Klees, Esther: *Geschwisterinzest im Kindes- und Jugendalter. Eine empirische Täterstudie im Kontext internationaler Forschungsergebnisse,* Pabst Science Publisher 2008.

Knuf, Andreas (Hrsg.): *Leben auf der Grenze – Erfahrungen mit Borderline,* Balance Buch 2006.

Koch, Helmut/Kruck, Marlene: *Gefühle sind wie Farben – Prävention gegen sexuellen Missbrauch, ein Unterrichtsprojekt in der Grundschule,* Münster 1998.

Kofra, Zeitschrift für Feminismus und Arbeit: „Männliche Gewalt gegen Mädchen und Frauen – ist männliche Gewaltbereitschaft natürlich?“, Jg. 16, März/April 1998.

Kofra, Zeitschrift für Feminismus und Arbeit: „Sexueller Missbrauch von Kindern – Kinderschutz oder Täterschutz?“, Jg. 11, Feb./März 1993.

Kofra, Zeitschrift für Feminismus und Arbeit: „Strategien gegen Gewalt im Geschlechterverhältnis – Was tun mit den Tätern? Zur Wirkung von Therapie und sozialer Kontrolle“, Jg. 15, Juli/August 1997.

Kofra, Zeitschrift für Feminismus und Arbeit: „Zur Therapie von Sexualstraftätern – Eine kritische Perspektive“, Jg. 18, Feb./März 2000.

Kohaupt, Georg: *„Hurry slowly! Oder: Was man nicht kann erfliegen, muss man erhinken. Konflikthafter Kontakt zu Eltern bei Kindeswohlgefährdung.“* Vortrag 2006 Kinderschutztagung in Berlin.

Kohut, Heinz: *Die Heilung des Selbst,* Suhrkamp Taschenbuch Wissenschaft 1979.

Kohut, Heinz: *Narzissmus,* Suhrkamp Taschenbuch Wissenschaft 1973.

Kölbl-Fröhlich, Ingrid: *Sexueller Missbrauch – Annäherung an den Täter,* Diplomarbeit Uni München Fakultät für Psychologie und Pädagogik 1995.

Kolk, Sylvia: *Von der Selbsterfahrung über die Selbsterkenntnis zur Einsicht,* Kleine Verlag 1994.

Köpp, Christine/Neumann, Sascha: *Sozialpädagogische Qualität,* Juventa Verlag 2003.

Körner, Wilhelm/Lenz, Albert: *Sexueller Missbrauch* – Band 1, Hogrefe Verlag, 2004.

Köttgen, Charlotte Dr.: „Schwierige Kinder – verletzte Kinder. Kontexte, Erfahrungen, biografisches Verstehen“, in: **Kinderschutzforum 2003 (Hrsg.):** *Plötzlich ist nichts mehr wie es war – Trauma und posttraumatische Stressbelastung bei Kindern und Jugendlichen,* Dezember 2003, Stuttgart Eigenverlag.

Kritsberg, Wayne: *Die unsichtbare Wunde, sexueller Missbrauch in der Kindheit: Das Trauma erkennen und überwinden,* Bastei Lübbe 2003.

Krüger, Andreas Dr.: „Psychotraumata bei Kindern und Jugendlichen: Diagnose und Therapie“, S. 42–64, in: Interdisziplinäre Fachzeitschrift der DGgKV, Jahrgang 10, Heft 2, 2007.

Kuckartz, Udo: *Computergestützte Analyse qualitativer Daten,* Westdeutscher Verlag, Opladen 1999.

Kuehn-Velten, Jessika: *Vertieftes Fallverstehen – das Kind im Blick.* Vortrag 2006 Kinderschutztagung in Berlin.

Küssel, Monika/Nickening, Lucie/Fegert, Jörg: *Eine retrospektive – biografische Untersuchung zum sexuellen Missbrauch an Jungen in Praxis der Kinderpsychologie und Kinderpsychiatrie,* Vandenhoeck & Ruprecht 1993.

Lamers-Winkelman, Francien: „Kleine Kinder: Prinzipien und praktische Probleme in der Verdachtsbeurteilung“, in: *DGgKV: Kindesmisshandlung und Vernachlässigung,* Dezember 2000, Jahrgang 3, Heft 2.

Lamprecht, Friedhelm (Hrsg.): *Wohin entwickelt sich die Traumatherapie? Bewährte Ansätze und neue Perspektiven,* Klett-Cotta Verlag 2007.

Lautmann, Rüdiger: *Die Lust am Kind – Portrait des Pädophilen,* Kleine Verlag 1994.

Lawson, Christine Ann: *Borderline-Mütter und ihre Kinder,* Psychosozial Verlag 2006.
Lenz, Karl: „Familien", S. 147ff, in: **Schröer/Struck/Wolff (Hrsg.):** *Handbuch der Kindor und Jugendhilfe,* Juventa Verlag 2002.
Levine, Peter A.: *Verwundete Kinderseelen heilen. Wie Kinder und Jugendliche traumatische Erlebnisse überwinden können,* Kösel Verlag 2005.
Lilli, Waldemar/Frey, Dieter: „Die Hypothesentheorie der sozialen Wahrnehmung", S. 49–80, in: **Frey, Dieter/Irle, Martin (Hrsg.):** *Theorien der Sozialpsychologie,* Band 1: *Kognitive Theorien,* Hans Huber Verlag 2001 – 2. Nachdruck der Ausgabe 1993.
Lillig, Susanna: „Welche Phasen der Fallbearbeitung lassen sich unterscheiden? In: **Kindler/Lillig/Blüml/Meysen/Werner (Hrsg.)** (2006): *Handbuch Kindeswohlgefährdung nach §1666 und Allgemeiner Sozialer Dienst (ASD)* München: Verlag Deutsches Jugendinstitut 2005.
Logar, Rosa/Rösemann, Ute/Zürcher Urs (Hrsg.): *Gewalttätige Männer ändern (sich) – Rahmenbedingungen und Handbuch für ein soziales Trainingsprogramm,* Haupt Verlag 2002.
Loos, Martina: *Symptom. Konflikt.* Promotion an der Universität Osnabrück Dissertationschrift 2006.
Marquard, Peter: „Jugendamt", S. 545ff, in: **Schröer/Struck/Wolff (Hrsg.):** *Handbuch der Kinder- und Jugendhilfe,* Juventa Verlag 2002.
Marquardt-Mau, Brunhilde (Hrsg.): *Schulische Prävention gegen sexuelle Kindesmisshandlung – Grundlagen, Rahmenbedingungen, Bausteine und Modelle,* Juventa Verlag 1995.
Mayring, Philipp: *Einführung in die qualitative Sozialforschung,* Beltz Verlag, 4. Auflage 1999.
Mayring, Philipp: *Qualitative Inhaltsanalyse – Grundlagen und Techniken,* Beltz Verlag, 7. Auflage 2000.
Merten, Roland Prof. Dr.: „Erreichbarkeit: Zugänge finden zu Kindern in schwierigen Lebenssituationen", S. 47-59, in: **Interdisziplinäre Fachzeitschrift der DGgKV,** Jahrgang 11, Heft 1, 2008.
Merten, Roland/Olk, Thomas: „Sozialpädagogik als Profession – Historische Entwicklung und künftige Perspektiven", S. 570–613, in: **Compe, Arno/ Helsper, Werner (Hrsg.):** *Pädagogische Professionalität – Untersuchungen zum Typus pädagogischen Handelns,* Suhrkamp Taschenbuch Wissenschaft 1996.
Meysen, Thomas Dr./Schindler, Gila: „Schutzauftrag bei Kindeswohlgefährdung: Hilfreiches Recht beim Helfen", in: **Kinderschutz Forum (Hrsg.):** *Diagnose Kindeswohlgefährdung – Helfen unter Erfolgsdruck,* Fachtagung in Mainz Juni 2004.
Miller, Alice: *Abbruch der Schweigemauer,* Suhrkamp 1990.
Miller, Alice: *Am Anfang war Erziehung,* Suhrkamp 1990.
Miller, Alice: *Das Drama des begabten Kindes,* Suhrkamp 1979.
Miller, Alice: *Das verbannte Wissen,* Suhrkamp 1995.

Miller, Alice: *Der gemiedene Schlüssel,* Suhrkamp 1991.

Miller, Alice: *Du sollst nicht merken,* Suhrkamp 1983.

Miller, Tilly: *Dramaturgie von Entwicklungsprozessen,* Lucius Verlag 2006.

Miller, Tilly: „Systemtheorie und Soziale Arbeit, Entwurf einer Handlungstheorie." Aus der Reihe: *Dimensionen sozialer Arbeit und der Pflege,* Lucius Verlag Stuttgart 2001.

Mitchell, Sandra: *Komplexitäten. Warum wir erst anfangen, die Welt zu verstehen,* Suhrkamp edition unseld 1 2008.

Mitscherlich, Alexander: *Auf dem Weg zur vaterlosen Gesellschaft, Ideen zur Sozialpsychologie,* Piper,10. Auflage Februar 1996.

Moggi, Franz: „Folgen von Kindesmisshandlung – ein Überblick", S. 94ff; in: **Deegener G./Körner W.:** *Kindesmisshandlung und Vernachlässigung. Ein Handbuch,* Hogrefe Verlag 2005.

Mummendey, Hans Dieter: *Die Fragebogen Methode,* Hogrefe Verlag 2003.

Mummendey, Hans Dieter: *Psychologie des „Selbst" – Theorien, Methoden und Ergebnisse der Selbstkonzeptforschung,* Hogrefe Verlag 2006.

Mühlum, Albert Prof. Dr.: *Sozialarbeitswissenschaft und Sozialarbeitsforschung als Voraussetzung professioneller Praxis,* Vortrag zum Alumni-Tag der kath. Stiftungsfachhochschule München April 2007.

Münder, Johannes/Mutke, Barbara/Schone, Reinhold: *Kindeswohl zwischen Jugendhilfe und Justiz – professionelles Handeln in Kindeswohlverfahren,* Votum Verlag 2000.

Münder, Johannes: „Kinder- und Jugendhilfegesetz (KJHG) S. 1001–1019, in: **Otto, Hans-Uwe/Thiersch, Hans (Hrsg.):** *Handbuch der Sozialarbeit und Sozialpädagogik,* Reinhardt Verlag 3. Auflage 2005.

Nestmann, Frank/Sickendiek, Ursel: „Beratung", S. 140–152, in: **Otto, Hans-Uwe/Thiersch, Hans (Hrsg.):** *Handbuch der Sozialarbeit und Sozialpädagogik,* Reinhardt Verlag 3. Auflage 2005.

Neumann, Klaus (Dr.): „Kinderschutz zwischen Hilfe und Strafe oder Zum Verhältnis von Jugendhilfe und Justiz", Vortrag auf der Fachtagung der Kinderschutzzentren 2006.

Niemeyer, Christian: „Professionalisierung von Erziehung", S. 1019ff, in: **Schröer/Struck/Wolff (Hrsg.):** *Handbuch der Kinder- und Jugendhilfe,* Juventa Verlag 2002.

Ostbomk-Fischer, Elke: *Das „Kindeswohl" im Diskurs und Konflikt zwischen Wissenschaft und Praxis,* Sozialmagazin 6/2001.

Ostbomk-Fischer, Elke: „Neues Recht des Kindes oder Recht auf das Kind? Zentrale Probleme des Umgangs mit dem Kindschaftsrecht", in: **Heiliger/Wischnewski (Hrsg.)** *Verrat am Kindeswohl – Erfahrungen von Müttern mit dem Sorge- und Umgangsrecht in hochstreitigen Fällen,* Frauenoflfensive 2003.

Otto, Hans-Uwe/Thiersch, Hans (Hrsg.): *Handbuch der Sozialarbeit und Sozialpädagogik,* Reinhardt Verlag 3. Auflage 2005.

Peters, Friedhelm: „Einmischungsauftrag der Kinder- und Jugendhilfe", S. 883, in: **Schröer/Struck/Wolff (Hrsg.):** *Handbuch der Kinder- und Jugendhilfe,* Juventa Verlag 2002.

Plassmann, Reinhard: „Psychotherapie traumatisierter Patienten", S. 312–321 in: *Trauma und Gewalt:* Heft 4, November 2007, Klett-Cotta Verlag.

Politische Studien-Hanns-Seidel-Stiftung (Hrsg.): *Prävention des sexuellen Kindesmissbrauchs – Gesellschaftspolitische Implikationen und Reaktionen,* Atwerb-Verlag KG Sonderheft 2/1997.

Politische Studien: *Zweimonatszeitschrift für Politik und Zeitgeschehen, Prävention des sexuellen Kindesmissbrauch – Gesellschaftspolitische Implikationen und Reaktionen,* Sonderheft 2 1997.

Puhl, Ria (Hrsg.): *Sozialarbeitswissenschaft – Neue Chancen für theoriegeleitete Soziale Arbeit,* Juventa Verlag 1996.

Raack, Wolfgang 2006: „Was ist bei einer Kindeswohlgefährdung der Aufgabenbereich des Familiengerichts in Abgrenzung zum ASD?" F043 in: **Kindler/Lillig/Blüml/Meysen/Werner (Hrsg.)** (2006): *Handbuch Kindeswohlgefährdung nach §1666 und Allgemeiner Sozialer Dienst (ASD,)* München: Verlag Deutsches Jugendinstitut München.

Raack, Wolfgang 2006: „Worin besteht die Aufgabenstellung des ASD bei Kindeswohlgefährdungen aus familien- und jugendhilferechtlichter Sicht?" F044 in: **Kindler/Lillig/Blüml/Meysen/Werner (Hrsg.)** (2006): *Handbuch Kindeswohlgefährdung nach §1666 und Allgemeiner Sozialer Dienst (ASD,)* München: Verlag Deutsches Jugendinstitut München.

Raack, Wolfgang: „Kindeswohl und Kindeswille – Interessenvertretung eines Kindes", S. 264ff; in: **Deegener G./Körner W.:** *Kindesmisshandlung und Vernachlässigung. Ein Handbuch,* Hogrefe Verlag 2005.

Ramin, Gabriele (Hrsg.): *Inzest und sexueller Missbrauch – Beratung und Therapie. Ein Handbuch,* Innovative Psychotherapie und Humanwissenschaften 1993.

Rauchhaupt v., Eva: „Zwischen allen Stühlen – Die Situation von Frauen, die ihre Kinder vor weiterer sexueller Ausbeutung durch den Vater schützen wollen", Diplomarbeit Fachbereich Psychologie, Universität München 1993.

Rauschenbach, Thomas/Ortmann, Friedrich/Karsten, Maria-E. (Hrsg.): *Der sozialpädagogische Blick,* Juventa Verlag 1993.

Reddemann, Luise/Hofmann, Arne/Gast, Ursula (Hrsg.): *Psychotherapie der dissoziativen Störungen,* Thieme Verlag 2006.

Reddemann, Luise/Krüger, Andreas: *Psychodynamisch imaginative Traumatherapie für Kinder und Jugendliche,* Klett-Cotta Verlag 2007.

Reddemann, Luise: *Überlebenskunst,* Klett-Cotta Verlag 2006.

Reemtsma, Jan-Philipp: *Im Keller,* rororo 2005.

Reemtsma, Jan Philipp: *Die Gewalt spricht nicht – drei Reden,* Reclam 2002.

Reemtsma, Jan Philipp: *Vertrauen und Gewalt – Versuch über eine besondere Konstellation der Moderne,* Hamburger Edition 2008.

Reich, Wulfhild: „Erkennen – Bewerten – Handeln: ein Diagnoseinstrument bei Kindeswohlgefährdung, der Stuttgarter Kinderschutzbogen", S. 511ff; in: **Deegener G./Körner W.:** *Kindesmisshandlung und Vernachlässigung. Ein Handbuch,* Hogrefe Verlag 2005.

Rendtorff, Barbara/Moser, Vera (Hrsg.): *Geschlecht und Geschlechterverhältnisse in der Erziehungswissenschaft – eine Einführung,* Leske und Budrich 1999.

Reuser, Bodo/Nitsch, Roman/Hundsalz, Andreas (Hrsg.): *Die Macht der Gefühle – Affekte und Emotionen im Prozess von Erziehungsberatung und Therapie,* Juventa Verlag 2006.

Riemann, Fritz: *Grundformen der Angst – eine tiefenpsychologische Studie,* Ernst Reinhardt Verlag 1986

Rietmann, Stephan (Dr.)/Hensen Gregor: „Komplexität bei Kindeswohlgefährdungen als Risiko – Hinweise für eine koordinierte Steuerung bei Einschätzung und Intervention", S. 24–41, in: **Interdisziplinäre Fachzeitschrift der DGgKV,** Jahrgang 10, Heft 2 2007.

Rietmann, Stephan Dr./Hensen Gregor: „Perspektivendifferenz und Interessenanalyse – Koordination früher Hilfen als systemischer Diskurs", S. 33–46, in: **Interdisziplinäre Fachzeitschrift der DGgKV,** Jahrgang 11, Heft 1 2008.

Robertz, Frank J./Thomas, Alexandra (Hrsg.): *Serienmord – kriminologische und kulturwissenschaftliche Skizzierungen eine ungeheuerlichen Phänomens,* Belleville Velag 2004.

Roth, Gabriele: *Zwischen Täterschutz, Ohnmacht und Parteilichkeit. Zum institutionellem Umgang mit „sexuellem Missbrauch",* Wissenschaftliche Reihe, Band 100, Kleine Verlag 1997.

Ryan, Gail: „Der Sexualtäter", in: **Helfer/Kempe/Krugmann (Hrsg.):** *Das misshandelte Kind,* Suhrkamp Verlag 2002.

Sachsse, Ulrich/Stang, Kirsten: *Trauma und Justiz,* Schattauer Verlag 2007.

Sachsse, Ulrich: *Selbstverletzendes Verhalten – Psychodynamik – Psychotherapie,* Vandenhoeck & Ruprecht 1999.

Salter, Anna: *Dunkle Triebe – wie Sexualtäter denken und ihre Taten planen,* Goldmann Verlag 2006.

Schäfer, Ingo/Krausz, Michael (Hrsg.): *Trauma und Sucht – Konzepte, Diagnosen, Behandlung,* Klett-Cotta Verlag 2006.

Schefold, Werner: „Hilfeprozesse und Hilfeverfahren", S. 1085ff, in: **Schröer/Struck/Wolff (Hrsg.):** *Handbuch der Kinder- und Jugendhilfe,* Juventa Verlag 2002.

Schmid, Heike/Meysen, Thomas: „Was ist unter einer Kindeswohlgefährdung zu verstehen?" in: **Kindler/Lillig/Blüml/Meysen/Werner (Hrsg.)** (2006): *Handbuch Kindeswohlgefährdung nach §1666 und Allgemeiner Sozialer Dienst (ASD)* München: Verlag Deutsches Jugendinstitut.

Schmidt, Mathias: „Jugendamt", S. 831–839, in: **Otto, Hans-Uwe/Thiersch, Hans (Hrsg.):** *Handbuch der Sozialarbeit und Sozialpädagogik,* Reinhardt Verlag 3. Auflage, 2005.

Schone, Reinhold: „Hilfe und Kontrolle", S. 945ff, in: **Schröer/Struck/Wolff (Hrsg.):** *Handbuch der Kinder- und Jugendhilfe,* Juventa Verlag 2002.

Schone, Reinhold: *Familien unterstützen und Kinder schützen – Jugendämter zwischen Sozialleistung und Intervention.* Im Rahmen eines Vortrags veröffentlichtes Skript 2002.

Schore, Allan: *Affektregulation und die Reorganisation des Selbst,* Klett-Cotta Verlag 2007 (deutsche Ausgabe).

Schrapper, Christian (Hrsg.): *Sozialpädagogische Diagnostik und Fallverstehen in der Jugendhilfe – Anforderungen, Konzepte, Perspektiven,* Juventa Verlag 2004.

Schrapper, Christian (Hrsg.): *Sozialpädagogische Forschungspraxis – Positionen, Projekte, Perspektiven,* Juventa Verlag 2004.

Schröer, Wolfgang/Struck, Norbert/Wolff, Mechthild (Hrsg.): *Handbuch Kinder- und Jugendhilfe, Studienausgabe,* Juventa Verlag 2002.

Schröttle, Monika: *Politik und Gewalt im Geschlechterverhältnis,* Kleine Verlag 1999.

Schründer-Lenzen, Agi: „Triangulation und idealtypisches Verstehen in der (Re-)Konstruktion subjektiver Theorien", S. 107ff, in: **Friebertshäuser, Barbara/Prengel, Annedore (Hrsg.):** *Handbuch Qualitative Forschungsmethoden in der Erziehungswissenschaft,* Juventa Verlag 1997.

Schubbe, Oliver (Hrsg.): *Therapeutische Hilfen gegen sexuellen Missbrauch an Kindern.* Göttingen 1994.

Schultz, Runheide: „Psychosoziale Diagnostik bei Kindesmisshandlung", S. 466ff; in: **Deegener G./Körner W.:** *Kindesmisshandlung und Vernachlässigung. Ein Handbuch,* Hogrefe Verlag 2005.

Schulz-Hardt S./Greitemeyer T./Brodbeck F./Frey D.: „Sozialpsychologische Theorien zu Urteilen, Entscheidungen, Leistung und Lernen in Gruppen", S. 13–46, in: **Frey, Dieter/Irle, Martin (Hrsg.):** *Theorien der Sozialpsychologie,* Band 2: *Gruppen-, Interaktions- und Lerntheorien,* Hans Huber Verlag 2002, Band 2. erweiterte Auflage.

Schwabe, Mathias: „Jugendhilfeforschung und –praxis", S. 995ff, in: **Schröer/Struck/Wolff (Hrsg.):** *Handbuch der Kinder- und Jugendhilfe,* Juventa Verlag 2002.

Schwarz, Dieter/Sedlmayr, Elisabeth: *Befreiung von der Neurose,* Kindler Verlag 1980.

Schweppe, Cornelia/Sting, Stephan: *Sozialpädagogik im Übergang – Neue Herausforderungen für Disziplin, Profession und Ausbildung,* Juventa Verlag 2006.

Schwerma, Klaus: *Stehpinkeln – die letzte Bastion der Männlichkeit?,* Kleine Verlag 2000.

Seithe, Mechthild Prof. Dr.: Kindeswohlgefährdung zwischen TATsache und sozialer Konstruktion", in: **Kinderschutz Forum (Hrsg.):** *Diagnose Kindeswohlgefährdung – Helfen unter Erfolgsdruck,* Fachtagung in Mainz Juni 2004, Eigenverlag.

Shapiro, Francine/Silk Forrest, Margot: *EMDR in Aktion – Die Behandlung traumatisierter Menschen,* Junfermann Verlag 1998.

Simon-Peters, Dita: *Probleme der Traumatisierung in der Familien- und Lebensgeschichte von Sexualstraftätern,* Diplomarbeit Uni Hamburg Fachbereich Psychologie 1999.

Spann, Wolfgang/Rauch, Elisabeth: *Sexualdelikte und ärztliche Begutachtung,* ecomed 1999.

Stang, Kirsten/Sachsse, Ulrich: *Trauma und Justiz,* Schattauer Verlag 2007.

Strauss, Anselm L.: *Grundlagen qualitativer Sozialforschung,* UTB Verlag 1998.

Strauss, Ansel /Corbin, Juliet: *Grounded Theory: Grundlagen qualitativer Sozialforschung,* Beltz Psychologie VerlagsUnion 1996.

Struck, Norbert: „Kinder- und Jugendhilfegesetz – SGB VIII", S. 529ff, in: **Schröer/Struck/Wolff (Hrsg.):** *Handbuch der Kinder- und Jugendhilfe,* Juventa Verlag 2002.

Teicher M.: „Wunden, die nicht verheilen" – Hirnschäden durch Kindesmisshandlung (Artikel), in: Spektrum der Wissenschaft Juli 2002.

Terhart, Ewald: „Entwicklung und Situation des qualitativen Forschungsansatzes in der Erziehungswissenschaft", S. 27–43, in: **Friebertshäuser, Barbara/Prengel, Annedore (Hrsg.):** *Handbuch Qualitative Forschungsmethoden in der Erziehungswissenschaft,* Juventa Verlag 1997.

Thiersch, Hans: *Die Erfahrung der Wirklichkeit – Perspektiven einer alltagsorientierten Sozialpädagogik,* Juventa Verlag 2006.

Thiesmeier, Monika: „Kinder in Gefahr – Helfer in Not", in: **Kinderschutz Forum (Hrsg.):** *Diagnose Kindeswohlgefährdung – Helfen unter Erfolgsdruck,* Fachtagung in Mainz Juni 2004, Eigenverlag.

Treibel, Angelika: „Sexualisierte oder sexuelle Gewalt? Machtmissbrauch oder Sexualität?", in: **Zeitschrift Trauma und Gewalt,** November 2007 Heft 4, Klett-Cotta Verlag.

Trube-Becker, Elisabeth: „Historische Perspektive sexueller Kontakte zwischen Erwachsenen und Kindern", S. 39–51, in: **Amann, Gabriele/Wipplinger, Rudolf (Hrsg.):** *Sexueller Missbrauch – Überblick zu Forschung, Beratung und Therapie. Ein Handbuch*, dvgt Verlag 1998.

Ulke, Karl-Dieter (Hrsg.): *Ist Sozialarbeit lehrbar? – zum wechselseitigen Nutzen von Wissenschaft und Praxis,* Lambertus Verlag 1988.

Ulonska, Herbert/Koch, Helmut (Hrsg.): *Sexuelle Gewalt gegen Mädchen und Jungen,* Klinkhardt Verlag 1997.

Urban, Ulrike: *Professionelles Handeln zwischen Hilfe und Kontrolle – sozialpädagogische Entscheidungsfindung in der Hilfeplanung,* Juventa Verlag 2004.

Van der Kolk, Bessel A./McFarlane, Alexander/Weisaeth, Lars (Hrsg.): *Traumatic Stress – Grundlagen und Behandlungsansätze,* Junfermann Verlag, deutsche Übersetzung 2000.

Wais, Mathias/Galle, Ingrid: *... der ganz alltägliche Missbrauch – aus der Arbeit mit Opfern, Tätern und Eltern,* edition tertium 1996.

Walper, Sabine/Pekrun, Reinhard (Hrsg.): *Familie und Entwicklung – aktuelle Perspektiven der Familienpsychologie,* Hogrefe Verlag 2001.

Walther, Andreas: „Kinder- und Jugendhilfe und Europa", S. 1139ff, in: **Schröer/Struck/Wolff (Hrsg.):** *Handbuch der Kinder- und Jugendhilfe,* Juventa Verlag 2002.

Weber, Gunthard/Stierlin, Helm: *In Liebe entzweit – ein systemischer Ansatz zum Verständnis und zur Behandlung der Magersuchtfamilie,* Carl-Auer-Systeme Verlag 2001.

Weiß, Wilma: *Philip sucht sein Ich – zum pädagogischen Umgang mit Traumata in den Erziehungshilfen,* Juventa Verlag 2006.

Wentura, Dirk/Greve, Werner/Klauer, Thomas: „Theorien der Bewältigung", S. 101–126, in: **Frey, Dieter/Irle, Martin (Hrsg.):** *Theorien der Sozialpsychologie,* Band 3: *Motivations-, Selbst- und Informationsverarbeitungstheorien,* Hans Huber Verlag 2002, 2. erweiterte Auflage.

Werder von, Lutz: *Kreatives Schreiben von Diplom- und Doktorarbeiten,* Schibri-Verlag 2000.

Wipplinger, Rudolf/Amann, Gabriele: „Zur Bedeutung der Bezeichnungen und Definitionen von sexuellem Missbrauch", in: **Amann, Gabriele/Wipplinger, Rudolf (Hrsg.):** *Sexueller Missbrauch – Überblick zu Forschung, Beratung und Therapie,* ein Handbuch, dvgt Verlag 1998.

Wirtz, Ursula: *Seelenmord – Inzest und Therapie,* Kreuz Verlag 1989.

Wiesner, Reinhard: „Was sagt die Verfassung zum Kinderschutz" in: **Kindler/Lillig/Blüml/Meysen/Werner (Hrsg.) (2006):** *Handbuch Kindeswohlgefährdung nach §1666 und Allgemeiner Sozialer Dienst (ASD)* München: Verlag Deutsches Jugendinstitut München.

Wodtke-Werner, Verena/Mähne, Ursula (Hrsg.): *Nicht Wegschauen! Vom Umgang mit Sexual(straf)tätern – Schwerpunkt Kindesmissbrauch,* Nomos Verlagsgesellschaften 1999.

Wolf, Christa: *Kassandra – Erzählung,* Luchterhand Verlag 1986

Wolff, Reinhart: „Demokratische Kinderschutzarbeit – Zwischen Risiko und Gefahr", in: **Zeitschrift Forum Erziehungshilfen,** Juni 2007.

Woog, Astrid: *Soziale Arbeit in Familien – Theoretische und empirische Ansätze zur Entwicklung einer pädagogischen Handlungslehre,* Juventa Verlag 2006.

Zeitschrift Trauma und Gewalt: Heft 4/November 2007, Klett-Cotta Verlag.

Zeitschrift für Frauenforschung und Geschlechterstudien: Heft 4/2001, 19. Jahrgang, Kleine Verlag.

Zeitschrift Diskurs – Thema: „Risikoeinschätzung – Empirisch-quantitative Verfahren in der sozialen Arbeit", Heft 2, 13. Jahrgang 2003.

Zeitschrift GEO, Mai 2006: „Sigmund Freud – Ein Portrait".

Zeitschrift Sozialpädagogik, Nr. 1, S. 39, 2006.

Zitelmann, Maud: *Kindeswohl und Kindeswille im Spannungsfeld von Pädagogik und Recht,* Votum Verlag 2001.